Gott in tiefer Weise begegnen

Verschwende dein Leben an Jesus!

Jim W. Goll

AV
Aufbruch-Verlag

Die Bibelstellen sind, sofern nicht anders angegeben, aus der Elberfelder Bibel zitiert.

Übersetzung aus dem Amerikanischen:
Kerstin Kühn und Rolf Volkmann

Titel der Originalausgabe:
Wasted on Jesus

Herausgeber der Originalausgabe:
Destiny Image Publishers, Inc.
P.O. Box 310
Shippensburg, PA 17257-0310
http://www.reapernet.com

Babelsberger Str. 37, D-10715 Berlin
Tel: +49 (0)30-85 79 19 65
Fax: +49 (0)30-85 79 19 67
E-Mail: info@aufbruch-verlag.de
http://www.aufbruch-verlag.de

1. Auflage 2001 (5.000)
ISBN 3-926395-30-3
Druck: Freiburger Graphische Betriebe
Covergestaltung: Martin Winter, http://www.martinwinter.com

Widmung

Jedes neue Buch ist wie die Geburt eines neuen Kindes! Es ist wirklich ein Werk der Liebe: in der Vertrauheit mit dem Herrn selbst empfangen, von Hunderten im Gebet unterstützt, von vielen im Auge behalten und von einigen betreut. Dann kommt es zur eigentlichen Geburt, und ich meine Geburt – den Moment, in dem es zur Welt kommt und den nur wenige kennen, und dann die letzte Wehe! Danach musst du ihm einen Namen geben! – aber welchen! Hoffentlich magst du dieses Baby – „Gott in tiefer Weise begegnen". Es ist immer ein Team für diese Arbeit nötig.

Ich danke dem Herrn für die Hingabe und Gnade der Mitarbeiter von „Destiny Image" . Sie waren und sind für Michal Ann und mich sowie für das Team von „Ministry to the Nations" ein großer Segen. Mein besonderer Dank gilt Don Nori sen. und Don Milam für ihre Zusammenarbeit. Danke für eure Geduld und Bündnistreue im Herrn. Ein großes Lob gilt Elizabeth Allen und Steve Nance, sie haben dieses Projekt mit Fleiß und in unzähligen Stunden gepflegt, als wäre es ihr eigenes Kind.

In einem alten Gospel heißt es: „Wie kann ich jemals danken..." So fühle ich mich mit dieser Geburt. Die ehemaligen und jetzigen Mitarbeiter von „Ministry to the Nations" arbeiten nach wie vor aufopfernd und unterstützend für jedes unserer Projekte. Angefangen beim Büro, über die Gebetskämpfer, die das Schild über uns halten, bis hin zu den Leitern und all den Partnern mit uns – ich könnte all das ohne euch nicht tun.

Ich möchte auch den Pionieren danken, die vor mir den Weg gegangen sind und denen, die an meiner Seite gingen. Den Lehren und Schriften von Mike Bickle, Don Nori sen., Dr. Steve Meeks, Derek Prince, Tommy Tenney, David Runcorn, Richard Foster, Mahesh Chavda, Dr. Mark und Patti Virkler und Pat Gastineau im besonderen – ihr habt dazu beigetragen, meine Welt zu formen. Ich möchte auch die Schriftsteller der Vergangenheit erwähnen, wie Andrew Murray, Arthur Wallis, Charles Spurgeon, Francois Fenelon, Teresa von Avilon und viele andere – welch ein Segen ist es, in ihrem Schatten zu wandeln!

Schließlich möchte ich meiner Familie danken. Michal Anne, du bist eine der besten Christen, der ich je begegnet mit. Justin, dein Witz, deine Weisheit und deine Kreativität übertreffen mich. GraceAnn, deine Fähigkeit, sensibel zu leiten, ist unübersehbar. Tyler, du bist der beste „Umarmer“ der ganzen Welt! Rachel, deine Gebete und Küsse bedeuten mir so viel. Ich möchte meiner Familie wirklich dafür danken, dass sie mich getragen hat und mit mir für dieses Projekt gekämpft hat, damit aus diesem Buch das geworden ist, was es werden sollte. Wir haben es zusammen geschafft!

Ich widme dieses Buch dem Herrn selbst! Jesus, ich möchte mein Leben wirklich für dich „verschwenden“! Du bist der Liebhaber meiner Seele – ich sehne mich nach deinen Vorhöfen und danach, in deine Gegenwart zu treten. Ich bin „hoffnungslos verloren“, weil du mich zuerst geliebt hast! Danke, Jesus!

Gesegnet sei jeder, der sich nach dem Liebhaber seiner Seele ausstreckt!

Jim W. Goll

Vorwort

Im Christentum dreht sich alles nur um unseren glorreichen Jesus Christus! Er hat ein leidenschaftliches Verlangen nach freiwilligen Liebhabern Gottes, die sich von ihm in solche Menschen verwandeln lassen, die in der Lage sind, andere zu befreien. Wir lieben Gott, weil er uns zuerst geliebt hat! Ein einziger Blick auf seine strahlende Majestät wird dazu führen, dass wir nicht mehr anders reagieren können, als unser Leben als ein Trankopfer für ihn auszugießen. Er ist rundum liebenswert! Doch es gibt ein Geheimnis – durch das Blut des Lammes sind auch wir in den Augen des Vaters liebenswert!

Ich habe nunmehr seit über zwanzig Jahren das Privileg, nahezu täglich an öffentlichen Fürbitteversammlungen teilnehmen zu können. Heute diene ich als Leiter des „Internationalen Gebetshauses" im weiteren Stadtgebiet von Kansas City, und ich bin von Herzen ermutigt, wenn ich sehe, wie viele Menschen sich danach sehnen, so zu sein wie Maria von Betanien oder die Prophetin Anna, die im Tempel diente. Ja, die goldenen Schalen auf seinem Altar im Himmel werden durch unsere Gebete und unseren Lobpreis gefüllt, bis sie überfließen mit außergewöhnlichen Handlungen unserer göttlichen Liebesbeziehung. Er ist würdig, nicht wahr?

Dieses Buch von Jim Goll wird dir helfen, das Feuer Gottes auf dem Altar deines Herzen, hell brennen zu lassen. Es wird dich zur Hingabe an Ihn inspirieren, nicht, weil dir jemand in religiöser Weise den Arm umdreht, sondern weil du ein leidenschaftliches Verlangen nach dem Sohn Gottes haben wirst. Ich wünsche dir, dass du dazu ermutigt wirst, Jesus alles zu geben. Du sollst herausfinden, dass Gemeinschaft mit Gott mehr als Routine oder eine geistliche Disziplin ist –du wurdest dafür geschaffen!

Ich lade dich, zusammen mit Jim Goll und einer wachsenden Anzahl anderer, dazu ein, einfach danach zu trachten, Ihm dein Herz in verschwenderischer Weise zu geben, so wie Er sich für uns gegeben hat. Ich wünsche dir beim Lesen dieses Buches, dass auch du durch das Feuer seiner Liebe verzehrt wirst.

Mike Bickle

Einführung

Überall auf der Welt wächst im Leib Christi ein radikales Verlangen danach, sein Leben an Jesus zu „verschwenden". Diese Menschen sind nicht länger mit dem zufrieden, was sie in ihrem Leben oder ihrer Gemeinde erleben. Diese entschlossenen Seelen rufen zum Herrn, sie brauchen Mentoren, Betreuung und Einsichten, damit sie auf ihrem Weg ein Stück vorankommen. Sie wollen Jesus kennen! In der Kirchengeschichte wurden diese Mentoren häufig „Meister" oder „geistliche Führer" genannt. Wo sind die Mentoren für die vielen unzufriedenen Christen heute?

Bücher haben in meinem eigenen Leben stets eine große Rolle gespielt und mir in meiner Entwicklung geholfen, häufig waren sie meine Mentoren, Führer und Lehrer. Deshalb habe ich in den vergangenen Jahren so viel Kraft und Zeit meines Lebens darauf verwandt, Lehrmaterial und Bücher zu schreiben. Es wäre mir lieber, mich mit dir allein hinzusetzen, doch ich kann mich leider nicht teilen und deshalb komme ich durch ein Buch in dein Wohnzimmer. Aus diesem Grund habe ich „Gott in tiefer Weise begegnen" geschrieben. Ich möchte mit dir zusammen vor deinem Kamin sitzen und mich gemütlich mit dir unterhalten.

Ich möchte sehen wie du in Christus wächst. Gott weiß, dass auch ich noch nicht am Ende bin, aber ich habe mich dazu verpflichtet, das weiterzugeben, was ich empfangen habe. Dies ist eines der Prinzipien im Reich Gottes, um selbst zu wachsen – gib und es wird dir gegeben! Hier ist er also – der neue „Jahrgang" der Dinge, die ich durch meinen Mentor, den Heiligen Geist, gelernt habe und immer noch lerne. Er ist ein großartiger Lehrer.

Ich möchte erleben, dass Jesus die Belohnung seines Leidens erhält. Ich möchte sehen, dass eine ganze Generation aufsteht, die so ist wie Maria von Betanien, Anna, die Prophetin und Josua, der Wortbetrachter! Möchtest du das auch? Deshalb hast du dir dieses Buch mit dem krassen Titel „Wasted on Jesus" (Originaltitel: „Verschwendet für Jesus") gekauft. Du kannst dir nichts besseres

vorstellen, als dein Leben als Trankopfer vor Ihm auszugießen, habe ich recht?
Mit diesem Buch begleitest du mich ein Stück auf meinen persönlichen Weg mit dem Liebhaber meiner Seele. Ich fühle mich wie ein Archäologe, der den Staub von den Relikten der Vergangenheit entfernt, um sie in der Gegenwart zurückzubringen. Du wirst lernen, das zu lieben, was häufig „geistliche Disziplin" genannt wird. Dabei teile ich dieses lebensverändernde Konzept aus meinem Herzen und nicht allein als das Ergebnis meines Verstandes mit. Einem Herzen, dass schmerzlich danach verlangt, mit Ihm in Einklang zu kommen.
Ich habe dieses Buch aus praktischen Gründen in drei Teile gegliedert, die aufeinander aufbauen. Im ersten Teil geht es um den „inneren Weg in Seine Gegenwart". Wir werden herausfinden, warum Maria von Betanien ihr gesamtes Vermögen für ihren neuen Herrn verschwendete. Wir werden die alten Wahrheiten des kontemplativen Gebets vom Staub befreien und entdecken, dass sie keine Bürde, sondern eine Freude sind. Dann werden wir ein Geheimnis lüften – wir sind das Haus des Vaters – und herausfinden, welchen Preis wahre Gemeinschaft hat.
Der zweite Teil heißt: „In der Ruhe der Seele auf Ihn warten". Dort werden wir zurückerobern, was uns rechtmäßig gehört – Dinge, die die New-Age-Bewegung und andere Gruppen so schwer verdreht haben. Wir lernen, dass es zu unserer christlichen Erbschaft gehört, seine Seele zur Ruhe zu bringen. Wir werden wiederentdecken, dass Er unser Hirte ist und dass Er uns zu stillen Wassern leiten möchte. Wir entstauben die Kunstgebilde der biblischen Meditation und die verlorene Kunst des Hörens, Wartens und Wachens mit unserem Messias. Wir werden unsere Ansichten vertiefen und herausfinden, was es bedeutet, mit Jesus in Einheit zu wandeln.
„Das Feuer seiner Liebe hinaustragen", so heißt der dritte Teil des Buches. Nachdem diese geistlichen Gnaden sich in uns ausgebreitet haben, stellen wir fest, dass wir mit dem, was wir empfangen haben und was uns fast verzehrt, etwas tun müssen. Schließlich treten wir in das Bräutigamfasten ein, um unsere Liebesbeziehung zu unserem Mentor zu unterstreichen. Wir gestatten Ihm, dass Er durch unser Heiligtum geht und nachsieht, ob auf dem Altar unseres Herzens ein

Feuer brennt. Danach werden wir ausgesandt, um die feurigen Kohlen in das Leben anderer Menschen zu bringen.

Ich möchte erreichen, dass du am Ende schlimmer bist als ich! Ich meine damit, dass du aus deiner Selbstzufriedenheit herauskommst und dich für Jesus „verschwendest". Wenn du einen Hunger danach hast, dass Gott in dir wächst und du abnimmst, ist dieses Buch für dich.

Nun zieh deine Schuhe aus und nimm für einen Augenblick Platz. Ich möchte mich mit dir am Kamin unterhalten. Wir wollen uns zusammen nach dem Liebhaber unserer Seele ausstrecken.

In gespannter Erwartung

Jim W. Goll

Teil 1

Der innere Weg in seine Gegenwart

Kapitel 1

Verschwendete Anbetung?

Verschwendet! Das ist eine ziemlich gute Beschreibung für das Leben vieler Menschen heute. Entweder bezogen auf verschwendete Kraft, verschwendete Gelegenheiten oder Zeit und Geld. Es ist die tragische Bilanz einer geistlich sich treiben lassenden und moralisch bankrotten Kultur, in der das alltägliche Leben für immer mehr Menschen ziellos, bedeutungslos und hoffnungslos geworden ist. So wie beim verlorenen Sohn, scheint es für viele Menschen kein höheres Ziel im Leben zu geben, als ihr Vermögen zu vergeuden und verschwenderisch zu leben (siehe Lukas 15,13). Sie leben wie Partylöwen und versuchen vergeblich ihre innere Leere auszufüllen, indem sie immer wieder billigen Nervenkitzel oder oberflächliche Vergnügungen suchen. Wie viele von uns haben nicht schon gehört, wie Freunde, Verwandte oder Arbeitskollegen gesagt haben: „Heute Abend ist mir alles egal.“ Mit „egal“ meinen sie natürlich, dass sie sich entweder total betrinken oder Drogen konsumieren (und manchmal auch beides).

Solch eine weitverbreitete Genusssucht ist ein Zeichen unserer Zeit. Ein heftiger Konflikt zwischen den Mächten des Bösen und des Guten tobt in unserer heutigen Welt. Wir leben in einem Zeitalter konkurrierender Altäre: dämonisches Feuer gegen heiliges Feuer, weltliche Lüste gegen göttliche Hingabe. Die Kampflinien sind gezogen und der Kampf wird an Intensität zunehmen, während sich die endzeitliche Generation ausbreitet. Während die, welche sich im Würgegriff dieser Welt befinden, immer mehr an Sex, Drogen, Unterhaltung und Gewalt „verschwenden“ werden; wird ein anderer Teil der Menschheit aufstehen und sich mit aller Entschlossenheit und der Bereitschaft alles zu verlassen an Jesus „verschwenden“!

Diese leidenschaftlichen, feurigen Radikalen bilden die erste Angriffswelle im kosmischen Kampf um die Entscheidung darüber, welche „kontrollierende Substanz“ über unser Leben regieren wird. Sie sind die Vorhut einer Armee, die sich in mächtiger, geistlicher Leidenschaft im gesamten Leib Christi weltweit ausbreitet. Diese

Leidenschaft ist wie ein heftiges Verlangen, das die sektiererischen und konfessionellen Grenzen überschreitet und dabei Männer wie Frauen, Alte wie Junge, „vollzeitliche" Mitarbeiter wie „normale" Christen berühren wird. Massen von Menschen sehnen sich nach der Nähe Gottes. Sie haben ein Verlangen danach, ihn so zu kennen, wie Mose ihn kannte. Zu diesem sprach Gott von Angesicht zu Angesicht wie zu einem Freund (siehe 2. Mose 33,11). Die „gewöhnliche Gemeinde" konnte bei den meisten von uns den tiefen Hunger nicht sättigen. Die alten Mittel der Religion konnten unseren Durst nicht löschen. Menschliche Traditionen mit ihren verstaubten Dogmen, abgegriffenen Formalismen und scheinbar ziellosen Vorbildern geben einfach kein gutes Beispiel mehr ab. Täglich rufen immer mehr schmerzgeplagte, geisterfüllte Kinder Gottes mit hungrigen Herzen nach tiefer Gemeinschaft zu Gott.

Gott möchte mit uns Gemeinschaft haben

Gott wollte immer nahe bei seinem Volk sein. Am Anfang der Schöpfung waren Adam und Eva eng und kameradschaftlich mit ihrem Schöpfer zusammen. Bei der Kühle des Tages wandelten sie mit ihm im Garten (siehe l. Mose 3,8). Wie wir alle wissen, wurde diese Beziehung durch die Sünde zerbrochen und ein „Vorhang" der Trennung zwischen dem heiligen Gott und seiner eigenen Schöpfung errichtet. Gott wünschte sich unsere Nähe so sehr – er wollte die Trennung beenden –, dass er einer von uns wurde. Durch seinen Sohn, Jesus Christus, wurde er *Fleisch und wohnte unter uns ... voller Gnade und Wahrheit* (Johannes 1, 14). Durch seinen Tod und seine Auferstehung zerriss Christus den Vorhang und öffnete noch einmal für jeden, der glaubt, den Weg zum Vater für eine Gemeinschaft von Angesicht zu Angesicht. Kurz vor seinem Tod sagte Jesus zu seinen Jüngern: *„Im Hause meines Vaters sind viele Wohnungen. Wenn es nicht so wäre, würde ich euch gesagt haben: Ich gehe hin, euch eine Stätte zu bereiten? Und wenn ich hingehe und euch eine Stätte bereite, so komme ich wieder und werde euch zu mir nehmen, damit auch ihr seid, wo ich bin"* (Johannes 14,2-3). Gott möchte, dass wir in seinem Haus innige Gemeinschaft mit ihm haben! Ich persönlich habe Hunger nach einem Zuhause. Wenn ich unterwegs bin von Stadt zu Stadt, von Nation zu Nation, bewegt mich eine sehnsüchtige Frage in meinem Geist: „Wo ist Zuhause?"

Ein altes Sprichwort sagt: „Dort, wo dein Herz ist, ist dein Zuhause." Ja, dort wo innige Gemeinschaft geboren und gepflegt wird ist Zuhause. Niemand außer Gott kennt uns besser als unsere Familie. Zuhause zu sein bedeutet für die meisten von uns, sich zu entspannen und ganz man selbst zu sein. Dort können wir unsere Seele baumeln lassen und, um es mit den Worten meiner Generation zu sagen, „einfach abhängen". Genau so will Gott mit uns zusammen sein. Nach solch einer Gemeinschaft sehnen sich heute immer mehr Christen. Im großen und ganzen haben die meisten der modernen Gemeinden es versäumt, ihr Versprechen nach bedeutungsvoller Gemeinschaft mit Gott einzulösen. Statt dessen bieten sie ein starres Ritual, abgegriffene Formalismen und leere Traditionen als billigen Ersatz an.

Warum ist es so schwer, Gemeinschaft mit Gott zu haben?

Wenn geistliche Gemeinschaft bei Gott eine so hohe Bedeutung hat und in den Herzen ungezählter Gläubigen solch ein Verlangen danach vorhanden ist, warum scheint es dennoch so schwer fassbar zu sein? Warum erleben so wenig Christen diese Art der Nähe Gottes, die sie sich doch so sehr wünschen? Ein Grund mag geistliche Trägheit sein. Wir möchten gerne, dass uns der Segen Gottes auf einem Silbertablett serviert wird, anstatt dass wir dazu einen Beitrag leisten. Es gibt keine automatische Gemeinschaft mit Gott. Engagement, verbunden mit einem tiefen Hunger, ist gefragt. Ich bin davon überzeugt, dass es darüber hinaus einen noch weitaus wichtigeren Grund gibt. Viele von uns nähern sich Gott einfach deshalb nicht, weil sie nicht wissen wie sie es anstellen sollen. Eine radikale, innige Gemeinschaft mit Gott zu haben, ist für den Gläubigen heute praktisch eine verlorene Kunst. Wir wollen alles „sofort". Irgendwie haben wir im Laufe der Zeit sehr kurze geistliche Aufmerksamkeitsbereiche entwickelt. Wir stürzen in „unsere Zeit mit Gott", rat-

tern unsere Anliegen herunter und eilen zur nächsten Aufgabe. Es ist wie der Einkauf der notwendigsten Dinge, ohne dass wir dabei bemerken, dass Gott ein Bankett für uns aufgebaut hat und darauf wartet, dass wir Platz nehmen und es genießen! Wir müssen lernen, uns Zeit zu nehmen, um ihn kennenzulernen, so wie er uns kennt.
Ich habe mich oft gefragt, wer wohl der „Busenfreund" Jesu war? Wir wissen, dass Jesus während seines Dienstes hier auf Erden verschiedene engere dienstliche Beziehungen hatte. Doch hatte er auch einen wirklichen Freund? Ich glaube ja. Unter den zwölf Aposteln wurden Petrus, Jakobus und Johannes zum „inneren Kreis" gezählt. Mit ihnen war die Beziehung zeitweise sehr eng. Außerhalb der Gruppe der Apostel hatte er eine Beziehung zu drei Geschwistern in der Stadt Betanien: Ein Mann namens Lazarus und seine Schwestern Marta und Maria. Wir wollen sie näher betrachten.

Herr, wenn du hier gewesen wärst

> Johannes 12,1-3
> Jesus nun kam sechs Tage vor dem Passah nach Betanien, wo Lazarus war, den Jesus aus den Toten auferweckt hatte. Sie machten ihm nun dort ein Abendessen, und Marta diente; Lazarus aber war einer von denen, die mit ihm zu Tisch lagen. Da nahm Maria ein Pfund Salböl von echter, sehr kostbarer Narde und salbte die Füße Jesu und trocknete seine Füße mit ihren Haaren. Das Haus aber wurde von dem Geruch des Salböls erfüllt.

Versuche dir dieses Bild vorzustellen. Hier ist Lazarus, den Jesus kürzlich vom Tod auferweckt hat und liegt mit ihm zu Tisch. Es ist ein beschauliches Bild. Wie hättest *du* dich an Lazarus Stelle gefühlt, wenn du von den Toten aufgeweckt worden wärest? Johannes erzählt die Geschichte in Kapitel 11 seines Evangeliums. Lazarus war sehr krank und seine Schwestern sandten nach Jesus. Als Jesus nach einer Verspätung von zwei Tagen mit seinen Jüngern eintraf, war Lazarus bereits gestorben und seit vier Tagen beerdigt.

Eingehüllt in Leinen hatte man seinen Leichnam in eine dunkle Gruft getan und einen Stein vor den Eingang gerollt. Für eine Heilung war es zu spät, Lazarus war bereits tot! Selbst für ein Wunder war es zu spät, denn nachdem der Leichnam vier Tagen im Grab gelegen hatte, machte sich der Gestank der Verwesung breit.
Wie so oft, erschien Jesus scheinbar zu spät auf der Bildfläche, doch in Wahrheit war es genau der richtige Zeitpunkt. Die Schwestern stürmten sofort auf ihn zu. Ihr Herz war erfüllt mit Schmerz und Verwunderung, weil sie dachten, dass der, mit dem sie sich tief verbunden fühlten, sie im Stich gelassen hatte. *„Herr, wenn du hier gewesen wärest, so wäre mein Bruder nicht gestorben“* (Johannes 11,21). Dahinter stand der Vorwurf. „Herr, wenn du gekommen wärest, *als wir dich riefen,* würde Lazarus noch leben.“ Eine solche Ehrlichkeit ist nur dort möglich wo eine klare Beziehung vorhanden ist. Obwohl Jesus über den Tod Lazarus und die Sorge der Schwestern weinte, hatte er bereits einen Plan im Sinn, der größer war als die Heilung seines kranken Freundes. Mit den durchdringenden Worten: „Lazarus, komm heraus“, weckte Jesus den Mann aus den Toten, offenbarte die unbeschreibliche Kraft Gottes und ehrte damit seinen Vater.
Jetzt, einige Zeit später, nimmt sein Freund Lazarus an diesem Mahl teil und Marta diente. Ma,rta, auf die man sich verlassen kann, ist eine hingegebene Dienerin, die ihre Liebe meist durch praktische Dienste ausdrückte, indem sie die leiblichen Bedürfnisse ihres Meisters und der Freunde befriedigte. Das ist die gleiche Marta, die bei einer anderen Gelegenheit so beschäftigt war, dass sie sich bei Jesus über ihre Schwester Maria beschwerte, weil diese ihr keine Lasten abnahm.

> Lukas 10,40-42
> Herr, kümmert es dich nicht, dass meine Schwester mich allein gelassen hat zu dienen? Sage ihr doch, dass sie mir helfe! Jesus aber antwortete und sprach zu ihr: Marta, Marta! Du bist besorgt und beunruhigt um viele Dinge; eins aber ist nötig. Maria aber hat das gute Teil erwählt, das nicht von ihr genommen werden wird.“

Außerordentliche Liebe

Das führt uns zu Maria. Hier ist sie, die teure, liebe Maria. Maria die Bußfertige, Maria die Liebende. Sie hatte das „gute Teil" erwählt. Sie saß zu den Füßen ihres Freundes und Herrn Jesus und ließ sich in seiner heiligen Gegenwart von seinen Worten gefangen nehmen. Nun, während ihr Bruder Lazarus mit Jesus zu Tisch liegt und ihre Schwester Marta dient, nähert sich Maria Jesus in auffallender Weise. In einem atemberaubenden, außerordentlichen Akt verschwendet sie ihre Liebe an Jesus und betet ihn rückhaltlos und hingebungsvoll an.

Was wissen wir noch über diese Maria von Betanien und die Umstände, die zu der außergewöhnlichen Darstellung ihrer extravaganten Liebe führten? Nach den Schilderungen in den Evangelien von Matthäus und Markus fand dieses Mahl im Hause „Simons des Aussätzigen" (Markus 14,3; Matthäus 26,6) statt. Lukas nennt ihn auch einen Pharisäer (Lukas 7,36 u. 39). Einige Bibellehrer gehen davon aus, dass es sich bei den Erzählungen von Matthäus, Markus und Lukas um ein ähnliches, jedoch anderes Geschehen handelt als das wovon Johannes berichtet. Es kann jedoch auch sein, dass alle vier Erzählungen in verschiedener Weise von demselben Ereignis berichten. Jedenfalls ist Johannes der einzige, der den Namen Maria nennt. Die anderen Verfasser der Evangelien schreiben einfach von „einer Frau". Lukas fügt hinzu, dass sie eine „Sünderin" war (Lukas 7,37). Betrachtet man den Zusammenhang, so bezeichnet das Wort Sünderin, griechisch *hamartolos,* eine unmoralische Frau oder eine Frau mit einem schlechten Ruf. Matthäus und Markus berichten, dass sie das Salböl Jesus über den Kopf goss (Matthäus 26,7; Markus 14,3), während Lukas und Johannes davon erzählen, dass sie seine Füße salbte und mit ihren Haaren trocknete (Lukas 7,38; Johannes12,3). Aus den verschiedenen Berichten können wir entnehmen, dass sowohl die Jünger Jesu als auch andere Zeugen dieser radikalen und kontroversen Handlung Marias waren.

Wenn wir die verschiedenen Berichte zusammennehmen, ergibt sich folgendes Bild: Jesus ist in Betanien, der Stadt, wo Lazarus, Marta und Maria wohnen. Er wird von einem Pharisäer, der als Simon der Aussätzige bekannt ist, zum Essen eingeladen. Weitere Gäste dieses

Mahls sind Lazarus, die Jünger Jesu und einige andere, wahrscheinlich Freunde Simons. Marta ist ebenfalls dabei, um zu dienen. Es scheint so als wäre dies nicht ein kleines Mahl gewesen, sondern vielmehr ein Festessen. Inmitten des Geschehens erscheint Maria plötzlich mit einer verzierten Flasche, die mit sehr kostbarem Salböl gefüllt ist. Scheinbar unbemerkt von vielleicht zwei Dutzend oder mehr Anwesenden tritt sie von hinten an Jesu Füße heran, weint und fängt an, seine Füße mit Tränen zu benetzen. (Lukas 7,38). Dann zerbricht sie die Flasche und salbt zuerst Jesu Haupt und dann seine Füße. Schließlich beugt sie sich nieder und trocknet sanft und liebevoll die Füße Jesu mit ihrem Haar.
Wahrscheinlich entstand durch diese ungewöhnliche Handlung öffentlicher inniger Zuneigung, für einen Moment eine peinliche Stille unter den Anwesenden. Bei einigen verwandelte sich diese peinliche Stille in einen Zustand schockierter Empörung, doch in ihrer Entschiedenheit kümmerte sich Maria nicht darum. Sie empfand eine tiefe Liebe für diesen Mann – den Messias – der ihr vergeben und sie errettet hatte. Der ihr Liebe, Würde und Respekt entgegenbrachte, so wie es zuvor niemand getan hatte. Was auch immer sie früher getan hatte, und wie auch immer sie ihr Leben verschwendet hatte: jetzt war sie eine andere, Jesus hatte sie verändert. Maria war entschlossen, ihr Leben an ihren Herrn zu verschwenden – den Gott, der sie liebte und der ihr vergab – und es kümmerte sie nicht, ob es andere verstehen oder was andere über sie dachten. Ihr Blick war nur auf ihn gerichtet. Das teure Salböl bedeutete Maria nichts, es war lediglich ein Symbol ihrer hemmungslosen Liebe, die sie in ihrem Geist empfand, es beschrieb ihre Entschlossenheit von diesem Tage an ihr Leben an Gott zu „verschwenden".

Warum wurde dieses Salböl verschwendet?

Es dauerte nicht lange bis Maria für den radikalen Ausdruck ihrer Liebe Zurückweisung in Form von ziemlich harscher Kritik erlebte.

> Johannes 12,4-8
> Es sagt aber Judas, der Iskariot, einer von seinen Jüngern, der ihn überliefern sollte: Warum ist dieses Salböl nicht für dreihun-

dert Denare verkauft und den Armen gegeben worden? Er sagte dies aber nicht, weil er für die Armen besorgt war, sondern weil er ein Dieb war und die Kasse hatte und beiseite schaffte, was eingelegt wurde. Da sprach Jesus: Las sie! Möge sie es aufbewahrt haben für den Tag meines Begräbnisses! Denn die Armen habt ihr allezeit bei euch, mich aber habt ihr nicht allezeit.

Die Erzählungen von Matthäus und Markus sind nahezu gleichlautend. In Markus heißt es:

Markus 14,4-9
Es waren aber einige bei sich selbst unwillig: Wozu ist diese Verschwendung des Salböls geschehen? Denn dieses Salböl hätte für mehr als dreihundert Denare verkauft und den Armen gegeben werden können. Und sie fuhren sie an. Jesus aber sprach: Lasst sie! Was macht ihr ihr Mühe? Sie hat ein gutes Werk an mir getan; denn die Armen habt ihr allezeit bei euch, und wenn ihr wollt, könnt ihr ihnen wohl tun; mich aber habt ihr nicht allezeit. Sie hat getan, was sie konnte; sie hat im voraus meinen Leib zum Begräbnis gesalbt. Aber wahrlich, ich sage euch: Wo das Evangelium gepredigt werden wird in der ganzen Welt, wird auch von dem, was sie getan hat, geredet werden zu ihrem Gedächtnis.

Der entscheidende Unterschied in der Schilderung ist der, dass Johannes erzählt, dass Judas Iskariot es ist, der sie kritisiert, während Markus davon redet, dass „einige bei sich selbst unwillig waren“. Matthäus dagegen weist darauf hin, dass die Jünger unwillig waren (siehe Matthäus 26,8). Sicher ist, dass sich ein Chor der Entrüstung erhob und vielleicht machte Judas sich zu ihrer Stimme. Zunächst scheint die Kritik in der Praxis angebracht und auch theologisch korrekt. Das Salböl hatte einen Wert von dreihundert Denaren. Das entsprach zur damaligen Zeit dem Jahreslohn eines gewöhnlichen Arbeiters.

Ich habe mich oft gefragt, woher Maria soviel Geld hatte. Hatte sie es verdient? Hatte sie das Salböl geschenkt bekommen? Wie auch immer, die Frage lautet: Warum verschwendete sie innerhalb von Sekunden ein Vermögen an eine Person, wer immer diese Person auch war?

Das ist die typische Reaktion religiöser Menschen, wenn sie wahrhaftiger geistlicher Hingabe begegnen. Es ist unerträglich für sie.[1] Der religiös Gesinnte ermittelt die Kosten einer solchen extravaganten Handlung und kommt zu dem Ergebnis, dass es Verschwendung ist. Diese Kritik kommt fast immer im frommen Gewand daher: „Denn dieses Salböl hätte verkauft und den Armen gegeben werden können." Die religiösen Kritiker haben kein Verständnis dafür, dass unvergleichliche, überfließende, verschwenderische Anbetung, in der sich grenzenlose Liebe für Gott ausdrückt, weder gerechtfertigt noch erklärt werden muss.

In der Bibel können wir entdecken, dass sich außergewöhnliche Anbetung immer gegenüber selbst gemachter Tradition durchsetzt. Im wesentlichen geht es darum, ob wir versuchen Aufmerksamkeit zu geben oder zu erhalten. Gott sieht auf das Herz und er freut sich über die offene, echte Anbetung seiner Kinder, egal in welcher Weise dies geschieht.

Deshalb verteidigt Jesus Maria mit einem solchen Eifer. Gott ist eifersüchtig, wenn es um seine Ehre und um seine Kinder geht. *Lass sie! Möge sie es aufbewahrt haben für den Tag meines Begräbnisses! Denn die Armen habt ihr allezeit bei euch, mich aber habt ihr nicht allezeit* (Johannes 12,7-8). Er schneidet den frommen Heuchlern das Wort ab und lenkt die Aufmerksamkeit auf die Verfassung des Herzens. Wem gehört unsere Liebe wirklich? Jesus sagt: *„Denn wo dein Schatz ist, da wird auch dein Herz sein"* (Matthäus 6,21). Das Herz Marias war in der richtigen Verfassung, und Jesus bestätigt sie. Noch einmal: Maria hatte „das gute Teil erwählt" und es sollte nicht von ihr genommen werden. Sie „verschwendete" alles, was sie jemals erworben und besessen hatte, für ihren neuen Herrn!

---

[1] Ich gebrauche hier „religiös" im Sinne von „religiösen Geistern". Einer falschen Frömmigkeit, die nichts von einer persönlichen Beziehung zu dem lebendigen Gott weiß, sondern nur leere Formen, Traditionen und Rituale kennt. In diesem Sinne „religiöse" Menschen sind solche, von denen der Apostel Paulus sagt, dass sie „eine Form der Gottseligkeit haben, deren Kraft aber verleugnen" (2. Timotheus 3,5).

Siehst du diese Frau?

Lukas 7,39 u. 44-47
Als aber der Pharisäer, der ihn eingeladen hatte, das sah, sprach er bei sich selbst und sagte: Wenn dieser ein Prophet wäre, so würde er erkennen, wer und was für eine Frau das ist, die ihn anrührt; denn sie ist eine Sünderin.
Und sich zu der Frau wendend, sprach er zu Simon: Siehst du diese Frau? Ich bin in dein Haus gekommen, du hast mir kein Wasser für meine Füße gegeben; sie aber hat meine Füße mit Tränen benetzt und mit ihren Haaren getrocknet. Du hast mir keinen Kuss gegeben; sie aber hat, seitdem ich hereingekommen bin, nicht abgelassen, meine Füße zu küssen. Du hast mein Haupt nicht mit Öl gesalbt; sie aber hat mit Salböl meine Füße gesalbt. Deswegen sage ich dir: Ihre vielen Sünden sind vergeben, denn sie hat viel geliebt; wem aber wenig vergeben wird, der liebt wenig.

Die Frage lautet: „Siehst du diese Frau?“ Wenn ich für Simon antworten sollte, würde ich sagen, er sieht sie nicht. Natürlich wusste Simon, dass sie sich im Raum befand, und er wusste wer sie war und was sie getan hatte, doch er sah sie nicht wirklich. Bei Jesus war das anders. Er sah durch ihre natürliche äußere Erscheinung, dem Schutzmantel, mit dem wir uns alle umgeben, hindurch, direkt in ihr Herz. Er sah nicht darauf wie sie war, sondern wie sie sein könnte. Jesus ist wahrscheinlich die einzige Person gewesen, die Maria so hoch achtete und dafür liebte sie ihn.
Jesus schalt seinen Gastgeber für den Mangel an Gastfreundschaft, der in diesen Tagen üblich war – Wasser für die staubigen, übelriechenden Füße, einen Kuss zur Begrüßung und Öl um sich vom Schweiß und Dreck der Straße zu reinigen – doch das war nur nebensächlich. Es ging ihm nicht um Bequemlichkeit, sondern um Liebe, Dankbarkeit und Anbetung. Worin Simon versagt hatte, das brachte Maria im Überfluss. Jesus wollte Simon zeigen, dass es nicht auf äußerliche Dinge oder Traditionen ankommt, sondern auf die Verfassung des Herzens. Wem viel vergeben wurde, der liebt viel,

wem aber wenig vergeben wurde, der liebt wenig. Als ein religiöser Pharisäer hatte Simon womöglich wenig Verständnis über die Notwendigkeit der Vergebung und deshalb auch nur wenig Erkenntnis über die Liebe Gottes und geringes Erbarmen für die, die in seinen Augen schwerer „gesündigt" hatten als er. Simon hat Jesus wenig geliebt und zeigte es durch seine Handlungen (oder den Mangel daran an).

Worin unterscheidet sich Maria?

Maria war ganz anders. Sie kannte die Abgründe ihrer sündvollen Vergangenheit und die Tiefe der Vergebung, die sie durch ihren Herrn erfahren hatte. Nun war sie bereit alles zu geben, was sie hatte, sogar sich selbst. Sie wollte sich ausgießen und für ihn verschwenden, so wie sie sein Haupt und seine Füße verschwenderisch gesalbt und der Geruch des Salböls den ganzen Raum erfüllt hatte.

Niemand weiß sicher wie Maria vorher gelebt hatte. Doch als „Sünderin" oder als Frau mit einem schlechten Ruf, hatte sie wahrscheinlich sehr viel Erfahrung darin, die Aufmerksamkeit eines Mannes zu gewinnen und sich ihm zu nähern. Vermutlich wusste sie wie eine Frau ihr Haar trägt, sich ankleidet und welches Parfüm sie benutzen, welche Bewegungen sie machen und wie sie die Augen einsetzen musste, um an einen Mann (und seine Geldbörse) heranzukommen.

Es kann sein, dass Maria sich Jesus, einem starken, attraktiven, jüdischen Mann in den frühen Dreißigern, an diesem Abend in Betanien, mindestens äußerlich in ähnlicher Weise genähert hat wie sie es früher bei vielen anderen Männern getan hatte. Sie kam zu ihm, öffnete ihr Haar und wischte damit seine Füße ab. Bei einer Frau mit ihrem Ruf muss ihr Verhalten den Anwesenden äußerst sinnlich vorgekommen sein. Ihr Handeln hätte wahrscheinlich im Herzen jedes normalen Mannes damaliger Zeit die verschiedensten Gedanken und Lüste hervorgerufen. Doch in diesem Fall war es anders und sowohl Maria wusste das als auch Jesus.

Vielleicht war sie von vielen Männern sexuell berührt worden – Männer, die sie benutzt oder missbraucht hatten, Männer die sie begehrt hatten, aber nicht an ihrer Person interessiert waren. Einige dieser Männer waren vielleicht sogar anwesend und verfolgten gespannt und atemlos was passieren würde. Doch diesmal war es anders. Niemand hatte Maria jemals so berührt wie Jesus – in ihrem Innern. Viele Männer hatten Maria mit lustvollen Blicken betrachtet, doch niemand hatte sie jemals so angesehen wie Jesus. Seinem Blick konnte nichts standhalten – ihr Schmerz, ihre Schuld, ihre Scham und ihr Verlangen nach echter Liebe wurden offenbar. In ihm erlebte sie Erlösung und Erfüllung, und was weitaus wichtiger war, Jesus sah Marias innere Schönheit und ihren Schrei nach Erlösung. Er vergab ihr und befreite sie. Als Maria bemerkte, dass Jesus sie so sah, wie sie wirklich war, erkannte sie wer Jesus war – Meister, Herr, Erlöser, der Liebhaber ihrer Seele – und sie hatte nur noch Augen für ihn und keinen anderen mehr.

Den Wohlgeruch verschwenden

Je länger ich mit Jesus lebe, desto mehr erkenne ich, was für ein großer Sünder ich bin. Mir wird immer bewusster wie weit ich von ihm entfernt war und in gewissem Sinne immer noch bin. Zur gleichen Zeit stelle ich fest wie nahe er mir ist. Wenn wir einerseits herausfinden, dass wir Sünder sind und gleichzeitig die Größe dessen erkennen, was Christus für uns getan hat, wird in uns in zunehmendem Maße ein Herz heranwachsen wie es Maria von Betanien hatte. Wir werden an den Punkt kommen wo wir sagen: „Herr, ich möchte mein Leben als Trankopfer vor dir ausgießen."

Ich habe genug von langweiligen Gemeinden und einem weltlichen Christentum. Wie sieht es bei dir aus? Doch bitte nimm eines wahr, wenn die Gemeinde langweilig und weltlich ist, so ist es unsere Schuld, denn *wir* sind die Gemeinde. Jeder von uns ist Gott so nahe wie er es sein möchte. Er ist jederzeit bereit, uns näher zu sich zu ziehen. Ich möchte mein Leben so gerne als ein Trankopfer vor ihm ausgießen! Ich und mein Haus, wir wollen unser Leben an Jesus verschwenden! Möchtest du dabei sein?

Die Offenbarung über Vergebung und Gerechtigkeit, die uns in Christus geschenkt ist, führt uns zu einer radikalen und echten Anbetung. Wir müssen es jedoch lernen, vor dem Herrn zur Ruhe zu kommen und uns ein wenig Zeit dafür zu nehmen, die Tränen unseres Herzens vor ihm auszugießen. Jeder von uns verbreitet einen einzigartigen und kostbaren Wohlgeruch, den nur wir an unseren Messias verschwenden können. Wem viel vergeben wurde, der liebt viel. Wie viel wurde *dir* vergeben? Welchen Wohlgeruch kannst du zur Ehre des Königs der Könige verbreiten? Ein anderer mag denken, dass dein besonderes Parfüm stinkt, und du magst dasselbe über meinen Wohlgeruch denken. Wichtig dabei ist, dass wir das, was wir haben, nehmen und für den Herrn verschwenden. Es ist egal was andere über deinen Wohlgeruch denken. Wenn wir es als Liebesopfer für Gott ausgießen, wird es für ihn wie ein lieblicher Duft sein. Ein Duft, den er nicht nur einfach annimmt, sondern nach dem er sehr große Sehnsucht und großes Verlangen hat!

Die Tür zu mehr Nähe

Wenn wir unser Leben für Gott verschwenden, ist dies eine Tür zu einer intensiveren Gemeinschaft mit ihm. Es ist ein Lebensstil, der in der modernen „Schnellimbiss-Gemeinde“ seit vielen Jahren schmerzlich vermisst wird. Doch das verändert sich. In allen Teilen der Erde entdecken hungrige Gläubige aus jeder Strömung und Denomination diesen verlorenen Schlüssel zu einem einfachen und tiefen Leben. Der Herr selbst bringt diese Wahrheit in Bewegung und erinnert sein Volk daran, so dass dieses es wahrnimmt. Er ruft seine Freunde, eine Gruppe von Zerbrochenen, aber Dankbaren.

Dabei geht es weder um das Geschlecht noch um Theologie oder Konfession, sondern es ist eine Sache des Herzens: eines Herzens, das überfließt vor Liebe und Dankbarkeit gegenüber dem Einen, der seinen göttlichen Wohlgeruch für uns ausgegossen und verschwendet hat. Kann es eine größere Verschwendung geben, als die, *dass Christus für uns gestorben ist, als wir noch Sünder waren* (Römer 5,8)?

Gott zieht und ruft sein Volk dazu auf, in tieferer und konzentrierterer Weise mit ihm zu gehen. Er ruft uns nicht nur in den Vorhof, sondern ins Allerheiligste. In diese sichere, ruhige innere Kammer zu der er allein den Schlüssel hat. Doch er hat uns den Schlüssel gegeben und er lädt uns ein zu ihm zu kommen.

Jesus sagt: *„Wenn du aber betest, so geh in deine Kammer, und nachdem du deine Tür geschlossen hast, bete zu deinem Vater, der im Verborgenen ist! Und dein Vater, der im Verborgenen sieht, wird dir vergelten"* (Matthäus 6,6). Unsere Gebete sind willkommen und sie werden von ihm angenommen, so wie Jesus die Tränen Marias, die seine Füße benetzten und ihr Salböl, das seinen Leib für das Begräbnis salbte, begrüßte und annahm. Es wird ein Volk Gottes aufstehen, das wie Maria nur ein Ziel haben wird, sein Leben für ihn zu verschwenden.

Wir sollen unser Haar öffnen

Vor kurzem traf ich Thetus Tenney, die Mutter von Tommy Tenney. Sie ist eine wunderbare, gottesfürchtige und fromme Frau. Jetzt weiß ich, warum Tommy in solch einer Weise von der Gegenwart Gottes umgeben ist. Er hat ausgezeichnete Vorfahren in seinem Vater und seinem Großvater, aber auch in seiner Mutter.

Bei dieser Gelegenheit hatte ich ein prophetisches Wort für Thetus Tenney. Sie, die seit Jahrzehnten in der Tradition der Pfingstler lebt, trägt einen netten, ordentlichen, straffen Haarknoten. Gut, dass sie jemanden wie mich, der alles durcheinander bringt, mag. Sonst hätte ich meinen Eindruck wahrscheinlich nicht weitergegeben. Es waren noch einige andere Personen anwesend, so dass alles mit rechten Dingen zuging. Ich stand auf, ging auf sie zu und sagte: „Was ich jetzt tue, habe ich noch nie getan und ich werde es wahrscheinlich auch nicht wieder tun." Ich löste die Haarnadel und ließ ihr wunderschönes, graues, dickes Haar hinunter, das so lang war, dass es ihren Rücken bedeckte. Dann sagte ich: „Gott löst die Knoten in der Gemeinde, und er wird uns lehren wie wir unser Haar in seiner Gegenwart herunterlassen. Wir werden so sein wie Maria von Betanien und es wird ein wohlgefälliges Opfer für unseren Messias sein." Thetus störte sich nicht an meiner Handlung, weil sie selbst eine „Maria" ist, die ihr Leben vor dem Herrn ausgegossen hat.

Wenn wir unser Leben für Gott verschwenden wollen, müssen wir zunächst an diesen Ort der Ruhe vor Gott kommen, das ist ein Schlüssel dazu. Ein Ort der Betrachtung (Meditation) und, wie es viele der alten Schriftsteller nannten, ein Ort des besinnlichen (kontemplativen) Gebets. Dort kommt es zur vollen Verwirklichung wahrer Nähe und geistlicher Gemeinschaft.

Eine Einladung in Seine Gegenwart

Ich lade dich ein und fordere dich heraus, dich mit mir gemeinsam auf den Weg zu diesem geheimen inneren Ort zu machen und dein Leben für Jesus zu „verschwenden". Es ist eine Einladung, der Gesellschaft derer beizutreten, die zerbrochenen Herzens sind, einem Volk der Dankbarkeit, Milde und des Glaubens, das den warmen Blick des Herrn in seinem Inneren gespürt hat und dem der Herr die Bestätigung gab: „Ich habe das schon immer bei euch gesehen."

Aus dieser Zerbrochenheit wird ein Wohlgeruch hervorströmen und das Haus erfüllen. Der Wohlgeruch überfließender, verschwenderischer Anbetung und ein Leben, das sich völlig vor dem Herrn ausgießt. Dieser Wohlgeruch wird aufsteigen und im Himmel gesammelt werden, und eines Tages wird es dem Messias gefallen, diesen Wohlgeruch als Salbung auszugießen, um sein Volk zu sich zu ziehen und Heilung für die Nationen zu bringen. Dann wird jeder von uns wieder ein kleines Kind sein. Ruhig und still wie solche, die an der Brust Gottes gelegen haben und gestillt wurden.

Der Weg zu wahrer Nähe mit Gott ist wie eine inwendige Reise, bei der wir durch die Pforte der Ruhe unserer Seele in seine Gegenwart gelangen. Es ist ein schmaler Weg abseits des Trampelpfades, der so gut wie nicht zu erkennen ist und von der großen Anzahl derer verkannt wird, die sich kopfüber ins Leben stürzen. Dieser Weg ist nicht leicht zu finden, doch die Reichtümer und Belohnungen sind es wert, sich aufzumachen. Warum begleitest du mich nicht einfach? Lass uns aufbrechen und den Weg gehen, den so wenige gegangen sind. Auf diesem Weg werden wir anderen mutigen Forschungsreisenden begegnen, die sich vor uns auf die Reise gemacht haben, und wir werden uns an den Quellen ihrer Weisheit und Einsichten erfrischen. Möge dieses Abenteuer, das uns erwartet, in uns den Appetit wecken, unser Leben für Jesus zu „verschwenden“!

Fragen

1. Was bedeutet das Wort „verschwenden“ für dich?
2. Warum spotteten die anwesenden Beobachter der Szene über Maria von Betanien als sie ihre sämtlichen Ersparnisse für den Herrn „verschwendete“?
3. Wie reagiert Gott auf außerordentliche Anbetung?

Empfohlene Literatur

„God’s Favorite House“, Tommy Tenney, Destiny Image, 1999.
„Worship: The Pattern of Things in Heaven“, Joseph Garlington, Destiny Image, 1997.
„I AM: The Unveiling of God“, Steve Fry, Multnomah, 2000.

Kapitel 2

Der Weg zu wahrer Nähe

Stell dir einmal vor wie es gewesen sein muss, Jesus als Mensch gekannt zu haben, so wie die Jünger ihn kannten, die mit ihm gingen, redeten und ihn täglich sahen. Wie haben sie sich wohl gefühlt, als er den blinden Mann heilte, in dem er einen Teig aus Erde und Speichel machte oder wie war es, als er durch eine sanfte Berührung den Aussätzigen gesund machte und den Toten mit einem Wort befahl aufzustehen? Wie es wohl gewesen ist, mit Ihm tagein tagaus zu leben, Ihn voller Kraft, aber auch todmüde zu sehen, voll Freude im Heiligen Geist, aber auch betrübt über die Ablehnung und den Unglauben derselben Menschen, die Er retten wollte? Welch ein Gefühl war es, zu Seinen Füßen zu sitzen und den größten Wahrheiten und Weisheiten zu lauschen, die jemals durch einen Menschen ausgesprochen wurden? Wie war es, mit Ihm bei Tisch zu liegen und dabei zu sein als Er sagte: „Dies ist mein Leib, der für euch gegeben wird... Dieser Kelch ist der neue Bund in meinem Blut, das für euch vergossen wird“ (Lukas 22, 19 u. 20)? Wie war es, Ihn zu lieben – und Ihn dann sterben zu sehen?

An der Brust Jesu lehnen

Es gab nur wenige Menschen, die das Privileg hatten, in solch einer persönlichen und intimen Gemeinschaft mit Jesus zu leben. Johannes war einer von ihnen. Dieser „geliebte“ Apostel gehörte mit Jakobus und Simon Petrus zum „inneren Kreis“ der engsten Freunde Jesu. Johannes weist in seinem Evangelium und seinen Briefen auf die enge Beziehung hin, die er zu Jesus hatte. Er schreibt, dass während des Abendmahls „einer von seinen Jüngern, den Jesus liebte“ zu Tisch an der Brust Jesu lag (Johannes 13,23). Bibellehrer stimmen im allgemeinen darin überein, dass Johannes damit sich selbst meinte. „An seiner Brust zu liegen“ ist die schöne Beschreibung einer engen Freundschaft und Gemeinschaft! Vier weitere Male bezeichnet Johannes sich in seinem Evangelium als den „Jünger den Jesus liebte“ (Johannes 19,26; 20,2; 21,7 u. 20).

Bereits zu Beginn seines ersten Briefes stellt Johannes heraus, dass er Jesus persönlich kannte.

> 1. Johannes 1,1 u. 3
> Was von Anfang an war, was wir gehört, was wir mit unseren Augen gesehen, was wir angeschaut und unsere Hände betastet haben vom Wort des Lebens..., was wir gesehen und gehört haben, verkündigen wir auch euch, damit auch ihr mit uns Gemeinschaft habt; und zwar ist unsere Gemeinschaft mit dem Vater und mit seinem Sohn Jesus Christus.

Das sind die Worte eines Mannes, der eine sehr persönliche und vertraute Beziehung zu Jesus hatte. Johannes spricht von Jesus, als einem Mann, den er mit eigenen Ohren *gehört*, mit eigenen Augen *gesehen* und mit den eigenen Händen *berührt* hatte. Deshalb erfreute sich Johannes an der *Gemeinschaft mit dem Vater und mit seinem Sohn Jesus Christus* und wünschte sich, dass auch seine Leser (uns eingeschlossen) *dieselbe Gemeinschaft* mit ihm haben!
Wie erfreuen wir uns an dieser engen Gemeinschaft mit Jesus, der nicht länger körperlich anwesend ist oder mit dem Vater, der Geist ist? Als Kinder Gottes haben wir durch und im Heiligen Geist, der mit unserem Geist kommuniziert, Gemeinschaft mit dem Vater und mit Jesus. Ein Teil der Aufgabe des Heiligen Geistes besteht darin, uns in eine enge Beziehung zu Christus zu bringen. Damit dies geschehen kann müssen wir es lernen, zuerst unseren Geist und unser Inneres zur Ruhe zu bringen.

Wenn wir vertraut werden wollen, dann müssen wir es lernen, still zu sein

Wir können es nie völlig erfassen was es bedeutet, ein enger Vertrauter Gottes zu sein, wenn wir es nicht lernen, ihm in der Ruhe des Geistes, des Verstandes und des Körpers zu begegnen. Stille ist eine absolute Voraussetzung, um eine tiefe, liebevolle Gemeinschaft mit dem Herrn erleben zu können. Der Psalmist David schrieb: *„Nur auf Gott vertraut still meine Seele..."* (Psalm 62,2). Der Prophet Habakuk erklärt: *„Der Herr aber ist in seinem heiligen Palast. Schweige* *vor ihm, ganze Erde!*" (Habakuk 2,20). Als Elia den Rat Gottes erwartet, hörte er den Herrn nicht im Wind, nicht im Erdbeben oder im Feuer, sondern im *„Ton des leisen Wehens*" (1. Könige 19,12). In Psalm 46 ruft der Herr uns auf: *„Seid stille und erkennet, dass ich Gott bin!*" (Psalm 46,11, Luther).

Dieses „Erkennen" ist weit mehr als bloßes informatives Wissen. Das hebräische Wort *yada* wird für viele verschiedene Formen der Erkenntnis gebraucht und schließt die Beschreibung einer sehr engen Beziehung mit ein. Dasselbe Wort wird auch gebraucht, wenn es heißt: *„Und Adam erkannte sein Weib Eva*" (1. Mose 4,1, Luther). Gott in diesem Sinne zu „kennen" bedeutet, dass sein Geist uns erfüllt, sein Atem uns inspiriert und sein Herz uns gestärkt hat. Gott „kennen" bedeutet, dass wir lebendig geworden sind durch die Person Jesu Christi, unseren Herrn. Gott sehnt sich nach einer solchen Nähe mit uns, doch damit das geschehen kann, muss unser Geist ruhig werden.

Leider werden wir in unserer Gesellschaft weder dazu ermutigt noch darauf vorbereitet ruhig zu sein. Täglich sind wir von lärmenden Stimmen umgeben – guten und bösen – die ständig unsere Aufmerksamkeit auf sich lenken wollen. Wenn wir nicht wissen wie wir hören sollen, dann kann das „leise Wehen" der Stimme Gottes einfach im Getöse untergehen.

Ruhe ist weder eine neue Entdeckung noch eine jüngste Neuerung. Es ist nicht einmal die neue Ausrichtung einer alten Entdeckung. Ruhe ist eine althergebrachte, anerkannte Methode des Gebets und der Gemeinschaft mit Gott, die nahezu völlig von den Christen der Neuzeit vernachlässigt wird. Bei dem Versuch, echte Gemeinschaft mit Gott zu erleben, ist es für uns eine der größten Herausforderungen zu lernen, wie wir vor dem Herrn zur Ruhe kommen.

Ruhe ist eine große Herausforderung, doch sie bringt auch große Belohnungen

Mark und Patti Virkler betonen in ihrem starken Buch „Gemeinschaft mit Gott" sowohl die Wichtigkeit der Ruhe als auch die Herausforderung sie zu erlangen, wenn wir Gemeinschaft mit Gott haben wollen.

Bevor wir Gemeinschaft mit Gott haben können, müssen wir still werden. Habakuk trat auf seinen Posten (Habakuk 2,1). Jesus suchte am frühen Morgen, als es noch dunkel war, einen einsamen Ort zum beten auf (Markus 1,35) und nach einem Tag des Dienens ging er auf einen Berg, um zu beten.
Wenn wir in unserem Inneren mit Gott vertraulich werden wollen, müssen wir *zunächst* die äußerlichen Ablenkungen beseitigen. Wir müssen einen Ort aufsuchen an dem wir allein und ungestört sind, damit wir in die Mitte unseres Herzens vordringen können, ohne von äußerlichen Dingen abgelenkt zu werden. *Danach* müssen wir es lernen, unser Inneres und all die Stimmen und Gedanken, die in uns sind und ihre Aufmerksamkeit verlangen, zur Ruhe zu bringen. Solange sie nicht still sind, werden wir in den meisten Fällen seine Stimme nicht hören.[1]

Die zwei großen Hindernisse

Bei unserem Versuch, mit Gott Gemeinschaft zu haben, begegnen wir zwei hauptsächlichen Hindernissen: äußerliche Ablenkung und innere Unruhe. Das erste betrifft Störungen und Unterbrechungen, die durch Umstände hervorgerufen werden, während das zweite Hindernis ein Kampf ist, der in unseren Gedanken stattfindet. Keines der beiden wird einfach so oder durch Zufall verschwinden. Wir müssen sie durch standhafte Festlegung und bewusste Handlung beseitigen.
Ich habe festgestellt, dass wir von äußerlichen Ablenkungen frei sein müssen, um „in die Mitte unseres Herzens vorzudringen“. Dieses „vordringen ins Zentrum“ (centering) kommt kirchengeschichtlich von den Quäkern. Es ist eine Wahrheit, die sie über Generationen praktizieren und die ein Hauptteil ihrer Theologie ist. „Ins Zentrum vordringen“ bedeutet im wesentlichen, dass wir inmitten eines Sturms in unserer Seele das Zentrum der Ruhe wahrnehmen – ähnlich wie bei einem Wirbelsturm – und uns auf dieses Zentrum konzentrieren bis die uns umgebende Unruhe abnimmt. Auch wenn

---

[1] Mark und Patti Virkler, „Communion With God“, Shippensburg, PA: Destiny Image Publishers, Inc., 1990, Seite 47.

es in unserer Seele stürmisch und turbulent zu geht, gibt es doch einen ruhigen Ort im Zentrum wo Gottes Frieden regiert und sein Königreich offenbar ist.
In diesem Zentrum der Ruhe können wir mit Gott aufrichtige und enge Gemeinschaft haben. Ruhe für den Geist zu erlangen ist das Mittel zum Zweck und nicht der Zweck an sich. Ich möchte noch einmal meine Freunde, das Ehepaar Virkler, zitieren:

> Stille ist nicht ein Ziel in sich. Ich möchte still werden, damit mein Herz erkennen und fühlen kann wie Gott es anrührt. Gott berührt uns in sanfter Weise, und solange ich nicht innerlich und äußerlich zur Ruhe gekommen bin, werde ich seine inneren Eindrücke nicht wahrnehmen.
> Ich versuche *gar nichts zu tun*, um still zu werden. Ich möchte einfach nur mit dem göttlichen Liebhaber *in Berührung kommen*. Ich bin auf *diesen Augenblick* ausgerichtet und erlebe ihn darin.
> Still zu werden funktioniert nicht in Eile und Druck. Vielmehr müssen wir es einfach zulassen. Ab einem bestimmten Punkt übernimmt Gott das Geschehen und du spürst den Strom seines Wirkens in dir. Seine spontanen Eindrücke fangen an zu leben. Er spricht zu dir und gibt dir Weisheit und Stärke. Du weißt, das du „im Geist“ bist (siehe Offenbarung 1,10).

Für die meisten von uns ist dieses Zentrum der Ruhe nicht leicht zu finden. Obwohl man „weder Eile noch Druck“ anwenden kann und „es einfach zugelassen“ werden muss, wird es doch nicht automatisch passieren. Wir müssen diese Ruhe bewusst begehren, überlegt planen und sorgfältig verfolgen. Die Erfolgserlebnisse werden all die Zeit, Kraft, Anstrengungen und strenge Selbstdisziplin, die erforderlich ist, rechtfertigen. Wir werden im Frieden der Gegenwart des Herrn sein.
David fasst dieses Geschehen sehr gut zusammen, wenn er schreibt: *„Sei still dem Herrn und warte geduldig auf ihn!... Ärgere und sorge dich nicht!... Aber die sich selbst vor dem Herrn demütigen,*

werden jeden Segen bekommen und wundervollen Frieden haben" (übersetzt aus dem Englischen, nach Psalm 37,7-8 u.11).
Diese Art des besinnlichen Wartens auf Gott ist nur eine von vielen rechtmäßigen Möglichkeiten des Betens. Auch wenn es keine „schnelle Lösung" all unserer Probleme bringt, ist es eine kraftvolle, wenn auch schmerzlich vernachlässigte Waffe in Gottes Arsenal, die uns helfen kann, seinen sicheren Weg durch den Irrgarten des Lebens zu finden.

Nachsinnen über das Wort – ein Mittel, um zur Ruhe zu kommen
Eine sehr hilfreiche Praxis, um zu lernen vor dem Herrn zur Ruhe zu kommen, ist das Nachsinnen über eine Schriftstelle. Bitte verstehe mich nicht falsch. Ich rede nicht von fernöstlichen New-Age-Methoden, um unseren Verstand zu leeren, sondern davon, sich gezielt auf einen Teil des Wortes Gottes zu konzentrieren. Wir sollen keine leeren Hohlköpfe werden, sondern Christi Verstand haben. Während unsere Gedanken beim Wort Gottes verweilen, wird der Heilige Geist, der die Schrift lebendig macht, das Wort in unseren Herzen auslegen und unseren Geist mit Ihm in Einklang bringen. Gottes Wort ist lebendig und aktiv, und nachsinnen über dieses Wort kann uns in den Bereich des Geistes hinein führen.
Madame Jeanne Guyon (1648-1717) gibt uns einen Weisen Einblick in diesen Vorgang. Sie war eine französische christliche Mystikerin und verbrachte wegen ihres Glaubens die meiste Zeit ihres Lebens im Gefängnis. Noch heute werden Leser durch ihre erbaulichen Schriften dazu gedrängt, eine lebendige Erfahrung mit Jesus Christus zu machen. Eines ihrer meist gelesenen Bücher ist „Experiencing the Depths of the Lord Jesus Christ" (Erfahre die Tiefen des Herrn Jesus Christus), das Wachtman Nee, John Wesley, Hudson Taylor und viele andere in großem Maße beeinflusst hat.

> Wenn wir den „Herrn ergreifen", lernen wir ihn in einer völlig anderen Weise kennen. Ich sollte an dieser Stelle vielleicht auf das größte Hindernis aufmerksam machen, das auftreten wird, wenn du auf den Herrn wartest. Es hat etwas mit deinen Gedanken zu tun. Sie haben die starke Neigung vom Herrn abzuschweifen.

Wenn wir den Herrn suchen, in seiner Gegenwart verweilen, ihn „ergreifen", sollten wir die Schrift gebrauchen, um unsere Gedanken zur Ruhe zu bringen.

Das Verfahren ist sehr einfach. Lese zunächst einen Abschnitt aus der Schrift. Sobald du die Gegenwart des Herrn spürst, ist die eigentliche Aussage des Wortes nicht länger von Bedeutung. Das Wort hat seinen Zweck erfüllt: Es hat deine Gedanken zur Ruhe und dich zu ihm gebracht.[2]

Das Nachsinnen über das Wort ist etwas anderes, als es einfach nur zu lesen. Beim Nachsinnen konzentrieren wir uns meistens auf einen oder zwei Verse, manchmal nur auf einen Teil eines Verses, einen einzelnen Satz oder sogar nur auf ein oder zwei Worte. Wir denken über diese Worte nach, beschäftigen uns mit ihnen, reflektieren sie und bewegen sie in unseren Gedanken, sie von allen Seiten betrachtend. Während wir uns mit der Schrift beschäftigen, wird der Heilige Geist das lebendige Wort Gottes dazu gebrauchen, uns in die Gegenwart Gottes zu bringen (Mehr über das Thema des christlich meditativen Gebetes im siebten Kapitel).

Es geht Madame Guyon in der Hauptsache darum, zu zeigen, dass es beim Nachsinnen über die Schrift zu aller erst darum geht, dass wir zu unserem Geliebten kommen. Wir haben meistens die Tendenz, die Bibel zu mechanisch oder technisch zu lesen. Wir konzentrieren uns auf das Studieren der Schrift, zerlegen und analysieren die Verse, formulieren Theologien und Lehren und andere Aussagen. All das ist gut und richtig, aber wenn das alles ist, verpassen wir das Wesentliche: Wir werden an der Person vorbeigehen! Wir wollen nicht so sein wie die religiösen Führer, zu denen Jesus sagte: *„Ihr erforscht die Schriften, denn ihr meint, in ihnen ewiges Leben zu haben, und sie sind es, die von mir zeugen; und ihr wollt nicht zu mir kommen, damit ihr Leben habt"* (Johannes 5,39-40). Für uns Christen ist das Studium der Bibel sehr wichtig, doch am Ende nützt es wenig, wenn es nicht zu einer *persönlichen*

[2] Jeanne Guyon, „Expiercing God Through Prayer", Donna C. Arthur, ed.; Springdale, PA: Whitaker House, 1984, Seite 9-10.

Begegnung mit dem göttlichen Autor führt. Vergiss nicht, wir wollen weniger von uns und mehr von ihm!

Wir müssen bereit sein, Ablenkungen zu begegnen

Jeder, der jemals versucht hat, ein aktives und andauerndes Gebetsleben zu entwickeln, wird sich mit inneren und äußeren Ablenkungen auseinander setzen müssen. Es ist erstaunlich wie schnell Störungen oder familiäre „Krisen" jeder Art auftauchen, wenn wir uns allein an einen stillen Ort zum Gebet zurückziehen wollen. Unzählige abschweifende Gedanken tauchen auf und viele davon aus dem Abseits, bei denen man sich fragt: „Wo, um alles in der Welt, kommt *das* nun wieder her?" Da sind wir nun: Wir bemühen uns, Gott zu suchen und unsere Gedanken oder Umstände versuchen unentwegt unsere Aufmerksamkeit zu stehlen. Viele Christen werden dabei durch ihr ständiges Versagen so entmutigt, dass sie es aufgeben, in ein konzentriertes Gebet hinein zu kommen. Sie verlieren jede Hoffnung, Gott nahe zu kommen. Ich habe die Erfahrung gemacht, dass mich solche Gedanken niemals beeinträchtigen, wenn ich die Zeitung oder eine Zeitschrift lese. Wenn ich jedoch das Wort Gottes lese, tauchen sie mit Sicherheit auf! Es sieht so aus als ob etwas oder jemand (der Teufel) sich bedroht fühlt!
Wenn wir es ernst meinen damit, dem Herrn nahe zu sein, werden wir uns mit dem Problem der Ablenkung beschäftigen müssen. Auch in dieser Beziehung gibt uns Madame Guyon einen weisen Rat.

> Wie sieht es mit Ablenkungen aus? Sagen wir einmal deine Gedanken wandern ab. Wenn du in tiefer Weise vom Geist des Herrn berührt wurdest und plötzlich abgelenkt wirst, sorge gewissenhaft dafür, deine abschweifenden Gedanken zum Herrn zurückzubringen. Das ist der einfachste Weg, äußerliche Ablenkungen zu überwinden.
> Wenn deine Gedanken abschweifen, versuche nicht an etwas anderes zu denken, um dem zu begegnen. Sobald du deine Aufmerksamkeit auf diese Gedanken lenkst, wird dein Verstand irritiert und du wirst noch unruhiger werden. Halte diese Gedanken fern von dir, in dem du in die Gegenwart des Herrn zurück-

kehrst. So wirst du den Sieg im Kampf über diese abschweifenden Gedanken erringen, ohne dass du wirklich in die Schlacht verwickelt wirst.

Ich versichere dir, je mehr deine Seele damit vertraut wird, sich von den inneren Dingen fernzuhalten, desto leichter wird es für dich. Es gibt zwei Gründe dafür, dass es leichter für dich werden wird, deine Gedanken unter den Gehorsam des Herrn zu bringen: Zu aller erst wird dein Verstand – nach viel Übung – in der Tiefe umgeformt und diese neue Gewohnheit annehmen, und zweitens haben wir einen gnädigen Herrn![3]

Viele von uns wurden gelehrt, umherschweifende Gedanken während des Gebets im Namen Jesu zurückzuweisen. Dies ist eine wertvolle und effektive Methode, doch sie hat einen Nachteil. Sobald wir uns mit einem eigensinnigen Gedanken beschäftigen, taucht schon der nächste auf, dann der übernächste und so weiter. Bevor wir es bemerken, verwenden wir unsere Zeit nur noch darauf, unsere Gedanken zurückzuweisen. Madam Guyon sagt, dass wir diesen Kampf in Wirklichkeit nicht dadurch gewinnen werden, dass wir uns um den Teufel kümmern, sondern dass wir unseren „Blick auf Jesus richten". Das bedeutet nicht, dass wir den Teufel nicht beachten. Wir kümmern uns um ihn, in dem wir auf Jesus sehen, weil Jesus die Antwort und das Gegenmittel für den Teufel ist. Auf Jesus sehen besiegt den Teufel, weil es uns hilft, die Ablenkungen zu ignorieren und in die heilige Gegenwart Jesu „vorzudringen".

Manchmal wollen wir durch äußerliche Ablenkung vor unserem inneren Aufgewühltsein davonlaufen

Wir können äußerliche Ablenkung dadurch auf ein Minimum reduzieren, dass wir uns Zeit nehmen, einen stillen Ort aufzusuchen, wo wir den Herrn suchen. Einen Ort ohne Telefon, Fernseher, Computer und andere Fallen des modernen Lebens. Bedauerlicherweise reicht das allein jedoch noch nicht aus. Auch wenn wir die äußeren Stimmen zur Ruhe gebracht haben, so bleibt immer noch die Ru-

[3] ebd., Seite 11-13.

helosigkeit in unserem Verstand. Wenn es etwas gibt, das uns offenbart wie chaotisch und undiszipliniert unsere Gedanken sein können, dann ist es der Versuch, die Kunst des Alleinseins (mit Gott)[4] zu entwickeln.

Henri Nouwen (1932-1996), ein katholischer Priester und Psychologe, bringt uns einige hilfreiche Einsichten zu diesem Thema. Der in Holland geborene Nouwen wanderte 1964 in die USA aus. Er lehrte an diversen Universitäten und ist Autor einiger Bücher, u.a. auch „Making All Things New", aus dem die folgenden Zeilen entnommen sind.

> Allein zu sein ist eines der wichtigsten, aber auch schwierigsten Dinge, die wir zu lernen haben. Selbst, wenn wir ein tiefes Verlangen danach haben, allein zu sein, erleben wir, sobald wir uns an einen einsamen Ort zurückgezogen haben, eine gewisse Besorgnis. Sobald wir allein sind, ohne mit Menschen zu reden, ein Buch zu lesen, Fernsehen zu gucken oder zu telefonieren, erwacht in uns das Chaos.
>
> Dieses Chaos kann so störend und verwirrend sein, dass wir es kaum erwarten können, wieder etwas zu tun. Sich in ein Zimmer zurückzuziehen und die Tür zu verschließen bedeutet deshalb noch nicht, dass wir damit auch unsere inneren Zweifel, Beklemmungen, Ängste, bösen Erinnerungen, ungelösten Konflikte, zornige Gefühle und impulsiven Leidenschaften sofort zum Schweigen bringen. Andererseits ist es so, dass wir feststellen müssen, dass die äußeren Ablenkungen sich bei dem Versuch, sie auszuschalten, oft erst recht in vollem Maße zu Wort melden.
>
> Wir benutzen diese äußerlichen Ablenkungen häufig, um uns gegen den inneren Lärm zu schützen. Deshalb ist es nicht überraschend, dass es uns schwer fällt, allein zu sein. Die Konfrontation mit unseren inneren Konflikten ist zu schmerzhaft, um sie auszuhalten.
>
> Dies alles zeigt wie wichtig es ist, allein zu sein! Alleinsein ist nicht eine spontane Aktion als Antwort auf ein beschäftigtes und

---

[4] Zufügung durch den Übersetzer.

zwanghaftes Leben. Es gibt zu viele Gründe, um nicht allein zu sein. Deshalb müssen wir Alleinsein sorgfältig planen.[5]

Als ich diesen Text das erste Mal gelesen habe, fühlte ich mich so erleichtert, weil ich jemanden gefunden hatte, der die gleichen Erfahrungen gemacht hatte wie ich! Ich war nicht der Einzige! Wenn wir ehrlich sind, kennen die meisten von uns wahrscheinlich dieses Gefühl. Es ist nicht einfach, allein und ruhig zu sein. Denn genau in dieser Situation beginnt unser Verstand zu rasen und alle möglichen Gedanken unseres geschäftigen Lebens, die wir unterdrückt oder nieder gehalten haben, kommen lautstark an die Oberfläche. Aus diesen und anderen Gründen werden die wenigsten unter uns die Kunst des Alleinseins auf natürliche Weise erlernen. Wir müssen diese Zeit vielmehr, wie Nouwen es ausdrückt, sorgfältig und bewusst planen.

Zuerst mag es aussehen wie Zeitverschwendung

Ausgehend von den eben genannten Gedanken, sollten wir nicht entmutigt sein, wenn wir bei unserem ersten Versuch nicht in die vollkommene Ruhe des Geistes gelangen. Dazu noch einmal Henry Nouwen:

> Wenn wir uns erst einmal dazu entschlossen haben, einige Zeit allein zu sein, werden wir es lernen, aufmerksam auf die Stimme Gottes in uns zu hören. In den ersten Tagen, Wochen oder auch Monaten kann es sein, dass wir meinen, dass alles sei Zeitverschwendung. Diese Zeit der Ruhe scheint am Anfang mehr eine Zeit zu sein, in der wir mit tausenden Gedanken bombardiert werden und mit Gefühlen, die aus den verborgenen Bereichen unseres Verstandes aufsteigen.
> Einer der frühen christlichen Schriftsteller beschreibt die erste Stufe des zurückgezogenen Gebets als die Erfahrung eines Mannes, der nach Jahren eines Lebens mit offenen Türen, plötzlich

---

[5] „Making All Things New“, Henry J.M. Nouwen, New York, NY, Ballentine Books, 1983, Seite 69-71.

beschließt, die Türen zu schließen. Die Menschen, die ihn all die Jahre besuchten, klopfen an die Tür und wundern sich, warum sie nicht hereinkommen dürfen. Erst nachdem sie feststellen, dass sie nicht willkommen sind, geben sie es allmählich auf, ihn zu besuchen.

Diese Erfahrung wird jeder machen, der sich dazu entschließt nach einem Leben mit wenig geistlicher Disziplin, den Schritt in die Einsamkeit zu gehen. Zunächst werden die vielen Ablenkungen präsent sein. Später, wenn sie immer weniger Beachtung finden, werden sie langsam verschwinden.

Die Disziplin des Alleinseins erlaubt es uns, mit der hoffnungsvollen Gegenwart Gottes in unserem Leben in Berührung zu kommen. Sie erlaubt es uns, schon jetzt die beginnenden Freuden und den Frieden des neuen Himmels und der neuen Erde zu schmecken.

Das Alleinsein, wie ich es hier beschreibe, ist eine der kraftvollsten Disziplinen, um ein Gebetsleben zu entwickeln. Es ist ein einfacher, aber nicht leichter Weg, von der Sklaverei unserer Beschäftigung und Zwänge frei zu werden und die Stimme zu hören, die alle Dinge neu macht.[6]

Abschweifende und ungebetene Gedanken können aus den unterschiedlichsten Richtungen kommen. Plötzlich fallen uns Dinge ein, die wir noch erledigen und Anrufe, die wir noch tätigen müssen. Manchmal dringen diese Gedanken von außen in unsere „Zeit der Stille“ ein, manchmal kommen sie vom Feind, der versucht unsere Gemeinschaft zu zerstören und manchmal kommen sie von Gott selbst, der unsere Aufmerksamkeit erlangen will.

Was sollen wir tun?

Die Frage ist wie wir mit diesen Gedanken, wo immer sie auch herkommen, umgehen? Das Buch „Gemeinschaft mit Gott“ gibt uns

---

[6] „Making All Things New“, Henry J.M. Nouwen, New York, NY, Ballentine Books, 1983, Seite 73-75.

wiederum einige sehr praktische Ratschläge dazu wie wir lautstarke innere Stimmen, Gedanken und Bedrängnisse beseitigen können.

⇒ *Dinge, die wir noch erledigen müssen.*
Schreibe sie auf, damit du sie nicht vergisst.

⇒ *Sünden, die uns einfallen.*
Bekenne deine Sünde und bekleide dich mit dem Mantel der Gerechtigkeit.

⇒ *Flatternde Gedanken.*
Richte deinen Blick auf deine Gemeinschaft mit Jesus

⇒ *Mehr Zeit für Gemeinschaft, wenn dein Verstand gelassen und ruhig ist.*
Finde heraus, welche Dinge du automatisch tust (z.B. Auto fahren, baden, trainieren, Routinearbeiten usw.). Diese sind ideale Zeiten, um von Gott zu hören.[7]

Dabei ist es nicht wichtig an welchem Punkt deines christlichen Lebenswandels du dich gerade befindest, sondern dass du entschlossen bist, größere Reife und tiefere Nähe zu erlangen. Lass dich nicht durch andere Christen entmutigen, die scheinbar weiter sind als du. Wir sollten unser geistliches Leben niemals miteinander vergleichen. Mit dieser Masche versucht der Teufel nur uns herunter zu ziehen. Jesus Christus allein ist unser Maßstab. Er wird uns weder schelten noch heruntermachen, sondern uns lieben und geduldig in eine tiefere und engere Beziehung mit ihm leiten. Der Heilige Geist wird uns dabei helfen, das göttliche Leben in uns zu finden.
Du darfst niemals zu der Überzeugung gelangen, dass es Zeitverschwendung ist, auf Gott zu warten. *Warten auf Gott ist keine verschwendete, sondern gewonnene Zeit!* Warten auf Gott ist eine weise und gewinnbringende Investition, die nach gewisser Zeit eine reiche Ernte für dein Leben bringen wird.

---

[7] Virkler, „Communion with God“, Seite 49.

Manchmal müssen wir aggressiver vorgehen

Ich habe die Erfahrung gemacht, dass es nicht ausreicht, passiv in die Ruhe Gottes einzutreten. Der menschliche Verstand kann wie ein sturer Esel sein, der nicht bereit ist, sich ohne Kampf zu fügen. Manchmal ist es nötig aggressiver vorzugehen.

In der Schule war ich zum Teil deshalb ein guter Schüler, weil ich meine eigenen Lernmethoden entwickelte. Eine davon war, meine Notizen auf Tonband aufzunehmen, (das war in der Zeit, bevor es Kassettenrecorder gab!) um sie am Abend, wenn ich zu Bett ging anzuhören. Im Ergebnis kannte ich meine Aufzeichnungen total und schnitt in der Klasse sehr gut ab. Eine weitere Folge davon war, dass ich ein sogenanntes „Tonbandgehirn" entwickelte. Ich konnte mich nicht nur an alles, was ich in der Schule gehört hatte sehr gut erinnern, sondern auch an andere Dinge wie z.B. Fernsehshows, Filme usw. An alles Hörbare konnte ich mich sehr detailliert und mit großer Genauigkeit erinnern. Das war für mich über viele Jahre hinweg ein Aktivposten.

Doch es gab leider einen Nachteil. Mein „Tonbandgehirn" führte dazu, dass mein Verstand immer aktiv war. Ich konnte nicht abschalten. Es schien so, als hätte mein mentales Tonbandgerät keinen Knopf zum ausschalten. Nachts lag ich stundenlang im Bett und wiederholte und analysierte die Gespräche des vergangenen Tages. Ich wusste nicht wie ich meinen Verstand oder meinen Geist zur Ruhe bringen sollte. Durch diese Eigenart meines Denkens bekam ich anfangs große Probleme als ich versuchte, in die Ruhe des Herrn zu gelangen und mit ihm im kontemplativen (betrachtenden) Gebet eine tiefe Gemeinschaft zu pflegen. Es war ein großer Kampf für mich, weil ich einfach nicht wusste wie ich es anstellen sollte. Ein immer aktiver Verstand steht zusammen mit anderen Dingen einer Gemeinschaft mit Gott entgegen. Es ist schwierig, die Stimme Gottes zu hören, wenn du unentwegt deine eigenen Gedanken wahrnimmst.

Nach langer Zeit und durch die Gnade und Kraft Gottes habe ich es schließlich gelernt, meinen Verstand zu beherrschen und still vor ihm zu warten. Während dieser Zeit habe ich auch gelernt, dass es

manchmal nötig ist, mit einer offensiven und aggressiven Einstellung um die Kontrolle des Verstandes zu kämpfen.
Eine der bevorzugten Schriftstellen für Fürbitter und andere Gläubige, die im geistlichen Kampf stehen, finden wir bei Paulus im zweiten Korintherbrief:

> 2. Korinther 10,4-5
> Denn die Waffen unseres Kampfes sind nicht fleischlich, sondern mächtig für Gott zur Zerstörung von Festungen; so zerstören wir Vernünfteleien und jede Höhe, die sich gegen die Erkenntnis Gottes erhebt, und nehmen jeden Gedanken gefangen unter den Gehorsam Christi.

Über diese Verse wird meist im Zusammenhang mit der geistlichen Kampfführung gegen die Mächte und Gewalten gelehrt. Ich habe vor Jahren gelernt, sie auch im Kampf gegen Festungen in meinem Verstand anzuwenden. Nach meiner Erfahrung enthalten diese Verse zunächst einmal das Prinzip, jeden Gedanken und jede Handlung des Verstandes unter den Gehorsam Christi zu bringen. Ich habe die geistlichen Waffen des Namens und Blutes Jesu gegen die Festungen meines eigenen Denkens angewandt und sie so zerstört. Ich musste diese Lektion lernen, bevor ich in der Lage war, die Lehre über Kontemplation (Betrachtung) und die Ruhe des Herrn, wie Madame Guyon und Henry Nouwen sie beschreiben, in meinem Leben anzuwenden.

Wir müssen die Initiative ergreifen

Beim Lesen von 2. Korinther 10.4-5 habe ich in Bezug auf die Aussage „nehmen jeden Gedanken gefangen“ ein bestimmtes Bild vor Augen. Diese Festung oder Burg ist wie eine altertümliche Mauer, die unsere Gedanken umgibt. Sie machen unsere Grundhaltung deutlich, insbesondere unsere negative und von Niederlagen gezeichnete Art des Denkens, die uns nach unten zieht. Die Argumente oder „Vernünfteleien“ sind wie die Wachen auf der Mauer menschlicher Gedankengänge, während die Höhen – die Türme auf der Mauer – den menschlichen Stolz verkörpern. Die Gedanken schließlich,

sind einzelne Soldaten, die mit den Waffen der Beeinflussung (Suggestion) ausgerüstet sind.
Diese Gegner werden nicht ohne Kampf verschwinden. Wir müssen die Initiative ergreifen, offensiv vorgehen und die Tore unserer gedanklichen Festungen erstürmen. Dabei gebrauchen wir als „Rammbock" den Namen Jesus, das Blut Jesu (siehe Offenbarung 12,11) und das geschriebene und gesprochene Wort Gottes (siehe Matthäus 4,3-10). Damit überwinden wir und „nehmen jeden Gedanken gefangen unter den Gehorsam Christi".
Ich sage nicht, dass es einfach ist, aber mit Geduld, Ausdauer, Disziplin und der Kraft des Heiligen Geistes können wir nach einiger Zeit die Grundmauern und alten Muster unseres Denkens zerstören und ein neues Fundament legen. Darauf können wir die neuen Gedanken- und Verhaltensmuster aufbauen, die wir als neue Schöpfung in Christus entwickeln. Ich glaube, dass der Apostel genau das im Sinn hatte als er schrieb: *„Werdet verwandelt durch die Erneuerung des Sinnes"* (Römer12,2) und *„legt nun von euch ab nach dem vorigen Wandel den alten Menschen... erneuert euch aber im Geist eures Gemüts und ziehet den neuen Menschen an, der nach Gott geschaffen ist in rechtschaffener Gerechtigkeit und Heiligkeit"* (Epheser 4,22-24, Luther).

Praktische Schritte, um den Sinn Christi zu erlangen

Im Philipperbrief Kapitel 4 schreibt Paulus: *„Übrigens, Brüder, alles, was wahr, alles, was ehrbar, alles, was gerecht, alles, was rein, alles, was liebenswert, alles, was wohllautend ist, wenn es irgendeine Tugend und wenn es irgendein Lob gibt, das erwägt!"* (Philipper 4,8). Das ist ein Bestandteil davon, *„den Sinn Christi zu haben"* (1. Korinther 2,16). Bevor diese Aufforderung in uns Realität wird, müssen wir unsere Gedanken reinigen. Dies geschieht nicht über Nacht, aber es ist ein Teil unserer Bestimmung als Christen.
Es gibt einige praktische Schritte, die uns helfen können, den Sinn Christi zu erlangen:

⇒ *Bekennen*
Wir müssen unsere Sünden aktuell bekennen. *„Wenn wir unsere*

Sünden bekennen, ist er treu und gerecht, dass er uns die Sünden vergibt und uns reinigt von jeder Ungerechtigkeit" (1.Johannes 1,9).

⇒ *Vergeben*

Wir müssen jedem vergeben, der falsch an uns gehandelt hat. *„Das Herz kennt sein eigenes Leid, und kein Fremder kann sich in seine Freude mischen"* (Sprüche 14,10). Wenn wir uns auf den inneren Weg machen werden alte Wunden und Verletzungen auftauchen und gegen uns aussagen. Die Straße zu jeder Heilung, und erst recht zu einer tieferen Beziehung mit Gott, beginnt mit dem Weg der Vergebung.

⇒ *Vergessen*

Ein wichtiger Teil der guten geistigen Verfassung eines Christen besteht aus der Kunst des Vergessens. *„Ich vergesse, was dahinten, strecke mich aber aus nach dem, was vorn ist, und jage auf das Ziel zu, hin zu dem Kampfpreis der Berufung Gottes nach oben in Christus Jesus"* (Philipper 3,13-14). Zu vergessen bedeutet nicht, dass wir eine Art geistliche Amnesie (Vergesslichkeit, Gedächtnisschwund) entwickeln und uns nicht länger an Schmerzen oder Verwundungen der Vergangenheit erinnern. Es bedeutet, dass durch die Gnade Gottes der uns schwächende Stachel des Schmerzes beseitigt wird, so dass wir weiter voran gehen können.

⇒ *Beseitigen*

Es gibt weltliche Haltungen, Angewohnheiten und Praktiken, die wir aus unserem Leben beseitigen müssen, damit wir unseren Blick ausschließlich auf Jesus richten. *„Lasst nun auch uns... die uns so leicht umstrickende Sünde ablegen und mit Ausdauer laufen den vor uns liegenden Wettlauf, indem wir hinschauen auf Jesus..."* (Hebräer 12,1-2).

⇒ *Kämpfen und widerstehen*

Manchmal müssen wir darum kämpfen, inneren Frieden und

Gelassenheit zu bekommen. *„Denn die Waffen unseres Kampfes sind nicht fleischlich, sondern mächtig für Gott zur Zerstörung von Festungen; so zerstören wir Vernünfteleien und jede Höhe, die sich gegen die Erkenntnis Gottes erhebt, und nehmen jeden Gedanken gefangen unter den Gehorsam Christi“* (2.Korinther 10,4-5)

⇒ *Aufbauen*

Wann immer wir das Negative zerstören, müssen wir an seiner Stelle etwas Positives aufbauen. *„Ihr aber, Geliebte, erbaut euch auf eurem heiligsten Glauben, betet im Heiligen Geist, erhaltet euch in der Liebe Gottes, indem ihr die Barmherzigkeit unseres Herrn Jesus Christus erwartet zum ewigen Leben“* (Judas 20-21). Beten im Geist, mit der Gabe des Sprachengebetes, war für mich über Jahre hinweg ein bedeutender und entscheidender Schlüssel. Für mich ist es nicht nur eine geistliche Disziplin, sondern ein Lebensstil.

⇒ *Anziehen*

Wir müssen die neuen geistlichen Kleider anziehen, die Christus uns gegeben hat. *„Zieht den Herrn Jesus Christus an...“* (Römer 13,14). *„Zieht die ganze Waffenrüstung Gottes an...“* (Epheser 6,11). *„Zieht nun an als Auserwählte Gottes, als Heilige und Geliebte: herzliches Erbarmen, Güte, Demut, Milde, Langmut! Zu diesem allen aber zieht die Liebe an, die das Band der Vollkommenheit ist!“* (Kolosser 3,12 u. 14).

Die Belohnung ist der Mühe wert

Zum guten Schluss: Wo führt das alles hin? Was wollen wir damit erreichen, wenn wir ruhig und still vor Gott werden? Es geht uns um nichts weniger als eine enge Gemeinschaft mit unserem liebenden Vater, Einheit mit Christus und Übereinstimmung unseres Geistes mit seinem Geist. Es ist eine Gemeinschaft vollkommener und bleibender Liebe.

Für Jean Nicholas Grou (1730-1803), einen Jesuitenpriester der in Holland und Frankreich lebte, begann im Jahre 1767 während einer

Zeit des Gebetes eine tiefere Beziehung mit Gott. Dabei lernte er, sein Leben völlig an den Willen Gottes auszuliefern und in einem Geist des Gebets zu leben. In seinem Klassiker „How to Pray" (Wie wir beten sollen), beschreibt er in wunderschöner Weise diese innige Gemeinschaft.

> Du fragst, was es mit dieser Stimme des Herzens auf sich hat. Die Liebe ist diese Stimme des Herzens. Wenn du Gott liebst, wirst du immer mit ihm reden. Der Same der Liebe wächst durch das Gebet. Wenn du das nicht verstehst, hast du bis jetzt weder geliebt noch gebetet. Bitte Gott, dass er dein Herz öffnet und einen Funken seiner Liebe darin entzündet, dann wirst du verstehen, was es heißt zu beten.
>
> Wenn wir mit dem Herzen beten, ist es augenscheinlich so – und es ist sogar möglich, dass dies unaufhörlich geschieht –, dass das Herz aus sich selbst betet, ohne die Zuhilfenahme von gesprochenen oder erdachten Worten. Das ist etwas, das nur wenige Menschen verstehen und einige sogar in Frage stellen. Sie bestehen darauf, dass für das Gebet eine erklärte und äußerliche Handlung notwendig ist. Sie irren sich, und Gott hat sie noch nicht gelehrt wie das Herz betet. Es ist wahr, dass die Gedanken in unserem Verstand geordnet werden, bevor wir sie mit unserem Mund aussprechen. Das beweist schon die Tatsache, dass wir häufig nach den richtigen Worten suchen und eins nach dem anderen verwerfen, bis wir den richtigen Ausdruck gefunden haben, um unsere Gedanken genau wiederzugeben. Wir brauchen Worte, um uns mit anderen zu verständigen, doch der Geist braucht sie nicht. Genau so ist es mit den Gefühlen des Herzens. Das Herz empfängt Gefühle und macht sie sich zu eigen, ohne dabei auf Worte angewiesen zu sein; es sei denn, diese Gefühle sollen anderen vermittelt werden oder für uns selbst klarer ausgedrückt werden.
>
> Gott kennt die Geheimnisse des Herzens. Gott kennt unsere tiefsten Gefühle, sogar die, denen wir uns selbst nicht bewusst sind. Wir müssen keine formalen Dinge tun, damit Gott uns hört.

Wenn wir dennoch im Gebet darauf zurückgreifen, hilft es nicht Gott, sondern vielmehr uns, damit wir in seiner Gegenwart bleiben.

Stell dir vor wie es sein muss, wenn eine Seele so eng mit Gott verbunden ist, dass es nicht nötig ist, durch äußerliche Handlungen die innere Beteiligung am Gebet zu gewährleisten. In diesen Augenblicken der Ruhe und des Friedens, wenn die Seele dem, was in ihr abläuft, keine Beachtung schenken muss, kann sie andauernd beten, in ausgezeichneter Weise, durch ein einfaches direktes Gebet, das Gott durch Gnade ganz und gar verstehen wird.

Das Herz wird voller Verlangen nach Gott sein, ohne dass es einer klaren Äußerung bedarf. Auch wenn sie uns selbst nicht bewusst sind, werden sie doch das Bewusstsein Gottes erreichen.

Diese Art des Gebets, ganz ohne Bilder und Wahrnehmungen..., scheinbar passiv und doch so aktiv, ist – soweit es die Begrenzung unseres Lebens erlaubt – reine Anbetung im Geist und in der Wahrheit.

Es ist eine Anbetung, die vor Gott würdig ist, in der die Seele bis ins Tiefste mit ihm vereint ist, das Geschöpf mit dem Schöpfer. Anbetung, die in einer für den Verstand und Willen sehr einfachen Weise ausgedrückt wird. Das ist das Gebet der Stille und der Ruhe oder des einfachen Glaubens.[8]

Mit Gott im Einklang

Das ist Nähe zu Gott – so mit ihm im Einklang zu sein, dass keine Worte oder Handlungen nötig sind. Einfach „reine Anbetung im Geist und in der Wahrheit“ von unserem Geist zu seinem Geist.

Eine andere Bezeichnung für eine solche Gemeinschaft ist „kontemplatives (betrachtendes) Gebet“. Weil es hier *oberflächliche* Gemeinsamkeiten in der okkulten Szene und der New-Age-Bewegung gibt, ist es enorm wichtig, dass wir ein kristallklares Verständnis davon haben, was „kontemplatives Gebet“ ist und was es *nicht* ist.

---

[8] Jean Nicholas Grou, „How to Pray“. Entnommen aus „Devotional Classics“, herausgegeben von Richard Foster und James Smith, San Francisco, CA, Harper Collins, 1989, Seite 95.

Damit werden wir uns im nächsten Kapitel auseinandersetzen. An dieser Stelle möchte ich nur sagen, dass es die Art von Gebet ist, an die Jesus dachte als er sagte: *„Wenn du aber betest, so geh in deine Kammer, und nachdem du deine Tür geschlossen hast, bete zu deinem Vater, der im Verborgenen ist! Und dein Vater, der im Verborgenen sieht, wird dir vergelten“* (Matthäus 6,6).
Denke daran, Zeit mit Gott ist keine Verschwendung, sondern Gewinn! Möchtest du den Weg, der zur Vertrautheit mit ihm führt weitergehen? Möchtest du tiefer in sein Herz vordringen? Vergiss nicht, er ist der Liebhaber deiner Seele!

Vater führe uns auf diesem vergessenen Weg. Bring du die in uns wütenden Stimmen zur Ruhe, die unsere Aufmerksamkeit erhalten wollen. Mach unsere Seele still, damit wir dich und deinen kostbaren Sohn, Jesus, erkennen können. Heiliger Geist, schreib in deiner Freiheit diese Gesetze in unser Herz. Herr, wir wollen dich besser kennenlernen! Lehre uns um deines Reiches willen, Amen!

Fragen

1. Was verhindert eine größere Nähe zu Gott?
2. Welche Hindernisse gibt es in deinem Leben, um mehr von Gottes Nähe zu erfahren?
3. Welche Voraussetzungen müssen für wahre Gemeinschaft mit Gott erfüllt sein?

Empfohlene Literatur

„Leidenschaft für Jesus“, Mike Bickle, Projektion J, 2001.
„Die Gott nachjagen“, Tommy Tenney, Projektion J, 2001.
„Die Furcht des Herrn“, Joy Dawson, JMEM, 1990.

Kapitel 3

Kontemplatives Gebet verstehen

Bist du bereit unseren Weg weiter zu gehen? Es ist mein Ziel einen solchen Appetit in dir zu wecken, dass selbst Begriffe wie „geistliche Disziplin" oder „Andacht" für dich nicht mehr nüchtern und langweilig klingen, sondern so belebend für dein Leben sind wie es eigentlich sein sollte. Doch du musst dich einigen Herausforderungen stellen, wenn du tiefer in seine Gegenwart hinein kommen und dein Leben wirklich für Jesus „verschwenden" willst.

Ein Herz wie Lydia

Maria von Betanien hat ihre Tränen, ihr Haar und alles, was sie hatte, gegeben. Johannes, der Jünger, den Jesus liebte, hat seinen Kopf an seine Brust gelehnt. Aber was tat Lydia von Thyatira?

> Apostelgeschichte 16,14-15
> Und eine Frau mit Namen Lydia, eine Purpurkrämerin aus der Stadt Thyatira, die Gott anbetete, hörte zu; deren Herz öffnete der Herr, dass sie achtgab auf das, was von Paulus geredet wurde. Als sie aber getauft worden war und ihr Haus, bat sie und sagte: Wenn ihr urteilt, dass ich an den Herrn gläubig sei, so kehrt in mein Haus ein und bleibt! Und sie nötigte uns.

Lydia traf Paulus am Flussufer, dem Ort, wo sich die jüdischen Frauen üblicherweise zum Beten trafen. Wie Maria von Betanien war Lydia ein „Anbeterin", und sie hörte dem Evangelium aufmerksam zu. Sie war die erste, die sich im Dienst von Paulus in Europa bekehrte. Auch sie „verschwendete ihr Leben" an ihren neuen Herrn, und offenbar hatte sie ihr ganzes Haus als Versammlungsraum für die Gemeinde zur Verfügung gestellt.

Was meine Aufmerksamkeit auf Lydia lenkte, war der Satz: „deren Herz öffnete der Herr." Wahre „Gottsuchende" haben ein „offenes Herz" – was natürlich das Gegenteil eines „verschlossenen Herzens" ist. Wenn dein Herz verschlossen ist, wirst du bei dem Versuch, „in

dic Tiefen des Herrn Jesus Christus" vorzudringen, wie Madame Guyon es genannt hat, nicht sehr weit kommen.
Ein offenes Herz: Ist es nicht genau das, was du dir wünschst? Möchtest du nicht die Eigenschaften Lydias haben, die anbetete, zuhörte, antwortete und dem Herrn gegeben hat? Das Verständnis für komtemplatives Gebet beginnt damit, dass wir verletzbar und durchschaubar werden – Menschen mit einem „offenen Herzen". Bevor du weiterliest mach eine Pause und strecke dich zu dem Liebhaber deiner Seele aus. Bitte ihn, dass er dir ein weiches Herz gibt, so wie Lydia es hatte.

Fern ab jeder Technik

Die Gemeinschaft mit Gott ist beim kontemplativen (betrachtenden) Gebet wichtiger als alles andere. In der Praxis geht es weit über Formalitäten, Techniken und Methoden hinaus und doch ist es im Grunde des Herzens sehr einfach und grundsätzlich. Im kontemplativen Gebet geht es darum, dass wir regelmäßig eine spezielle und ausschließliche Zeit darauf verwenden, den Herrn zu suchen. Ich rede über weit mehr als die tägliche „stille Zeit" mit fünf Minuten Bibellesen oder Andacht und „schnellem" Gebet (obgleich dies ein guter Anfang ist, besonders dann, wenn du zur Zeit überhaupt keine Zeit mit Gott hast). Kontemplatives (betrachtendes) Gebet braucht Zeit, Geduld, Disziplin und sorgfältige Pflege. Nicht deshalb, weil Gott schwer fassbar oder zurückhaltend ist, sondern weil *wir* so viele negative und ungesunde Denkgewohnheiten „verlernen" müssen.
Es gibt heutzutage viele Christen, die verzweifelt sind vor Hunger nach Gottes Nähe, doch sie werden nervös, wenn sie Worte wie Kontemplation (Betrachtung), Meditation, sich konzentrieren und Stille hören (ganz zu schweigen von dem Wort Disziplin), weil sie diese Worte mit dem Okkulten, östlichem Mystizismus und New Age in Verbindung bringen.
Sie verbinden damit Kristallkugeln, Channeling, Geistführung und barfüßige Yogis im Lotussitz, die ihren Bauchnabel betrachten und dabei vor sich hin summen. Aus diesem Grund scheuen viele Gläu-

bige die Auseinandersetzung mit dem kontemplativen (betrachtenden) Aspekt des Glaubens.
Das ist eine unglückliche Geschichte, denn bei all diesen Praktiken handelt es sich, wenn sie richtig gehandhabt werden, durchgehend um biblische und über die Zeit erprobte Methoden, um sich Gott zu nähern. Das Problem des Hauptteils der christlichen Kirche besteht darin, dass sie Kontemplation und Meditation jahrhundertelang ingnorierte und ablehnte, so dass es sich heute um eine so gut wie verlorene Kunst bei den Gläubigen handelt. In der Folge haben sich im großen und ganzen „falsche" Gruppen und Bewegungen die kontemplativen Ausdrucksformen angeeignet und Menschen, die nach mehr „persönlicher" Spiritualität suchten, als sie ihnen in den traditionellen Gemeinden angeboten wurde, sind durch falsche Versprechungen, Erleuchtung und Erfüllung verführt worden.
Lasst uns sicherstellen, dass wir im Meer der Ungewissheit und Verwirrung unser Boot fest verankert haben, so dass keine noch so starke Welle uns umwerfen kann. Wir wollen uns für einen kurzen Augenblick die althergebrachten Definitionen dieser wichtigen Begriffe aus dem Webster Lexikon ansehen:

⇒ **Kontemplativ sein** – 1. etwas intensiv betrachten, 2. über etwas intensiv nachdenken, studieren, 3. erwarten oder beabsichtigen, meditieren, nachsinnen

⇒ **Nachsinnen** – 1. tief über etwas nachdenken oder erwägen, meditieren

⇒ **Reflektieren** – 1. zurückstrahlen (Licht, Hitze oder Schall), 2. ein Bild oder Spiegel widergeben, 3. als Folge eines Geschehens etwas bringen oder zurück kommen.[1]

Dabei ist es wichtig, dass wir klar zwischen dem biblisch-kontemplativen Gebet und der heidnisch, weltlich und dämonischen Verfälschung unterscheiden. Sobald wir verstanden haben, was kontemplatives Gebet *nicht* ist, werden wir tief in das hineintauchen,

[1] „Consecrated Contemplative Prayer", Jim W. Goll, Antioch, TN, Ministry of the Nation, 1997, Seite 45.

was es ist und die vielen Vorzüge entdecken, die es für unser Leben mit sich bringt.

Kontemplatives Gebet ist keine fernöstliche Meditation und kein Aberglaube

Wie können wir christlich-kontemplatives Gebet von der weltlichen Verfälschung unterscheiden? Zunächst einmal: Kontemplatives Gebet ist keine „Technik". Es ist auch keine Entspannungsübung, keine Form der Selbsthypnose oder Mesmerismus (Heilmagnetismus). Es handelt sich auch nicht um ein parapsychologisches Phänomen. Das christlich kontemplative Gebet ist auch keine Methode der Selbstverbesserung aus der New-Age-Bewegung oder der Versuch, seine Gedanken und Vorstellungen zu entleeren. Es ist weder eine „neue Sache" noch eine Abwandlung fernöstlicher Meditation.

Abgesehen von *oberflächlichen* Ähnlichkeiten gibt es entscheidende Unterschiede zwischen christlich-kontemplativem Gebet und fernöstlicher Meditation.[2]

1. Fernöstliche Methoden beschäftigen sich in erster Linie mit dem „Bewusstsein". Beim kontemplativen Gebet geht es um die göttliche Liebe zwischen Gott und einer Person.
2. Fernöstliche Traditionen legen eine größere Betonung auf das, was man selbst tun kann. Die christliche Tradition stellt fest, dass wir von Gott als einzigartige Wesen geschaffen wurden, um sein Wesen auf der Erde sichtbar zu machen.
3. Fernöstliche Methoden versuchen durch Konzentration auf ein Mantra oder eine andere Methode die zwingend erforderliche Konzentration der geistlichen Natur des Menschen anzusprechen. Beim kontemplativen Gebet geht man von einer persönlichen Be-

---

[2] Die Darlegung der Unterschiede zwischen kontemplativen Gebet und fernöstlicher Meditation stammt von einem meiner Freunde, Dr. Steve Meeks. Steve ist Pastor einer Gemeinde in Houston (Texas). Er gehört zu den Baptisten und ist ein Doktor der Theologie. Steve hat wesentlich mehr Erfahrung und Kenntnis auf dem Gebiet kontemplativer Ausdrucksformen als ich. Zu verschiedenen Gelegenheiten hat er sich für einige Tage in ein Kloster zurückgezogen und sich unter Schweigen intensiv mit diesen Themen beschäftigt. Ich schätze und achte seine Lebensweise. Steves Freundschaft und Einsichten waren für mich eine große Inspiration und Ermutigung für meinen eigenen Weg.

ziehung zu Gott aus, bei der die geistliche Natur des Menschen durch den Ausdruck eines *freiwilligen* Verlangens angesprochen wird.

4. Fernöstlichen Methoden geht es darum, was eine Person durch zielgerichtete Konzentration erreichen kann. Kontemplatives Gebet richtet seinen Blick auf das, was *nur Gott tun kann*.
5. Kontemplatives Gebet ist keine Entspannungsübung mit einer bestimmten Atemtechnik oder Yoga. Es ist eine Glaubensbeziehung, in der wir uns gegenüber unserem lebendigen, persönlichen und liebenden Vater, Gott, öffnen.

Einfacher ausgedrückt könnte man sagen, dass bei der fernöstlichen Meditation allein der Mensch im Mittelpunkt steht, während beim kontemplativen Gebet Gott total im Zentrum steht. Das ist der große Unterschied.

Kontemplatives Gebet hat nichts mit New Age zu tun

Das christlich kontemplative Gebet unterscheidet sich erheblich von den gängigen Praktiken der New-Age-Bewegung, die den Verstand und den Geist vieler Menschen in unserer Zeit gefangen halten. Im sechsten Kapitel ihres Buches „Gemeinschaft mit Gott" bringen die Virklers einen klaren und gründlichen Beitrag über den Unterschied neutestamentlichen Christentums und der New-Age-Bewegung. Hier einige ihrer Aussagen:

> Die New-Age-Bewegung tritt als ein loses Netzwerk einzelner Gruppen auf, die glauben, dass wir in das neue Zeitalter des Wassermanns eingetreten sind. Dieses Zeitalter hat angeblich das des Fisches, welches das christliche Zeitalter repräsentierte, abgelöst (der Fisch gilt als ein christliches Symbol). Das Zeitalter des Wassermanns oder Wasserträgers steht für die Menschlichkeit (in gutem Sinne), Brüderlichkeit und Liebe. Es ist das goldene Zeitalter.[3]

---

[3] Mark und Patti Virkler, „Communion with God", Shippensburg, PA, Destiny Image Publishers, Inc., 1990, Seite 83.

Die New-Age-Bewegung erhält einen Teil ihrer Anziehungskraft daraus, dass sie in ihren Gedanken und Schriften positive Werte wie Leben, Liebe, Kreativität, Ganzheit, Gemeinschaft und Sensibilität sowie Anerkennung geistlicher Aspekte menschlichen Daseins vertreten – Werte, die bei den meisten Christen Anklang

Neutestamentliches Christentum		**New Age**
	Wer ist Gott?	
Jahweh, der persönliche Schöpfer		Das hervorgerufene Selbst
	Der Standard der Wahrheit	
Die Bibel		Sich entwickelnd, vielfältig
	Wer ist Jesus Christus	
Der Sohn Gottes		Ein erleuchteter Lehrer
	Errettung	
Durch das Blut Jesu		Gibt es nicht oder der Prozess der Zusammenführung
	Mittelpunkt	
Christus		Mensch
	Kraft	
Durch Christus		Durch den Menschen
	Weisheit	
Weisheit Gottes		Menschliche Weisheit
	Das nächste Zeitalter	
Kommt durch Gott		Kommt durch den Menschen
	Stellung	
Mensch empfängt von Gott		Mensch versucht Gott zu sein

finden. Sobald man jedoch ein wenig genauer hinsieht, werden die Unterschiede deutlich sichtbar. Es gibt mindestens neun Hauptunterscheidungsmerkmale zwischen dem neutestamentlichen Christentums und der New Age Bewegung.[4] Wenn wir diese Merkmale erst einmal erkannt haben, wird es deutlich, dass christlich-kontemplatives Gebet überhaupt nichts mit den Gedanken und Praktiken von New Age zu tun haben.

Ein Grund, warum New Age so täuschend ist, besteht darin, dass sie Ideale und Werte vertreten, die denen des Christentums sehr

---

[4] ebd., Seite 83-84

ähnlich sind. Das ist natürlich auch nicht anders zu erwarten, weil der Teufel der große Verführer ist...

Weil die New-Age-Bewegung Teil der großen Verführung ist, gebraucht sie Worte, Aussagen und Techniken, die sie dem Christentum oder der christlichen Tradition entnommen hat. Doch wir werden weder diese Begriffe noch diese Erfahrungen der satanischen Verführung überlassen, weil sie für immer Gott gehören.

New Age hat zum Beispiel den Regenbogen für sich in Anspruch genommen, der aber Teil des Bundes Gottes mit Noah war. Sie haben sich den (auf die Mitte konzentrieren) Begriff „centering" angeeignet, der über Jahrzehnte von den Quäkern geprägt wurde... Das macht uns keine Sorge. Wir haben das Wort Gottes als Maßstab und die Annahme der Wahrheit ist nicht davon abhängig ob eine verführerische Gruppe einen Teil dieser Wahrheit verdreht hat oder nicht. Wir schauen uns an ob es in der Schrift gelehrt wird und können mit Sicherheit davon ausgehen, dass solche Dinge wie „centering" oder still werden der Seele vor unserem Herrn... in Lehre und Praxis klar durch König David vertreten werden. In Psalm 62,2 heißt es: *„Nur auf Gott vertraut still meine Seele."*

Wir sollten deshalb davon ausgehen, dass New Age die Grenzen zwischen der Wahrheit und der Lüge durch ihr phantasieloses Wesen verwischt. Doch wir können aufgrund der ewigen Wahrheiten und der Erfahrungen wie sie im Wort Gottes gelehrt werden, beruhigt vorangehen. Es sollte uns nicht beunruhigen, wenn auch andere Gruppen sich auf biblische Konzepte berufen, sondern wir sollten uns ausschließlich darum kümmern, dass wir das Wort Gottes vollständig annehmen.[5]

Es ist Zeit, dem Feind das überlassene Gebiet wieder abzunehmen

Über Jahrhunderte hinweg hat die christliche Kirche dem Feind das Gebiet „geistlicher" Erfahrungen und übernatürlicher Begegnungen nahezu überlassen. Deshalb habe ich zusammen mit meiner Frau das Buch „Encounters With a Supernatural God" (Begegnungen mit

---

[5] ebd., Seite 84-85

dem übernatürlichen Gott) geschrieben. Es ist Zeit, dass die Gemeinde aufsteht und ihr Gebiet zurückerobert. Lies den folgenden Abschnitt und sieh, ob du mit diesen Aussagen übereinstimmst oder nicht:

> New Age fordert die Christen heraus, in das volle Ausmaß unserer Beziehung zu Christus einzutreten. New Age ist angetreten, um die Hauptgebiete der Christenheit zu besetzen. Die Christenheit (auch die meisten Charismatiker) hat Gefühle und Beziehungen vernachlässigt und sich hauptsächlich um Projekte und Analysen gekümmert. Das hinterließ bei denen, die geistliche Erfahrungen suchten, eine Leere im Herzen... Das beste Mittel für die Christen gegen die Lehren der New-Age-Bewegung ist ein Leben, das völlig auf das Übernatürliche ausgerichtet ist. Dies ist sicherlich nicht die Zeit, sich von einem übernatürlichen Lebensstil zu verabschieden und sich auf bloße Rechtgläubigkeit zurückzuziehen. Seit Menschengedenken war es so, dass immer dann, wenn das Volk Gottes die ursprünglichen Absichten Gottes nicht predigte, verkündigte und vorlebte, Männer und Frauen sich an alles gehalten haben, das ihnen die Erfüllung ihrer geistlichen Bedürfnisse zu versprechen schien. Wir müssen unsere Vorbehalte ablegen und unter der unfehlbaren Führung des Wortes und des Geistes mit Entschiedenheit vorangehen...
> Ich glaube, dass New Age die Antwort des Teufels auf die Ausgießung des Geistes ist, wie wir sie in diesem Jahrhundert sehen. Nach meiner Sicht müssen wir uns weder fürchten noch davor fliehen. Seit wann weicht das Licht vor der Finsternis? Nein, ich widerstehe dem in der Kraft des Heiligen Geistes und des Allmächtigen Gottes![6]

Wir müssen die Geister prüfen und dann im Glauben vorangehen
Es ist an der Zeit, dass die Gemeinde ihre Angst davor ablegt, betrogen zu werden. Viele von uns haben sich, aus Angst in die Falle eines falschen Geistes zu tappen oder auf unbiblische Wege zu gera-

---

[6] ebd., Seite 86

ten, geweigert, sich auf die innere Suche zu begeben. Die Wahrheit ist, dass der Feind nur ursprüngliche und authentische Dinge verfälschen kann. Wir können es uns nicht länger leisten, still zu halten, während der Teufel die Welt mit seinen billigen und falschen Nachahmungen der kostbaren Wahrheiten Gottes verführt und betrügt. Wir müssen mit heiliger Kühnheit und Geisteskraft widerstehen und das Land der Meditation, Kontemplation, Stille, Offenbarung, Ekstase, Vision und Engelsbegegnungen um seines Namens willen zurück erobern!

Natürlich müssen wir die „Geister prüfen" und jede Lehre und Praktik sowie jeder Glaube muss durch die Bibel und das Zeugnis göttlich bewährter Leiterschaft bestätigt werden. Gleichzeitig dürfen wir zwei Dinge nicht vergessen: Der Teufel versucht immer der Gemeinde Angst einzujagen, aber dort wo diese falsche Angst herrscht wird die vollkommene Liebe die Furcht austreiben (siehe 1. Johannes 4,18). Wir dürfen es dem „Geist der Furcht", der vom Feind kommt, nicht erlauben unsere Herzen zu versklaven. Er versucht dies, in dem er sich manchmal durch „Übervorsichtigkeit" und „Achtung" in die Gemeinde einschleicht. Wir müssen in und durch Glauben vorangehen.

Trotzdem sollten einige Regeln beachtet werden, wenn wir uns mit der Kunst des Kontemplativen beschäftigen und uns mehr mit dem übernatürlichen Bereich auseinandersetzen wollen.

1. Halte die Balance zwischen der inneren Suche und äußerlichen Handlungen des Dienens. Kontemplatives Gebet soll uns zu einem Lebensstil des Dienens befähigen.
2. Geistliche Heimsuchungen durch eine direkte Begegnung mit Gott können so erfüllend sein, dass sie zu einer Falle werden können. Wir gebrauchen dann das innere Gebet mehr als Flucht, denn als Ausdruck der Liebe. Es kann zu einer selbstsüchtigen Handlung werden, anstatt zur Selbstaufgabe zu führen.
3. Die Schönheit des kontemplativen Gebets ist so unvergleichlich, seine Auswirkung so bestätigend und seine Kraft so verwandelnd, dass es zu einer geistlichen „Sucht" führen kann.

Achte darauf, dass du nicht die Stärkung suchst, sondern Gott selbst.

4. Gebrauche deinen gesunden Verstand und übertreibe nicht. Wir müssen eifersüchtig über unsere Absicht wachen. Denke daran, wir wollen voran kommen – nicht ausruhen!

Wie soll man das Unbeschreibliche beschreiben?

Also was ist nun kontemplatives Gebet? Es ist schwer, das mit angemessenen Worten auszudrücken, weil es eine Erfahrung ist. Jeder, der schon einmal in tiefer Weise seelisch oder geistlich bewegt wurde weiß, wie schwer es ist, dies jemand anderem zu erklären.

Im Jahre 1991 hatte ich einen Traum. Der Heilige Geist sagte, dass er mir die verborgenen Ströme des Prophetischen offenbaren würde. Für lange Zeit dachte ich, dass er mich mit verschiedenen prophetisch begabten Menschen auf der ganzen Welt zusammenbringen würde, die ich noch nicht kannte. Doch jetzt habe ich erkannt, dass es bei diesem Traum hauptsächlich darum ging, mich mit den „Wüstenvätern" und den christlichen „Mystikern" der Vergangenheit bekannt zu machen. Das waren Menschen, die durch kontemplatives Gebet täglich die Gegenwart Gottes suchten, und von denen die Mehrheit der heutigen Christen wenig bis gar nichts weiß, besonders unter den evangelischen und charismatischen Christen.

Kurze Zeit nach meinem Traum begann mein literarisches Abenteuer, in dem ich für ein Jahr ausschließlich katholische und orthodoxe Bücher las. Ich glaube, dass ich meine Frau damit fast wahnsinnig gemacht habe. Sie fragte sich ob ich es nicht übertreiben würde. Doch ich versuchte einfach einige Prinzipien des kontemplativen Gebets und des stillen Lebens vor Gott zu entdecken. Während dieser Zeit stieß ich auf Schriften, die mich mein Leben lang begleiten werden. Heute schätzen und sammeln wir beide, meine Frau und ich, viele der Schriften dieser hingegebenen Mystiker.

Im Oktober 1994 erweiterte der Heilige Geist diese Vision durch folgende Worte: „Ich werde dir beibringen wie du die stärkste Waffe im geistlichen Kampf einsetzen kannst – den Glanz meiner großartigen Gegenwart." Die stärkste Waffe im geistlichen Kampf ist *Gott selbst*! Ich glaube, dass es einen Ort gibt, wo wir die spürbare Gegenwart Gottes ergreifen können, das eigentliche Wesen seiner Person. Die Reise zu diesem Ort führt über einen bisher wenig gegangenen Weg, einen Weg der gepflastert ist mit den toten Leibern der Märtyrer und anderen Heiligen, die exkommuniziert wurden oder anderen Formen kirchlicher „Disziplin" zum Opfer fielen, nur weil sie eine tiefe Beziehung zu Gott suchten. Es ist ein Pfad, der von Menschen beschritten wurde, deren Herz von ihrem Herrn Jesus Christus gefangen war. Menschen die sich selbst dahin gegeben haben, um himmlisch gesinnt zu leben, statt in der Welt anerkannt und groß zu werden. Das klingt so, als ob bereits vor uns Menschen ihr Leben an Jesus „verschwendet" haben!

Das Problem der mystischen Sprache

Einer der Gründe, warum mystische und kontemplative Erfahrungen missverstanden wurden, liegt darin, dass sie nicht zu beschreiben sind. Es ist eine Sache, die Gnade inniger Gemeinschaft mit Gott zu erleben und eine andere, diese Erfahrung zu beschreiben. Manchmal drückt jemand, der wirklich eine kontemplative Begegnung mit Gott hatte, sich in einer Weise aus, die andere abstößt. Besonders solche, die einer eher konservativen Kultur oder Gemeinde angehören. Solch eine Person wird oft als Häretiker abgestempelt, obwohl sie sich nur ungeschickt ausdrückt.

Die mystische Sprache ist weder theologisch noch lehrmäßig, es ist eine Sprache der Liebenden und der Nähe und sie ist deshalb reichlich übertrieben und überzogen. Es ist so, als ob ein Ehemann sagt, dass er seine Frau anbetet. Das bedeutet nicht, dass er sie zu einer Göttin oder einem Idol macht. Er kann seine tiefen Gefühle nur durch äußerste Übertreibung beschreiben, normale Ausdrucksformen wären hier zu schwach. Versuchen wir, unsere Erfahrungen mit Gott in einer solchen innigen Sprache der Liebe auszudrücken, so kann es sein, dass einige Menschen das nicht nach vollziehen können und denken, dass wir unter dem Einfluss „eines anderes Geistes" stehen.

In dem Maße wie unsere kontemplative Erfahrung mit Gott sich verstärkt, kann es zunehmend schwieriger werden, darüber zu sprechen. Es kann so kostbar und unbeschreiblich wertvoll werden, dass es uns so heilig erscheint, wie es auch Gott heilig ist. Das ist die Sprache des Herzens, eine Sprache, für die Worte nicht ausreichen. Am Ende müssen wir uns auf die einfache Aussage Walter Hiltons beschränken, der sagte: „Kontemplation ist feurige Liebe verbunden mit leidenschaftlicher Hingabe."[7]

Kontemplatives Gebet zwingt uns in die Stille Gottes

Bevor wir uns näher mit einer „formalen" Beschreibung des kontemplativen Gebets befassen, wollen wir hören was einige christliche Leiter zu diesem Thema zu sagen haben. In seinem herausragenden Buch „Prayer: Finding The Heart's True Home (Gebet: Entdecke wo dein Herz Zuhause ist) schreibt Richard Foster, ein zeitgenössischer Autor und Lehrer:

> Kontemplatives Gebet zwingt uns in die Stille Gottes. Wir in unserer modernen Welt, brauchen diese Erfahrung der Wortlosigkeit in geradezu verzweifelter Weise. Wir sind so geworden wie es einer der frühen Kirchenväter, Clemens von Alexandria, ausdrückte: „Alte Schuhe – alles ausgelatscht bis auf die Zunge."... Kontemplatives Gebet ist die einzige Möglichkeit, die uns von der Abhängigkeit von Worten befreien kann...
>
> Eine größere Nähe zu Gott bedeutet ein mehr an Stille... Ammonas, einer der Wüstenväter und ein Jünger des Heiligen Antonius, schrieb: „Ich habe dir die Kraft der Stille gezeigt, sie bringt totale Heilung und erfreut Gott in höchstem Maße... Erkenne, dass die Heiligen durch die Stille wachsen, dass aufgrund der Stille die Kraft Gottes in ihnen wirksam ist und ihnen durch die Stille die Geheimnisse Gottes offenbart wurden."[8]

---

[7] „The Stairway of Perfection", Walter Hilton, zitiert von Richard L. Foster in "Prayer: Finding the Heart's True Home", New York, NY, Harper San Francisko, Harper Collins Publishers, 1992, Seite 160.

[8] „Prayer: Finding the Heart's True Home", Richard L. Foster, New York, NY, Harper San Francisko, Harper Collins Publishers, 1992, Seite 155.

Es ist diese wiederherstellende, heilende Stille, die wir im kontemplativen Gebet suchen.
Bernard von Clairvaux, ein Mönch und religiöser und politischer Führer des 12. Jahrhunderts in Frankreich, beschreibt Gottes liebende Fürsorglichkeit während des kontemplativen Gebets: „Wir fühlten Seine Gegenwart. Ich erinnerte mich später daran, dass Er mit mir war. Manchmal hatte ich sogar die eine Vorahnung, dass Er kommen würde. Ich bemerkte niemals Sein Kommen oder Gehen."[9]

Das Juwel des kontemplativen Gebets hat viele Facetten
Kontemplatives Gebet ist in seinem Kern nicht zu beschreiben. Genau so wie jede Facette eines kostbaren Juwels das Licht in vielfacher Weise bricht und reflektiert, wenn wir es genau untersuchen, zeigen einzelne „Momentaufnahmen" das Wesen des kontemplativen Gebets. Jede Beschreibung hilft uns, es in einem etwas anderen Licht zu sehen.[10]

1. *Das kontemplative Gebet ist eine Übung, bei der wir die Kontrolle über unser Leben aufgeben, in dem wir uns nicht mehr von Eindrücken leiten lassen, die ihren Ursprung in unserem falschen Selbstbildnis haben.* Das falsche Selbstbildnis ist der „alte Mensch", wie er in Epheser 4,22 genannt wird. Es ist das egozentrische Leben, das den falschen Dingen der Welt auf der Suche nach Glück, Erfüllung, Frieden, Sinn und Bedeutung für unser Leben vertraut. Das falsche Ich will aus Angst weiterhin die Kontrolle behalten. Kontemplativ zu beten bedeutet, diese Angst loszulassen und Gott die Kontrolle zu übergeben.
2. *Das kontemplative Gebet ist eine Art der Kommunikation, die dazu führen soll, Gottes Nähe und die Wahrnehmung seiner Gegenwart zu fördern.*

[9] „Predigt LXXXIII über das Hohelied", Bernard von Clairvaux, zitiert von Foster in „Prayer: Finding the Heart's True Home", Seite 158
[10] Einige Zitate in diesem Abschnitt stammen aus den Unterlagen meines Freundes Dr. Steven Meeks.

3. *Das kontemplative Gebet ist ein Schritt sich Gottes Willen unterzuordnen und das Werk seiner Reinigung an uns geschehen zu lassen.*
4. *Im kontemplativen Gebet öffnen wir uns für den Heiligen Geist, damit wir unser wahres Selbst erkennen und in eine bleibende Einheit mit Gott eintreten.* Einheit mit Gott bedeutet eins zu sein mit unserem Meister und Schöpfer, Gott. Es ist ein Werk, dass Gott in unseren Herzen schafft und ist Grundlage für zwei wesentliche Dinge in uns: Liebe zu Gott und Reinheit des Herzens.
5. *Kontemplatives Gebet ist eine Übung der Selbstaufgabe. Es lehrt uns zu begehren, loszulassen und nicht habgierig zu sein.*
6. *Kontemplatives Gebet ist eine Methode, die gewöhnlichen Hindernisse aufzudecken und sich von ihnen zu trennen, damit wir die Gegenwart Gottes in uns wahrnehmen können. Diese Art des Gebets ist nicht das Ende, sondern der Anfang.* Man lässt sich leicht dazu verführen, dem Feind, wann immer er sich zeigt, nachzujagen und manchmal ist es auch richtig das zu tun. Doch es gibt eine bessere Methode ihn zu schlagen: Richte deinen Blick und dein Herz fest auf Jesus. Sein Licht wird die Finsternis vertreiben.
7. *Kontemplatives Gebet heißt: Seid still und erkennt, dass ich Gott bin (Psalm 46,10, Luther).*
8. *Kontemplatives Gebet bringt uns dazu, uns selbst zu vergessen und Gott zu vertrauen. Wir drücken so unseren leidenschaftlichen Willen nach seiner Gegenwart aus und danach, dass er handeln soll (siehe Kolosser 3,10).*
9. *Kontemplatives Gebet geht über das Gespräch hinaus. Es ist eine wachsende Disziplin, die dazu führt, dass wir mehr Glauben, Hoffnung und Liebe haben.*
10. *Durch kontemplatives Gebet können wir es lernen in Gott zu ruhen. Es bedeutet nicht, dass wir gar nichts mehr tun. Wir sollen vielmehr unsere vielen Aktivitäten auf das eine beschränken: Gottes Gegenwart in einer Zeit des inneren, leisen, hingegebenen Gebets zu bejahen.*

11. *Kontemplatives Gebet ist wachsender und liebender Glaube, durch den Gott eine Person erhöht und sie von bewussten und unbewussten Hindernissen im Innern reinigt, die den Werten des Evangeliums und dem Werk des Heiligen Geistes entgegenstehen.*
12. *Kontemplatives Gebet ist eine Handlung, die in wachsendem Maße zu der Überzeugung und Realität führen wird, dass Gott in uns lebt!*
13. *Kontemplatives Gebet reinigt unsere Motive, so dass wir nur noch ein Verlangen haben – Gott. Es ist eine Handlung der Liebe, nicht der Wunsch eine Erfahrung mit Gott zu machen, sondern ihm selbst zu begegnen.*
14. *Kontemplatives Gebet erleichtert es nicht nur, in der Gegenwart Gottes zu leben, sondern diese auch nach außen zu tragen. Der verwandelnde Einfluss des Gebets führt dazu, dass das Wort Gottes noch einmal in Menschen Gestalt annimmt. Mit anderen Worten ist es so, als ob Gott in uns Fleisch wird.*
15. *Kontemplatives Gebet befähigt uns dazu, unsere Beziehung mit Jesus Christus auszubauen und so in die Einheit mit Gott hineinzuwachsen.*

Kontemplativ zu beten heißt, alle äußeren und irdischen Einflüsse zum Schweigen zu bringen

Falls diese „Momentaufnahmen" dich überfordern sollten, denke immer daran: Es wartet eine große Belohnung auf die, die bereit sind den Preis zu bezahlen. Das ist *nicht* einfach und redet von *Disziplin*! Wir werden nicht einfach so zufällig zu einer innigen Beziehung mit Gott kommen. Solch ein Lebenswandel ist denen vorbehalten, die bewusst mit Überlegung und Fleiß danach suchen. Also gib nicht auf!

Wir können uns alle durch Francois Fenelon, einem französischen „Leiter der Stille", der Ende des 16. Jahrhunderts lebte, ermutigen lassen. Er hinterließ seine Erfahrungen aus erster Hand:

Sei still und höre auf Gott. Achte darauf, dass dein Herz in einer Verfassung ist, die es dem Heiligen Geist ermöglicht, die Wirkungen in der Weise zu geben, wie es ihm gefällt. Höre auf ihn, mit allem, was in dir ist. Die Stille aller äußeren und irdischen Einflüsse, so wie menschlicher Gedanken, ist absolut notwendig, damit wir seine Stimme hören. Es ist wirklich ein Bestandteil des hörenden Gebets, dass die äußeren und irdischen Einflüsse zum Schweigen gebracht werden.

Verbringe deine Zeit nicht damit, Pläne zu machen, die nur Phantasiegebilde sind – ein Windhauch wird kommen und sie sind vergangen. Wenn du dich von Gott entfernt hast und dann feststellst, dass Gott seine fühlbare Gegenwart von dir genommen hat, kehre um und gib ihm alles, ohne zurückzuhalten, sonst wirst du keinen Frieden bekommen. Lass alle deine Pläne los – Gott wird das tun, was für dich am besten ist.

Auch wenn du deine Pläne durch irdische Methoden änderst, wird Gott sie nicht segnen. Übergib ihm dein undurchdringliches Chaos, und er wird alles so verändern, wie er es nach seiner Barmherzigkeit geplant hat. Das Allerwichtigste jedoch ist, dass du wieder Gemeinschaft mit Gott hast – auch wenn es anfangs trocken ist und du leicht abzulenken bist.[11]

Kontemplativ zu beten heißt, Gott um seiner selbst willen zu lieben

Thomas Merton, ein Schriftsteller und Priester des 20. Jahrhunderts, hat ein Buch mit dem Titel „Kontemplatives Gebet" geschrieben. Obwohl es hauptsächlich für seine Jünger und Studenten geschrieben wurde und sich speziell mit dem klösterlichen Leben beschäftigt, enthält dieses Buch eine Menge schöner Edelsteine der Weisheit und Einsicht, die uns helfen können.

Ohne dass der Geist der Kontemplation unsere Anbetung – d. h. Gott zu verehren und zu lieben, weil der Gott ist – erfüllt, wird

[11] „The Seaking Heart" (Das suchende Herz), Francoi Fenelon, Sargent, GA, Christian Books Publishing House, 1962, Seite 88.

ein wirklicher Christ – jemand dessen apostolischer Auftrag auf der Liebe Christi beruht und in der Kraft des Heiligen Geistes (*Pneuma*) lebt – in der Liturgie nichts empfangen.

Das, was die Christen heute am dringendsten brauchen sind die folgenden inneren Wahrheiten, die durch den Geist der Kontemplation genährt werden: Lobpreis und Liebe Gottes, die sich ausdrücken in dem Verlangen nach dem Kommen Christi und dem Durst nach der Manifestation der Herrlichkeit Gottes, seiner Wahrheit, seiner Gerechtigkeit und seines Reiches in der Welt. Das alles sind charakteristische „kontemplative" und endzeitliche Bestrebungen des christlichen Herzens und sie sind sehr wesentlich für das klösterliche Gebet. Ohne sie dient unser apostolischer Auftrag mehr unserer eigenen Ehre als der Ehre Gottes...

Ohne kontemplatives und inneres Gebet kann die Kirche ihren Auftrag nicht erfüllen, die Menschheit zu verändern und zu retten. Ohne Kontemplation wird sie darauf beschränkt sein, ein Diener zynischer und weltlicher Macht zu sein, ohne Rücksicht darauf wie sehr sich ihre Getreuen auch darauf berufen, dass sie für das Reich Gottes kämpfen.

Ohne wahre, tiefe kontemplative Bestrebungen, ohne Gott in totaler Weise zu lieben und ohne einen kompromisslosen Durst nach seiner Wahrheit, wird Religion zu einem Rauschgift werden.[12]

Durch kontemplatives Gebet sind wir in der Lage, Gottes Gegenwart wahrzunehmen

Sind die Vorteile und Belohnungen, die aus dem kontemplativen Gebet resultieren, wirklich die Disziplin und Zeit wert, die es erfordert? Glaube nicht allein meinen Worten. Der einzige Weg sicher zu sein, besteht darin, sich selbst auf den Weg zu machen. Falls du weitere Ermutigung brauchst, beachte die folgenden Vorteile, die sich aus dem kontemplativen Gebet ergeben.[13]

---

[12] „Kontemplatives Gebet", Thomas Merton, New York, NY, Doubleway, 1996, Seite 115-116.

[13] Einige Zitate in diesem Abschnitt stammen wiederum aus den Unterlagen meines Freundes Dr. Steven Meeks.

1. Durch das kontemplative Gebet heilt der Geist die Wurzeln unserer Selbstzentriertheit und wird zur Quelle unserer Gewissensentscheidungen.
2. Kontemplatives Gebet hilft uns, die Gegenwart Gottes wahrzunehmen. Durch diese Erfahrung werden wir stark und können Widerstände und Auseinandersetzungen bestehen, ohne uns dabei bedroht zu fühlen. Die beständige Wahrnehmung der göttlichen Liebe bewahrt uns davor, menschliche Bestätigung oder Aufmerksamkeit zu suchen. Negative Gefühle, die wir über uns selbst haben, werden geheilt.
3. Diese Art des verwandelnden Gebets fördert eine veränderte Haltung gegenüber unseren Gefühlen. Es verleiht ihnen einen anderen Stellenwert. Viele unserer negativen Gefühle haben ihren Ursprung darin, dass wir uns unsicher fühlen und denken, wir müssen selbst stark sein, vor allem dann, wenn wir uns bedroht fühlen. Wenn du jedoch permanent durch die Liebe Gottes bestätigt wirst, brauchst du keine Angst mehr vor Auseinandersetzungen oder Herausforderungen zu haben. Während du durch die überfließende Liebe Gottes zur Reife kommst, wird die Demut zunehmen.
4. Kontemplatives Gebet bringt uns in eine Gemeinschaft mit Gott, die unterhalb der sprachlichen Ebene liegt. Im Grundsatz wird uns Gott dadurch „realer".
5. Wenn unser Vertrauen zu Gott und die Wahrnehmung seiner Liebe in uns wächst, haben wir weniger Angst, dass die dunklen Seiten unseres Lebens offenbar werden. Wir sind fähig „im Licht zu wandeln, wie er im Licht ist.. und das Blut Jesu... reinigt uns von jeder Sünde (siehe 1. Johannes 1,7). (Die Wahrheit ist folgende: Gott kannte die dunkle Seite unseres Charakters schon immer, er liebte uns zu aller Zeit und offenbart uns nun sein spezielles Geheimnis).
6. Die innere Stille des kontemplativen Gebets bewirkt eine solch tiefe Reinigung unseres gesamten Wesens, dass unser hartes Gefühlsleben zu schmelzen beginnt und all die Dinge, die uns vergiftet haben herausgeschwemmt werden. Dabei

können Gebundenheiten zerbrochen und Festungen zerstört werden.

7. Auch wenn wir einen großen inneren Frieden durch das Gebet empfangen, so ist dies nicht das Ziel, ja nicht einmal Einheit mit Gott durch diese Gebetserfahrung. Es geht darum verwandelt zu werden und die totale Einheit mit Gott in alle anderen Bereiche des alltäglichen Lebens hineinzubringen. Wir sind nicht auf Erfahrungen aus, sondern es geht um die permanent bleibende Wahrnehmung der Verbundenheit mit Gott.
8. Das kontemplative Gebet befähigt uns, für und mit anderen in Freiheit zu leben, weil wir nicht länger unsere selbstzentrierten Ziele verfolgen, sondern durch seine göttliche Liebe der Realität so begegnen, wie sie tatsächlich ist.
9. Einheit mit Gott befähigt uns dazu, größeren Versuchungen zu widerstehen. Gott verwandelt uns nicht in sein Bild, damit er uns ansehen kann! Er möchte, dass von uns, wo immer wir gehen, der Wohlgeruch Christi ausgeht.
10. Durch das kontemplative Gebet lernen wir Geduld, wir lernen es, auf Gott zu warten. Wir werden stark zur inneren Ruhe und sensibel dafür, dass der Geist sich in unserem Alltag und Dienst in köstlicher Weise bewegt.
11. Kontemplatives Gebet zeigt uns die Quellen und gibt uns Kraft für viele andere Arten des intensiven Suchens nach Gott. Es bringt uns mit dem göttlichen Leben, das in uns ist, in Berührung und hilft uns, dass alle geistlichen Bereiche entsprechend in der Praxis umgesetzt werden.
12. Dieses göttliche Leben geschieht eigentlich 24 Stunden am Tag. Die meiste Zeit sehen, erfahren und leben wir es nicht, so dass wir aus der falschen Herrschaft unseres Ichs leben und so den Fluss der göttlichen Gegenwart und Liebe unterbrechen.
13. Kontemplatives Gebet hilft uns, sein Leben, das in uns ist und durch uns fließt, zu erkennen, zu erfahren und frei zu setzen, wenn wir bereit sind, uns dem wunderbaren Fluss seiner heilenden Liebe weiter hinzugeben.

14. Wie schon Madame Guyon betonte: „Deshalb sendet Gott ein Feuer auf die Erde, damit es die Unreinheit in uns beseitigt. Nichts kann der Kraft des Feuers widerstehen, es verbrennt alles. Seine Weisheit verbrennt jede Unreinheit in einem Menschen und dies geschieht nur aus einem einzigen Grund: damit er bereit ist zu göttlicher Einheit."

Der Weg zum kontemplativen Gebet besteht aus einer Reihe von Wachstumsschritten

Obwohl es keine schweren oder schnellen Regeln gibt, die wir beachten müssen, müssen wir dennoch grundsätzlich drei Wachstumsschritte oder –phasen durchschreiten, damit wir kontemplativ beten können. Viele Schriftsteller und Mystiker haben diese Wachstumsschritte wie folgt benannt: In Erinnerung rufen, das Gebet der Stille und geistliche „Ekstase".

In „Erinnerung rufen" bedeutet, dass wir dem Heiligen Geist erlauben unsere Unvollkommenheit ans Licht zu bringen und damit Reinigung und Heilung in unserer Seele zu bewirken. Wir sollen alles, was uns ablenken will, ignorieren und uns weder auf die Vergangenheit (unsere Schuld, Verwundungen usw.) noch auf unsere Zukunft (Führung, Worte, Verheißungen Gottes, die noch nicht in Erfüllung gegangen sind) konzentrieren, sondern nur auf die Gegenwart – Gott im „hier und jetzt". In Erinnerung rufen heißt, die Warnung Simon Petrus zu befolgen und all unsere Sorgen auf ihn zu werfen, denn er ist besorgt für uns (siehe 1. Petrus 5,7).

Wenn wir im Herrn zur Ruhe kommen, sollten wir am Anfang den Heiligen Geist bitten, dass Jesus für uns greifbar oder wirklich wird. Wir sollten alle anderen Dinge von uns fernhalten und versuchen uns vorzustellen, dass Jesus uns auf einem Stuhl gegenüber sitzt, so als ob er wirklich anwesend ist. Gott gab uns Vorstellungskraft und es ist nicht nur erlaubt, sondern auch eines der besten Dinge, die wir tun können, wenn wir sie im kontemplativen Gebet anwenden. Das hat nichts mit New Age zu tun, sondern es bedeutet schlicht und einfach die Gegenwart Gottes praktisch zu erleben.

Wenn sich Frustration und Ablenkung einstellen, sollten wir sie nicht beachten. Statt dessen sollten wir sie dem Vater übergeben, damit er sich darum kümmert und seinem „Frieden"erlauben, unsere lärmenden Herzen zu beruhigen. Dieses „konzentrieren" kommt nicht einfach oder schnell zustande, aber allein die Tatsache, dass wir diese Dinge bei uns feststellen, ist ein Schritt in die richtige Richtung. Ein weiterer positiver Schritt vorwärts geschieht, wenn wir unsere Unfähigkeit wahrnehmen, diesen Ablenkungen in eigener Kraft zu begegnen. Das schafft in uns die nötige Einsicht der Abhängigkeit von Gott.

Richard Foster gibt uns eine wunderschöne Beschreibung der zweiten Phase – das Gebet der Stille.

> Sobald wir uns mit der vereinigenden Gnade des „sich erinnerns" vertraut gemacht haben, gelangen wir zum zweiten Schritt des kontemplativen Gebets, den Theresa von Avila „Das Gebet der Stille" nennt. Wir haben durch das „sich erinnern" alle Hindernisse des Herzens, jede gedankliche Ablenkung und jede Beeinflussung durch den Willen beiseite getan. Die göttliche Gnade der Liebe und Anbetung überschwemmt uns wie die Wellen des Meeres... Im Zentrum unseres Wesens sind wir beruhigt... Es ist eine unleugbare Stille, jedoch eine hörende Stille. Etwas ganz tief in uns ist erwacht und in Erwartung. Unser Geist ist gespannt – wachsam und hörend. Es ist ein inneres stetes intensives Sehen des Herzens, das manchmal auch „auf den Herrn sehen" genannt wird. Wir genießen die Wärme seiner Gegenwart...
> Während wir vor dem Herrn warten, gibt er uns in seiner Gnade einen belehrbaren Geist.[14]

Der letzte Schritt

Der letzte Schritt im kontemplativen Gebet heißt geistliche „Ekstase". Dieses Wort „Ekstase" kommt aus dem Griechischen *ekstasis* und wird im Neuen Testament häufig mit „Trance" über-

---

[14] „Prayer: Finding the Heart's True Home", Richard L. Foster, Seite 163.

setzt. Dabei handelt es sich um ein Wirken des Heiligen Geistcs, bei dem man in die geistliche Welt versetzt wird, um die Dinge zu empfangen, die Gott sich wünscht (Offenbarungen, Visionen usw.). Es ist keine eigene Handlung, sondern ein Werk, dass Gott an uns tut. In der Ekstase bringen wir das kontemplative Gebet zur Vollkommenheit. Das geschieht ziemlich selten. Selbst die anerkannten Autoritäten auf diesem Gebiet reden davon, dass es eher eine vorübergehende als eine regelmäßige Erfahrung ist.

Womit könnte man geistliche Ekstase vergleichen? Theodore Brackel, ein holländischer Pietist des 17. Jahrhunderts, hielt seine Erfahrungen, so weit es ihm möglich war, schriftlich fest: „Ich wurde... in den Zustand einer solchen Freude versetzt und meine Gedanken wurden so nach oben gezogen, dass ich Gott mit den Augen meiner Seele sah, ich fühlte... Gottes Wesen und zugleich wurde ich so mit Freude, Frieden und Wonne erfüllt, dass ich es nicht beschreiben kann. Ich war für zwei oder drei Tage im Geist völlig im Himmel.[15]

Es sollte nie das Ziel des kontemplativen Gebets sein, geistliche Ekstase zu erreichen oder auch ähnliche Erfahrungen oder geistliche „Manifestationen". Unser einziges Motiv sollte es sein, einfach nur *mit Gott zusammen zu sein*. Inmitten des Ortes der Stille unseres Geistes, wo Er ist und wo Er unser ein und alles ist. Wo wir Ihn anbeten und erheben, wo wir geduldig und in Demut auf Sein Reden warten und uns in der warmen Glut seiner ewigen Liebe wohlfühlen.

Näher in die Gegenwart des Herrn

Theresa von Avila, eine Mystikerin des 16. Jahrhunderts beschreibt diese innere Reise des Geistes als einen Gang durch sieben „Räume". Jeder Raum führt näher in die Gegenwart Gottes, bis schließlich im letzten Raum der Herr selbst mit seiner Herrlichkeit zugegen ist. Sie schrieb die Einzelheiten dieser Vision in dem Klassiker „Die innere Burg" nieder. Dahin führt der Weg zum Liebhaber unserer Seele im nächsten Kapitel. Es ist ein weiterer Schritt, um unser Leben als Trankopfer vor dem Herrn auszugießen.

[15] Theodore Brackel, zitiert von Foster in „Prayer: Finding the Heart's True Home", Seite 164.

Also, ergreife seinen Arm und lass dich von ihm begleiten. Er führt dich den uralten Pfad, den so wenige beschritten haben. „Führe uns, o König der Ewigkeit! Du hast unsere Herzen geöffnet, wie du damals das Herz Lydias geöffnet hast."

Fragen

1. Was bedeutet das Wort kontemplativ?
2. Worin besteht der Unterschied zwischen New Age und Christentum bei der Praxis des kontemplativen Gebets?
3. Beschreibe deine hingegebene Liebesbeziehung mit dem Herrn... hast du ein Verlangen nach mehr?

Empfohlene Literatur

"Prayer: Finding the Heart's True Home" (Gebet: Entdecke wo dein Herz zuhause ist) , Richard L. Foster, Harper Collins, 1992.
„Communion With God" (Gemeinschaft mit Gott), Mark und Patti Virkler, Destiny Image, 1990.
„Contemplative Prayer" (Kontemplatives Gebet), Pat Gastineau, Word of Love Ministries, 1999.

Kapitel 4

Der Weg in die innere Burg

Der innere Weg ist eine Exkursion in die Tiefen unserer Seele, die mitten ins Zentrum führt, dort wo Gott wohnt. Es ist eines der größten „Geheimnisse" des christlichen Glaubens, dass Gott, der unendliche Schöpfer, im Geist seines Volkes, der Krone seiner Schöpfung, wohnt. Dieses Geheimnis nennt Paulus *„Christus in euch, die Hoffnung der Herrlichkeit"* (Kolosser 1,27). Was steckt dahinter? Darüber haben sich Gläubige in den vergangenen Jahrhunderten Gedanken gemacht, doch niemand war je in der Lage, es treffend zu beschreiben. Es ist wahrhaftig unbeschreiblich. Das Beste wird sein, wenn wir einfach die Tatsache anerkennen, dass die Bibel darüber klar lehrt und diese Wahrheit im Glauben annehmen.
Paulus kommt in seinen Briefen immer wieder auf dieses Thema: *„Wisst ihr nicht, dass ihr Gottes Tempel seid, und der Geist Gottes in euch wohnt?"* (1. Korinther 3,17). *„Oder wisst ihr nicht, dass euer Leib ein Tempel des Heiligen Geistes in euch ist, den ihr von Gott habt, und dass ihr nicht euch selbst gehört?"* (1. Korinther 6,19). *„Denn wir sind der Tempel des lebendigen Gottes, wie Gott gesagt hat: ‚Ich will unter ihnen wohnen und wandeln, und ich werde ihr Gott sein, und sie werden mein Volk sein"* (2. Korinther 6,16). Auch Petrus war der Gedanke, dass Gottes Volk ein lebendiger Tempel ist, bekannt.

> 1. Petrus 2,4–5.
> Zu ihm kommend als zu einem lebendigen Stein, von Menschen zwar verworfen, bei Gott aber auserwählt, kostbar, lasst euch auch selbst als lebendige Steine aufbauen, als ein geistliches Haus, ein heiliges Priestertum, um geistliche Schlachtopfer darzubringen, Gott wohlannehmbar durch Jesus Christus!

Diese Schriftstelle sagt uns, dass wir alle Tempel des lebendigen Gottes sind. Wir sind sein „Haus", in dem er bleibend Wohnung genommen hat. So wie Häuser Fenster haben, sind auch in unserer

Seele „Fenster", und Gott möchte unsere Fenster „putzen", seinen Kopf herausstrecken und hinaussehen. Auf diese Weise kommen Visionen zustande, und wenn Gott aus den „Fenstern" unserer Seele sieht, erhaschen wir einen Augenblick seiner Herrlichkeit, weil wir dann die Dinge so sehen wie Gott sie sieht.

Hinter dem Vorhof

Wir Christen sind Tempel des lebendigen Gottes. Leider verbringen die meisten Menschen, und auch ein Großteil der Gläubigen, ihr gesamtes Leben damit, nur das „äußere Haus" zu reparieren, zu malen und zu schmücken. So viele begnügen sich damit, im „Vorhof" zu bleiben und dringen nie in die inneren Räume und Nischen des Tempels oder ins Allerheiligste vor, wo der Herr selbst in seiner Fülle wohnt.

Gott möchte nicht, dass wir im Vorhof bleiben, er sehnt sich danach, dass wir ganz hineingehen und völlige Gemeinschaft mit ihm genießen können. Jesus brachte das, in der Nacht bevor er gekreuzigt wurde, gegenüber seinen Jüngern zum Ausdruck.

> Johannes 14,1–3
> Euer Herz werde nicht bestürzt. Ihr glaubt an Gott, glaubt auch an mich! Im Hause meines Vaters sind viele Wohnungen. Wenn es nicht so wäre, würde ich euch gesagt haben: Ich gehe hin, euch eine Stätte zu bereiten? Und wenn ich hingehe und euch eine Stätte bereite, so komme ich wieder und werde euch zu mir nehmen, damit auch ihr seid, wo ich bin.

Dies ist natürlich auf den Himmel bezogen und auf das Versprechen Jesu, dass er wiederkommt und uns für immer zu sich nimmt. Doch für unseren aktuellen Zweck möchte ich diese Verse aus einem etwas anderen Blickwinkel betrachten.

Der innere Ort

Lass mich mit einer Frage beginnen: „Wo befindet sich das Haus des Vaters?" Sicherlich im Himmel, doch gemäß der Schriftstellen, die wir gerade gelesen haben, ist das Haus Gottes auch in *uns*. Es ist in

uns! Wir sind sein Haus, sein Tempel! In diesem Haus befinden sich „viele Wohnungen", und Jesus hat bereits für uns eine Stätte „bereitet". Er wohnt mit der Fülle seines Wesens in den tiefsten Tiefen unsres Geistes und hat Vorsorge getroffen, um uns an diesem inneren Ort zu „empfangen".
Es gibt viele verschiedene „Räume", die wir auf unserem Weg zum Herzen des Hauses Gottes durchqueren müssen. Egal in welchem Raum wir uns gerade befinden, wir sind immer im „Haus des Vaters" und in der warmen Glut seiner Liebe und Gnade. Doch nur an diesem inneren Ort werden wir die vollkommene Gemeinschaft, die Einheit seines Geistes und die Quellen seiner Gegenwart uneingeschränkt erleben können. Dazu lädt er uns ein, und das ist der unbezahlbare Schatz, der uns veranlasst, diesen inneren Weg zu beschreiten.

Die Vision der sieben Tore

Vor einigen Jahren lehrte ich bei „Jugend mit einer Mission" in Chicago über das Thema Anbetung, geistlicher Kampf und Fürbitte. Eines nachmittags verbrachte ich mit einem Freund zusammen einige Zeit der Stille und des Wartens auf den Herrn. Nach einer Weile empfing ich eine interaktive Vision und tauschte mich leise mit ihm darüber aus.
In meiner Vision sah ich einen Durchgang mit sieben Toren, der wie ein Tunnel aussah. Jedes Tor war offen und erlaubte freien Zugang zum nächsten Tor. Die Torbogen enthielten verschiedene Aufschriften und über dem ersten Tor stand „Der innere Weg". Ich ging hindurch und kam zum zweiten Tor, über dem ich „Vergebung" lesen konnte. Dies war der geistliche „Raum," wo es um Freiheit von Schuld und ein reines und klares Gewissen ging.
Danach kam ich zum dritten Tor mit dem Namen „Gereinigt durch das Blut". Hier ging es über das Thema Vergebung hinaus um Heiligung. Auch wenn uns vergeben wurde, bedeutet dies noch nicht, dass auch unsere Gedanken und Gefühle von Vergebung erfasst wurden. Es kann sein, dass wir wegen unserer Sünde noch eine zeitlang mit Schuld oder Verdammnis zu kämpfen haben. Dieser

dritten Raum, in dem es um Heiligung ging, hatte die Reinigung unserer Gedanken durch die Kraft des Blutes Jesu zum Thema.

Während ich mich weiter in dieser Vision bewegte, tauchte das vierte Tor mit der Überschrift „Niedrigkeit des Herzens" auf. Hier ging es nur um Demut – ein wirklicher Schlüssel für das Königreich Gottes. Wenn wir Gott in Aufrichtigkeit sehen, können wir nur in Demut und Niedrigkeit des Herzens antworten. Jesus sagte: *„Gesegnet sind die geistlich Arme, denn ihrer ist das Reich der Himmel...."* (Matthäus 5,3).

Das fünfte Tor wurde „Gnade" genannt. Alles was wir vom Himmel empfangen, geschieht durch die Gnade Gottes. Eine zeitlang musste ich mich vor diesem Tor aufhalten, denn obwohl ich Jesus kannte, mir vergeben wurde und ich Reinigung erfahren hatte, fehlte mir doch die Offenbarung darüber, was Gnade wirklich ist. Schließlich gab mir der Herr das Verständnis darüber, so dass ich in der Lage war durch den Raum der Gnade zu gelangen.

Der Mangel an Barmherzigkeit hielt mich auf

Über dem sechsten Tor stand „Barmherzigkeit" und darunter das Wort „Erbarmen", und in meiner Vision musste ich hier anhalten. Ich sah durch das sechste Tor hinüber zum siebten und las, dass es „Einheit mit Christus" hieß. Es schmerzte mich, und ich sehnte mich danach, zu diesem Tor zu gelangen, um größere Einheit mit Christus zu haben! Ich war soweit gekommen, doch nun wurde ich am Tor der Barmherzigkeit aufgehalten. So wie ich eine Offenbarung über Gnade benötigt hatte, brauchte ich jetzt eine Offenbarung über Barmherzigkeit – um sie zu verstehen und zu einem Teil meines Lebens zu machen – sonst würde ich das Tor in den sechsten Raum nicht betreten können.

Es war nicht so sehr eine Offenbarung, die ich über die Barmherzigkeit Gottes brauchte, ich musste vielmehr lernen, anderen gegenüber diese Barmherzigkeit im Namen und Geist Christi in größerem Maße zu zeigen. Sobald wir eine Offenbarung über Barmherzigkeit empfangen haben, wird das Leben Gottes durch uns offenbar, und

wir geben dieses Leben Gottes durch Barmherzigkeit und Erbarmen an andere weiter. Genau daran mangelte es mir.
Sechs ist die Zahl des Menschen und ich befand mich zu der Zeit, als ich diese Vision empfing, gerade in sehr schweren Kontroversen und Umwälzungen, die mein Leben in starker Weise veränderten. Ich hatte deshalb noch immer mit sehr vielen emotionalen Schmerzen und geistlichen Enttäuschungen zu kämpfen. Ein Mann, den ich sehr verehrt und respektiert hatte, und der ein Tutor im Bereich des Prophetischen für mich war und großen Einfluss auf mein Leben hatte, war in einige große Schwierigkeiten und unter Druck geraten. In der Folge hatte man ihn für eine zeitlang aus seinem Dienst entfernt. Ich war damals noch am Anfang meines Dienstes und dieser Vorfall hatte mich sehr enttäuscht, desillusioniert, zornig gemacht und tief verletzt.
Der Zorn saß tiefer als alles, was ich bis dahin erlebt hatte und wirkte sich auf meine engsten Beziehungen aus. Ich hatte keine Ahnung, dass ich einen solchen Zorn in mir hatte. Ich wollte ihn nicht und trotzdem war er vorhanden. Statt mehr Barmherzigkeit zu üben, wie Christus es getan hatte, wollte ich Steine werfen. Ich war zerrissen von dem Wunsch für Gerechtigkeit einzutreten und der Notwendigkeit, barmherzig und fürsorgend zu sein. Ich wusste nur, dass ich mich zerrissen fühlte und mein Nervenkostüm bewies das.
In meiner Vision wurde mich klar, dass ich erst dann durch das siebte Tor zu einer größeren Einheit mit Christus gehen konnte, wenn das Thema Barmherzigkeit in meinem Herzen erledigt war. Ich verlangte voller Verzweiflung nach dieser Einheit, doch ich wusste, dass ich die große Barmherzigkeit und das Erbarmen, dass Gott für uns alle empfindet, noch nicht verstanden hatte. Ich wusste, dass ein langer Weg vor mir lag. Manchmal fühlte ich mich hoffnungslos – ebenfalss jemand, der durch die Urteile anderer gefangen war.

Der Herr sagte: „Das Tor der Barmherzigkeit ist offen!“

Ich versuchte also weiter Barmherzigkeit in mein Leben zu bekommen. Ich las Bücher darüber und bat Gott um Offenbarung. Immer dann, wenn wir verwundet, verletzt oder enttäuscht wurden, wollen wir uns natürlicherweise verstecken. Ich betete, dass Gott mich in meinem Innern verändern sollte, dass er mir helfen sollte, mich nicht hinter all den Verteidigungsmauern zu verstecken, die ich aufgebaut hatte. Ich musste mich wieder verwundbar machen.

Eines morgens, einige Jahre später, sprach der Heilige Geist in meinem Herzen über Zeiten der Erfrischung, die er dem Leib Christi im ganzen Land geben wollte. Er sprach zu mir über verschiedene Dinge, doch zum Schluss sagte er etwas sehr Persönliches zu mir: „Die Tür der Barmherzigkeit ist offen, geh hinein!" Meine Herz hüpfte vor Freude, und mein Geist jubelte, als ich diese Worte hörte! Ich seufzte tief und betrat im Glauben den nächsten Raum, der mit neuen Einsichten und Wegen Gottes angefüllt war.

Durch das Tor treten

Seit dem habe ich mich durch die Gnade und Barmherzigkeit Gottes mit der oben angesprochenen Person und seinem prophetischen Dienst, durch dessen Fall ich so tief verletzt wurde, versöhnt. Viele alte Beziehungen wurden wieder hergestellt. Während dieser Zeit lernte ich viel über die Barmherzigkeit Gottes. Es ist nur ein Teil des Bildes, Barmherzigkeit zu *empfangen*. Nur wenn wir es lernen, auch Barmherzigkeit zu *geben*, fangen wir an, das Herz Gottes zu verstehen. Deshalb müssen wir auf unserem Weg zur Einheit mit Christus auch den Raum der Barmherzigkeit durchqueren.

Obwohl ich durch diesen Raum gegangen bin, ist es schwer zu sagen wie weit ich auf diesem Gebiet fortgeschritten bin. Normalerweise fällt es uns allen schwer, uns selbst einzuschätzen, deshalb bin ich nicht sicher wie weit ich gekommen bin. Zwei Dinge weiß ich: Ich bin nicht da wo ich einst war, Gott sei gepriesen! Doch ich bin auch noch nicht dort wo ich sein möchte. Manchmal denke ich, dass ich noch einmal den ganzen Weg zurück zum ersten Tor gehen und von vorn beginnen sollte. Es scheint so, als ob ich zehn Schritte vorwärts gehe, um dann zwölf Schritte zurückzugehen. Trotz allem gibt es keinen Grund, Angst zu haben oder verzweifelt zu sein. Unser

Vater ist voller Gnade! Sein Haus hat viele Räume und jeder Raum führt uns näher zu ihm.
Mein Ziel ist Einheit mit Christus zu haben. Ich habe gehört, dass gesagt wird: Im Geist zu wandeln bedeutet, so eng mit Gott zu wandeln, dass nur *ein* Schatten fällt, nämlich seiner und das möchte ich. Wenn Gottes Weg und mein Weg eins werden, wird nur noch sein Leben zu sehen sein. Mein Leben wird *„durch Christus in Gott verborgen sein"* (Kolosser 3,3).

Die Karmeliter kommen

Vor einigen Jahren leitete ich zusammen mit meiner Frau eine Gebetsreise nach Israel. An einem Tag befanden wir uns auf dem Ölberg im „Gebetshaus für alle Nationen". Dieses Haus wird von meinem Freund Tom Hess geleitet. Während wir beteten, fühlte ich wie etwas in meinem Geist aufstieg und ich gab folgende Prophetie: „Die Karmeliter kommen, die Karmeliter kommen." Zu dieser Zeit hatte ich kaum eine Vorstellung, was das zu bedeuten hatte. Eins wusste ich aber, es hatte nichts mit irgendeiner Süßigkeit, wie etwa „Karamell", zu tun. Ich hatte einfach gar keine Idee.
Einige Tage später besuchten wir den Berg Karmel, wo Elia die Baalspriester herausgefordert hatte (siehe 1. Könige 18). Wir befanden uns in der prophetischen Fürbitte und beteten darum, dass Gott seinen Geist auf die nächste Generation der jungen Leute in Israel ausgießen möge, sowohl auf die Isralis als auch auf die Araber. Wir beteten dafür, dass sich ihre Augen und Herzen öffnen mögen, so dass sie Jeshua als ihren Messias erkennen würden. Während wir beteten, flog eine Schwadron israelischer Kampfflieger über uns hinweg und dies geschah vielleicht an die sieben Mal, die Zahl der Vollendung.
Nach einigen Monaten traf ich meinen Freund Tom Hess wieder, und er fragte mich, ob ich mich an meine Prophetie über die Karmeliter erinnern könnte. Ich bestätigte und er sagte: „Seitdem finden regelmäßige Gebetsversammlungen auf dem Ölberg statt, an denen christliche Leiter und Mitglieder von Gebetsdiensten der verschiedensten Denominationen, wie Holländisch Reformierte, Evangelika-

le, Charismatiker und Orthodoxe teilnehmen. In der Nähe des „Gebetshauses für alle Nationen" befindet sich ein Karmeliterorden. Alle Nonnen in diesem Kloster leben dort in Abgeschiedenheit von der Außenwelt, bis auf eine. Sie betet mit uns zusammen auf dem Ölberg."

Ich war erstaunt über diese Bestätigung und sagte: „Danke Gott, die Karmeliter kommen!"

Teresa von Avila Leiterin der Erneuerung des mittelalterlichen Mystizismus

Wer sind eigentlich diese Karmeliter? Der Orden der Karmeliter wurde im 12. Jahrhundert auf dem Berg Karmel als Bettelorden gegründet. Die Karmeliter verbanden das klösterliche Leben mit äußerlichen religiösen Aktivitäten. Einer ihrer Lehrgrundsätze verbot jegliches Eigentum, sowohl das persönliche als auch das allgemeine.

In der Mitte des 16. Jahrhunderts verbreitete sich in der katholischen Kirche eine Bewegung, die „die persönliche religiöse Erneuerung und institutionelle Reformen"[1] zum Ziel hatte. Es handelte sich dabei um die Katholische Reformation, die zeitgleich und unabhängig von der weit bekannteren Protestantischen Reformation, stattfand.[2] Diese anfänglich mit einer „Graswurzelbewegung" vergleichbaren Gruppe, hätte niemals die aktive Unterstützung der Päpste und Prälaten erhalten, wenn diese nicht durch das Ausmaß der Protestantischen Reformation gründlich geschockt gewesen wären.[3]

> Spanien war führend in dieser Katholischen Reformation, die mit dem erneuten Erblühen der mystischen Frömmigkeit charakterisiert werden könnte... Die hauptsächliche Betonung dieser geistlichen Bewegung war eine selbstverleugnende Stille – ein Erheben

---

[1] „A History of the Christian Church" (Die Geschichte der christlichen Kirche), Williston Walker, Richard A. Norris, David W. Lotz und Richard T. Handy, 4. Auflage, New York, NY, Scibner, a trademark of Simon and Shuster, 1985, Seite 502.

[2] ebd.

[3] ebd.

der Seele in Kontemplation (Betrachtung) und stillem Gebet zu Gott –, von der man annahm, dass sie zu einer Einheit in göttlicher Liebe oder ekstatischer Innenoffenbarung führen sollte. Gebet ist nur auf der Grundlage von Selbstverleugnung und totalen Vergessens des Selbst möglich, weil Gott nur eine Seele füllen kann, die sich selbst von allem, das Geschaffen ist, entleert hat.[4]

Eine der bedeutendsten und einflussreichsten Personen in dieser frommen Bewegung war eine spanische Karmelitin mit Namen Teresa de Cepeda y Ahumada (1515–1582), besser bekannt als Teresa von Avila. Im Alter von zwanzig Jahren trat sie dem Orden bei und hatte zeitlebens gesundheitliche Probleme, besonders als sie Ende Zwanzig war. Obwohl sie ein sehr frommes Leben im Kloster führte und sogar einige übernatürliche Erlebnisse hatte, kam es im Jahre 1555 zu dem, was sie selbst eine „zweite Bekehrung" nannte. Dieses Erlebnis veränderte ihr geistliches Leben in tiefer Weise. Danach kam es immer häufiger zu übernatürlichen Visionen und teilweise Visionen von Christus.

Der Beginn der Karmeliterklöster

Anfang des Jahres 1562 gründete Teresa, unter der Führung eines geistlichen Beraters, neue Karmeliterklöster, wo man sich dem kontemplativen Leben hingab. Das erste Kloster des „Ordens der unbeschuhten Karmelitinnen" befand sich in Avila. „Die Heilige Teresa verband starke Zweckmäßigkeit mit einem Höchstmaß an Geistlichkeit. Sie war eine ausgezeichnete und unermüdliche Leiterin, die mit großem Charme, Takt und einem grenzenlos guten Charakter ausgestattet war".[5]

Sie hatte in ihrem Leben eine ziemlich große Anhängerschaft, was in diesen Tagen für eine Frau sehr ungewöhnlich war, besonders in der Kirche. Einer ihrer Jünger war Johannes vom Kreuz, der ihr bei der Gründung der neuen Klöster behilflich war. Heute zählen Teresa

---

[4] ebd., Seite 513.

[5] „God's Favorite House Journal", Tommy Tenney, Shippensburg, PA, Fresh Bread, an Imprint of Destiny Image Publishers, Inc., 2000, Seite 65.

und Johannes vom Kreuz zu den größten spanischen christlichen Mystikern.

Erst am Ende ihres Lebens hat Teresa im Gehorsam gegenüber der Anweisung ihrer Oberin ihre mystischen und visionären Erfahrungen nieder geschrieben. Obwohl sie weitestgehend ohne Bildung war, bewies sie doch ein Talent, das geistliche Leben in einfachen und doch treffenden Worten, zu beschreiben. Das Ergebnis ist eines der größten mystischen Bücher, die jemals geschrieben wurden.

Teresa ist eine von vielen, denen der Herr im Laufe der Kirchengeschichte die Verwaltung des kontemplativen Gebets anvertraut hat. Sie und viele andere waren treu darin, in Stille vor dem Herrn zu wachen, in dem sie auf ihn warteten und in aufopfernden Gebeten fasteten. Dabei sind sie in der Stille vor ihm in die geistlichen Bereiche vorgedrungen, wo es möglich war, die Dinge zu empfangen, die nur Gott geben kann. Teresa von Avila war eine der einfühlsamen Geister, die es als nichts erachteten, ihr Leben an den Liebhaber ihrer Seele zu „verschwenden".

Die Offenbarung der inneren Burg

Teresas berühmtestes Werk über Gebet ist das Buch „Die innere Burg" (Diogenes, Zürich, 1979). Es ist eine extrem lebhafte und umfassende Vision und beschreibt den inneren Weg der Seele durch einen gläsernen Palast mit vielen Räumen, angefangen im äußersten Raum, bis hin zur innersten Kammer, wo sich die Seele mit Gott in vollkommener Weise vereinigen kann. Dabei bahnt sich die Seele einen Weg durch sieben Räume oder Kammern, und jeder Raum bringt sie näher zur Gemeinschaft mit Gott. Farbenprächtig und allegorisch beschreibt „Die innere Burg" den geistlichen Weg mit seinen zu erwartenden Hindernissen und Freuden, der uns allen bevor steht. Um die Worte eines Herausgebers der Werke Teresas zu gebrauchen: „Das Buch schildert den Kurs des mystischen Lebens – die Seele macht sich auf den Weg vom ersten Raum hin zum siebenten und wird dabei von einer unvollkommenen und sündhaften Schöpfung in eine geistliche Braut verwandelt.[6]

[6] P.Silverio, Introduction to „The Interior Castle", www.ccel.org.

Als ich vor einigen Jahren „Die innere Burg“ entdeckte, war ich über die Parallelen ihrer Vision mit den sieben Räumen zu meiner eigenen Vision mit den sieben Toren sehr erstaunt. Ich weiß, dass es nicht genau dasselbe ist, aber die Ähnlichkeit ist auffallend. Teresa sah sieben Räume, ich sah sieben Tore. Teresa beschreibt, den Wachstumsprozess eines Christen, der von Raum zu Raum von Weltlichkeit zu Heiligkeit und zur Einheit mit Christus verwandelt wird. Ich sah ein Wachstum im Charakter und eine Zunahme an Gnade durch das Durchschreiten der verschiedenen Tore. Beide Visionen dienen dem Ziel, in einem Prozess zur völligen Einheit mit Christus zu gelangen. Lasst uns die Vision der inneren Burg von Teresa näher ansehen.

Der erste Raum – der Raum der Demut

Teresa beschreibt zunächst die Burg und die Verhältnisse des ersten Raums. Die Menschen, die den ersten Raum betreten, sind am Anfang ihres Glaubens und befinden sich auf der ersten grundlegenden Stufe des christlichen Lebenswandels. Sie sind errettet, lassen sich aber immer noch stark von weltlichen Dingen beeinflussen.

> (Ich betrachtete) unsere Seele als eine Burg, die ganz aus einem Diamant oder einem sehr klaren Kristall besteht und in der es viele Gemächer gibt, gleichwie im Himmel viele Wohnungen sind.[7]
> Denken wir uns also, dass diese Burg – wie ich schon gesagt habe – viele Wohnungen hat, von denen einige oben gelegen sind, andere unten und wieder andere seitwärts, und dass sie ganz innen, in der Mitte all dieser Wohnungen, die allerwichtigste birgt: jene, wo die tief geheimnisvollen Dinge zwischen Gott und der Seele vor sich gehen.[8]
> Nach meiner Erfahrung sind das Gebet und die Andacht das Tor, durch das man die Burg betreten kann. Damit meine ich das mündliche Gebet nicht minder als das Gebet im Geiste; denn um Gebet zu sein, bedarf beides der Erfurcht und Andacht.[9]

---

[7] „Die innere Burg“, Diogenes, Zürich, 1979, Seite 21.
[8] ebd., Seite 22.
[9] ebd., Seite 24.

Doch wir wollen... zu den anderen Seelen sprechen, die schließlich in die Burg eingehen. Obwohl sie tief in der Welt stecken, haben sie doch ein gutes Verlangen und zuweilen – wenn auch selten – empfehlen sie sich dem Schutz unseres Herrn und denken darüber nach, wer sie sind, sei es auch nicht sehr gründlich... Endlich treten sie in die ersten der unteren Gemächer ein; doch mit ihnen dringt so viel Gewürm ein, dass sie weder die Schönheit der Burg zu sehen vermögen noch zur Ruhe kommen können.[10]

Der Schlüssel, um durch den ersten Raum zu gelangen, heißt bei Teresa Demut. Dieser Schlüssel, der Türen öffnet, begegnet uns immer wieder.

Denn die Dinge der Seele muss man sich immer in Fülle und Weite und Größe denken. Damit erhöht man sie keineswegs, sie die viel mehr vermag, als wir uns vorstellen können... Sehr wichtig für jede Seele, die sich – viel oder wenig – dem Gebet widmet, ist es, dass man sie nicht in einen Winkel pfercht oder einengt. Man lasse sie durch all diese Wohnungen wandeln, aufwärts und abwärts und nach den Seiten hin; denn Gott hat ihr eine so große Würde verliehen. Auch dränge man sie nicht dazu, lange Zeit in einem einzigen Gemach zu bleiben, nicht einmal in dem der Selbsterkenntnis... Die Demut wirkt nämlich wie die Biene, die im Stock den Honig bereitet. Ohne sie geht alles verloren. Bedenkt aber, dass die Biene es nicht versäumt, hinauszufliegen, um den Nektar der Blüten zu sammeln. Genauso muss es die Seele mit der Selbsterkenntnis halten. Glaubt es mir und fliegt zuweilen aus, um die Größe und Majestät eures Gottes zu betrachten. Da wird die Seele ihre Nichtigkeit eher entdecken als in sich selber...[11]

Doch nach meiner Ansicht werden wir mit unserer Selbsterkenntnis nie zu Ende kommen, wenn wir nicht danach trachten, Gott zu erkennen. Im Anblick seiner Größe entdecken wir unsere

[10] „Die innere Burg", Diogenes, Zürich, 1979, Seite 25.
[11] ebd., Seite 29–30.

> Niedrigkeit, und angesichts seiner Reinheit sehen wir unseren Schmutz. Die Betrachtung seiner Demut lässt uns erfahren, wie weit wir davon entfernt sind, demütig zu sein.[12]

Das Licht des inneren, zentralen Raumes leuchtet, vom ersten Raum aus betrachtet, nur schwach. Zu weit entfernt ist dieser Raum, und zu sehr ist der Bewohner mit den weltlichen Dinge beschäftigt. Doch je weiter wir mit Ihm vorangehen, je mehr Licht werden wir empfangen.

> Ihr werdet gewahr, dass in diese erste Wohnung noch beinahe nichts von jenem Lichte dringt, dass von dem Palast ausgeht, wo der König weilt... Aber nicht das Gemach ist daran schuld..., sondern dass so viel böse Wesen, Nattern und Ottern und anderes giftige Getier, mit der Seele herein gelangt sind und ihr nun das Licht verdecken.[13]

Der zweite Raum – der Raum des praktizierten Gebets

Wer den zweiten Raum betritt, hat zuvor die Notwendigkeit verspürt, den ersten Raum zu verlassen. Er ist dem sanften, aber nachdrücklichem Ruf Gottes gefolgt und hat ein Verlangen weiter in der Burg voranzugehen. Es sind die, die nach Aktivitäten und Gelegenheiten suchen, die sie diesem Ziel näher bringen und weil sie es lernen, dem Sog der weltlichen Einflüsse zu widerstehen, ist es in diesem Raum heller und wärmer als im ersten Raum.

> Lass uns nun davon reden, welche Seelen es sind, die in die zweite Wohnung eintreten... Es geht hier um diejenigen, die schon begonnen haben, das Gebet zu üben, und die begriffen habe, wie wichtig es für sie ist, nicht in der ersten Wohnung zu verweilen[14]. Da sie tiefer eingedrungen und dem Ort, wo Seine Majestät weilt, näher gekommen sind, haben sie in ihm... einen sehr guten Nachbarn... Doch dem Herrn lieg so viel daran, dass wir ihn lie-

---

[12] ebd., Seite 31.
[13] ebd., Seite 33.
[14] ebd., Seite 37.

ben und uns bemühen, zu ihm zu kommen, dass er nicht aufhört, uns wieder und wieder zu rufen, damit wir zu ihm finden. Und diese Stimme ist so lieblich, dass die arme Seele vergeht, wenn sie dann nicht tut, was die Stimme ihr befiehlt.[15]
Der Wille neigt sich in Liebe dahin, wo er so unzählige Taten und Zeichen der Liebe gesehen hat, und möchte sie mir etwas vergelten. Ganz klar und deutlich zeigt sich ihr (der Seele) jedoch vor allem, wie dieser wahre Liebhaber sie nie verlässt, sie treu begleitet, ihr Leben und Wesen schenkt. Dann eilt der Verstand herbei, um ihr zu erklären, dass sie niemals einen besseren Freund gewinnen könne...[16]

Der dritte Raum – der Raum des vorbildlichen Lebens

Die Seelen, die den dritten Raum betreten, sind in ihrem geistlichen Leben soweit gewachsen, dass sie es geschafft haben, diszipliniert zu leben und sich tugendhaft zu verhalten. Dies ist ein positiver Schritt, der jedoch gleichzeitig die Gefahr birgt, dass man sich mehr auf sein tugendhaftes Leben als auf die Gnade Gottes verlässt.

Die Bewohner des dritten Raums lassen sich mehr von Vernunft und Pflicht als von Liebe leiten. Sie haben sich noch nicht völlig in Liebe an Gottes ausgeliefert, und deshalb erleben sie in ihrem Gebetsleben und anderen Bereichen ihres christlichen Lebens lange Zeiten der Dürre. (Warst du jemals in diesem Raum?)

(Der) ernste Wunsch (derer, die in die dritte Wohnung gelangt sind) ist es, Seine Majestät nicht zu beleidigen; selbst vor lässlichen Sünden nehmen sie sich in acht und lieben die Buße, die Stunden der inneren Sammlung, sie machen guten Gebrauch von ihrer Zeit, üben sich in Werken der Nächstenliebe, sind sehr zuchtvoll in ihrem Reden, ihrer Kleidung und der Art, in der sie ihr Haus verwalten, falls sie eines haben. Wahrlich ein Stand, den man sich wünschen muss. Und es scheint keinen Grund zu ge-

[15] „Die innere Burg", Diogenes, Zürich, 1979, Seite 38.
[16] ebd., Seite 39.

ben, warum solchen Seelen der Eintritt in die letzte Wohnung verwehrt werden sollte...[17]
Und wer würde sagen, dass er ein so großes Gut nicht wollte, vor allem wenn er schon das größte Leid erlebt hat? Nicht ein einziger. Wir alle sagen, dass wir es wollen, doch da noch mehr erforderlich ist, damit der Herr die Seele ganz in Besitz nimmt, genügt das nicht, dass wir es sagen – genauso wenig wie es bei dem Jüngling genügte, dem der Herr sagte, was er tun müsse, wenn er vollkommen sein wollte. Seitdem ich von dieser dritten Wohnung zu reden begonnen habe, ist mir dessen Gestalt vor Augen; denn wir sind tatsächlich in genau der gleichen Lage. Für gewöhnlich haben die großen Dürrezeiten, die wir in unserem Gebet erleben, hier ihre Ursache...[18]

Die Wichtigkeit von Demut und Erbarmen

Wiederum betont Teresa die Notwendigkeit von Demut und die Anerkennung der Souveränität Gottes. Egal was wir tun, Gott schuldet uns nichts. Alles, was wir von ihm empfangen geschieht nur aus seiner Liebe, seiner Gnade und seinem Erbarmen zu uns. Hast du auf das Wort *Erbarmen* geachtet? Vielleicht habe ich bei meiner Begegnung mehr gesehen, als ich es anfänglich angenommen habe.

Uns mag es so vorkommen, als sei alles schon getan... denn wer sich aller irdischen Dinge entledigt hat und in völligem Verzicht beharrt, wird gewisslich das erreichen, wonach er strebt. Doch nur unter der Bedingung... dass man sich als nutzlosen Knecht betrachtet... und dass man nicht glaubt, man habe damit unseren Herrn verpflichtet, einem solche Gnaden zu erweisen, sondern vielmehr der Überzeugung ist, dass man als einer, der mehr empfangen hat, ihm um so größeren Dank schuldet.[19]
Und glaubt mir, dass es nicht darauf ankommt, ob man ein geistliches Gewand trägt oder nicht, sondern darauf, dass man danach trachtet, die Tugenden tätig zu üben und unseren Willen

[17] ebd., Seite 47–48.
[18] ebd., Seite 49.
[19] „Die innere Burg", Diogenes, Zürich, 1979, Seite 50.

dem Willen Gottes in allem anheimzugeben, dass nichts anderes die Ordnung unseres Lebens sei, als was Seine Majestät verfügt, und dass wir nicht wünschen, dass unser Wille, sondern dass sein Wille geschehe.[20]
Es wäre nützlich für uns, die wir durch Gottes Güte in diesem Stande sind..., wenn wir die schnelle Bereitwilligkeit des Gehorsams recht erlernten.[21]

Der vierte Raum – der Raum des stillen Gebets

Im vierten Raum, begegnen wir erstmalig dem übernatürlichen Anteil des mystischen Lebens... die Seele ist nicht mehr in der Lage durch eigenen Einsatz das zu erlangen, was sie erreichen will. Von nun an wird der Anteil der Seele immer mehr abnehmen und der Anteil Gottes in zunehmenden Maße größer werden. Die Gnaden des vierten Raumes, die auch „geistlicher Trost" genannt wird, sind erkennbar am Gebet der Stille oder dem Zweiten Wasser des Lebens. Die Seele ist wie ein Brunnen, der nahe an der Quelle gebaut wurde und das Wasser des Lebens fließt, nicht durch ein Auqädukt, sondern direkt aus der Quelle hinein. [22]

Teresa vermittelt einige feinsinnige Einsichten über die Natur der geistlichen Liebe. Bitte gib an diesem Punkt nicht auf! Erinnere dich daran, dass diese Liebhaber Gottes oft eine romantische Sprache sprechen und zu Übertreibungen neigen – poetischer Nonsens, den nur der wirklich schätzen kann, für den es gedacht ist.

Ich möchte auch nur darauf hinweisen, dass es, wenn man auf diesem Wege gut vorankommen und zu den ersehnten Wohnungen emporsteigen will, nicht darauf ankommt, viel zu denken, sondern viel zu lieben. Darum tut das, was am meisten Liebe in euch erweckt... (Liebe) besteht nicht in dem größeren Genuss,

---

[20] ebd., Seite 53.
[21] ebd., Seite 57.
[22] P.Silverio, Introduction to „The Interior Castle", www.ccel.org.

sondern in der größeren Entschlossenheit, Gott in allem erfreuen zu wollen, sich mit allen Kräften darum zu bemühen, dass wir ihn nicht beleidigen... Das sind die Zeichen der Liebe. Aber glaubt nicht, ihr dürfet nun an überhaupt nichts anderes mehr denken, und es sei alles verloren, wenn ihr euch ein wenig zerstreut.[23]

Fortfahren im Gebet der Stille

Eines der schönsten Bilder, die Teresa gebraucht, ist ihre Beschreibung der Wonnen Gottes (auch das Gebet der Stille genannt) als Wasser, das aus einer Quelle fließt. Lass dich durch dieses Bild dazu inspirieren, von der Quelle zu trinken, die Gott selbst ist.

Stellen wir uns, um es besser zu erfassen, zwei Brunnenbecken vor, die sich mit Wasser füllen... Diese zwei Brunnenbecken nun füllen sich auf verschiedene Weise. Bei dem einen kommt das Wasser von weither durch viele Röhren, mittels kunstvoller Vorrichtungen; das andere aber ist unmittelbar dort erbaut, wo das Wasser entspringt, und es füllt sich völlig lautlos. Ist die Quelle reichhaltig, wie die, von der wir reden, so fließt, wenn das Becken gefüllt ist, ein starker Bach daraus hervor. Das durch die Röhren herbeigeleitete Wasser gleicht meines Erachtens den Befriedigungen... (wie) wir sie durch Meditation erlangen, denn wir leiten sie mittels der Gedanken herbei...
Dem anderen Brunnen strömt das Wasser unmittelbar vom Quellort zu – nämlich von Gott –, und sowie Seine Majestät nach eigenem Gefallen eine übernatürliche Gnade erweisen will, quillt es friedvoll und mit größter Ruhe und Sanftheit aus dem tiefsten Inneren unseres eigenen Wesens empor – ich weiß weder wo noch wie. Auch fühlt man jene Freude und Wonne nicht wie die irdischen Glücksgefühle im Herzen (ich meine nicht zu Beginn; denn später erfüllen sie alles). Dieses Wasser läuft über und durchströmt alle Wohnungen und Seelenkräfte, bis es zum Körper gelangt.

---

[23] „Die innere Burg", Diogenes, Zürich, 1979, Seite 62–63.

> Doch, wie gesagt, ich habe den Eindruck, dass es etwas ist, das nicht im Herzen entspringt, sondern anderswo, noch weiter innen, wie aus einer Tiefe. Ich nehme an, dass es im Zentrum der Seele sein muss... Es scheint also, dass das himmlische Wasser jener Quelle, von der ich sprach, wenn es der Tiefe unseres Wesens entquillt, sich ausbreitet, unser ganzes Inneres ausweitet und vielerlei Güter hervorbringt, die sich nicht nennen lassen. Nicht einmal die Seele kann verstehen, was es ist, das ihr da geschenkt wird.[24]

Der fünfte Raum – der Raum der geistlichen Verlobung – das Gebet der Vereinigung

Der fünfte Raum gleicht „dem Zustand der geistlichen Verlobung und des Gebets der Vereinigung – dem Beginn der Vereinigung. Es markiert ein neues Maß von Gott gegebener Besinnlichkeit, auf sehr hohem Niveau. Teresa schildert anhand ihres hochgelobten Gleichnisses über die Seidenraupe, wie die Seele sich darauf vorbereiten kann, die notwendigen Geschenke von Gott zu empfangen."[25] Sie beschreibt, dass die Seidenraupe sterben muss, damit sie in einen wunderschönen Schmetterling verwandelt werden kann. Lies langsam, damit du von dieser majestätischen Vision inspiriert wirst.

> In einem Samenkorn... beginnt, sobald es warm wird und die Maulbeerbäume die ersten Blätter treiben, sich Leben zu regen... Man zieht das winzige Wesen mit den Blättern des Maulbeerbaumes auf. Wenn es dann groß geworden ist, legt man ihm Zweiglein hin, und dann spinnt es, aus sich selber heraus, mit dem Mäulchen die Seide und macht eine dichte Hülle, worin es sich selber einschließt. Die Raupe, die nun groß und hässlich ist, stirbt, und aus der gleichen Hülle schlüpft ein kleiner weißer, wunderhübscher Schmetterling hervor.
>
> Die Raupe (unsere Seele) nimmt Leben an, sobald sie in der Wärme des Heiligen Geistes sich der Hilfe zu bedienen anfängt,

---

[24] „Die innere Burg", Diogenes, Zürich, 1979, Seite 67–68.
[25] P.Silverio, Introduction to „The Interior Castle", www.ccel.org.

die Gott uns allen gemeinhin gibt, sobald sie beginnt, die Mittel zu gebrauchen, die er in seiner Kirche hinterlassen hat. (Regelmäßig zu beichten oder gute Bücher zu lesen und Predigten zu hören). Benutzt sie diese Mittel, so beginnt sie zu leben und nährt sich von diesen und den guten Meditationen, bis sie herangewachsen ist... Ist diese Raupe nun aufgewachsen, so fängt sie an, die Seide zu spinnen und das Haus zu verfertigen, in dem sie sterben soll. Dieses Haus will ich hier als Christus verstanden wissen. Ich meine, irgendwo gelesen oder gehört zu haben, dass unser Leben in Christus oder in Gott – beide sind eines – verborgen sei, oder dass unser Leben Christus ist...

Denn ihr seht...: dass Seine Majestät selbst unsere Wohnung sei wie in diesem Gebet der Vereinigung.... Als ob wir von Gott etwas nehmen oder ihm etwas hinzufügen könnten! Wir können nur von uns selber etwas nehmen und dazutun, wie es diese Räuplein machen. Denn wir werden mit dem, was wir tun können, noch nicht ganz fertig sein, da vereint Gott dieses armselige Machwerk – das nichts ist – mit seiner Größe und verleiht ihm einen so großen Wert, dass der Herr selbst der Lohn dieser Arbeit ist...

Also... schnell an die Arbeit, dass wir diese Hülle weben und uns dabei unserer Eigenliebe und unseres Willens entledigen, uns von der Bindung an irgendwelche irdischen Dinge lösen... Sie sterbe, sie sterbe, diese Raupe... Und ihr werdet gewahren, dass wir Gott schauen und uns von seiner Größe so umschlossen sehen, wie es das Räuplein in seiner Hülle ist.[26]

Die Veränderung, die nach dem Tod des Selbst geschieht ist wahrlich erstaunlich.

Sehen wir also zu, was aus dieser Raupe wird... Wenn sie in diesem Gebet ist – völlig gestorben für die Welt –, so schlüpft ein weißer kleiner Schmetterling hervor... Die Seele weiß nicht, wodurch sie so viel Glück verdienen konnte... Sie sieht sich von einem solchen Verlangen erfüllt, den Herrn zu loben, dass sie am

[26] „Die innere Burg", Diogenes, Zürich, 1979, Seite 88–90.

liebsten vergehen und tausendmal für ihn sterben möchte. Dann überkommt sie eine unwiderstehliche Sehnsucht, schwere Leiden auf sich zu nehmen, ein brennendes Verlangen nach Buße, Einsamkeit, und der Wunsch steigt in ihr auf, dass alle Gott erkennen möchten. Daraus erwächst ihr großer Kummer, wenn sie sieht, dass er beleidigt wird.
Oh, das ruhelose Umherflattern dieses kleinen Schmetterlings zu sehen, der doch niemals in seinem Leben eine größere Ruhe, einen tieferen Frieden gefunden hat, ist ein Anblick, der zum Lobe Gottes zwingt. Der Falter weiß nämlich nicht, wo er sich niederlassen und ausruhen soll; denn nachdem er einmal solch einen Ruheort hatte, befriedigt ihn nichts, was er auf Erden sieht, vor allem wenn Gott ihm oft von diesem Wein zu kosten gibt. Fast mit jedem Mal wird ihm daraus neuer Gewinn zuteil. Nun betrachte er das, was er als Raupe getan hat – Stückchen um Stückchen die Hülle zu weben –, als nichts. Flügel sind ihm gewachsen – wie könnte er sich jetzt, wo er fliegen kann, damit zufrieden geben, langsam Schritt vor Schritt zu gehen?[27]

Die Gemeinde in der Verwandlung

Auch mir wurde einmal eine ähnliche, wenn auch einfachere Vision gegeben. Bei dieser Begegnung zeigte mir der Heilige Geist, wie eine Raupe damit begann, sich selbst einen Kokon zu weben oder sich zu verpuppen. Schon bald war die Raupe nicht mehr zu sehen, als wäre sie versteckt. Doch während sie sich in ihrem Versteck befand, geschah eine große Veränderung.
Ich beobachtete den Vorgang weiter, und schließlich sah ich wie aus dieser Hülle der Demut etwas Neues hervorbrach. Aus der entstandenen Öffnung kam ein neues Wesen hervor mit matten nassen Flügeln, die vom Wind getrocknet wurden. Dann streckte der Schmetterling seine Flügel in voller Größe aus, mit schillernden Farben, die brillant flimmerten.
Ich fragte den Herrn, was das zu bedeuten hätte und er antwortete: „Das ist die Gemeinde in der Verwandlung.“ Möge die Gemeinde

---

[27] ebd., Seite 91

diese Lektion lernen, die Teresa und andere uns lehrten. Möge die Braut Christi – die Gemeinde – sich mit der Brillanz seiner großartigen Gegenwart schmücken, während wir es wieder lernen, im Verborgenen des Allerhöchsten zu bleiben.

Der sechste Raum – der Raum wachsender Vertrautheit

Der sechste Raum ist der Ort wachsender Vertrautheit zwischen der Seele und Gott. Während dieser Zeit muss die Seele in zunehmender Weise Prüfungen bestehen. So wie die Gunst des Herrn zunimmt, so nehmen auch die Bewährungen und Versuchungen zu. Johannes vom Kreuz und andere Mystiker nennen das „die dunkle Nacht der Seele“. Teresa beschreibt, dass diese Drangsale nur mit der Hölle verglichen werden können und der Seele, die danach verlangt, diesen Prüfungen zu entkommen, nur die Flucht in den letzten Raum bliebe.

> Die Seele ist schon verwundet von der Liebe des Bräutigams, wo sie noch mehr nach Einsamkeit strebt und... sich möglichst all dessen zu entledigen sucht, was ihr diese Einsamkeit stören könnte. Der Anblick, den sie erhalten hat, ist der Seele so eingemeißelt, dass es ihr ganzes Begehren ist, ihn erneut genießen zu können.
>
> Die Seele ist bereits fest entschlossen, keinen anderen Gemahl zu nehmen. Doch der Bräutigam achtet nicht auf ihr brennendes Verlangen, schon jetzt Hochzeit zu halten, denn er will, dass sie es noch mehr ersehne und dass es sie etwas koste, weil es das höchste aller Güter ist... Oh, mein Gott, wie viel innere und äußere Mühsal muss sie erleiden, bevor sie in die siebte Wohnung eintritt!
>
> Denn oftmals, wenn der Betreffende sich dessen gar nicht versieht und sich überhaupt nicht an Gott erinnert, weckt ihn Seine Majestät wie durch den rasch vorüberhuschenden Lichtschweif eines Meteors oder einen Donnerschlag, obwohl kein Schall zu hören ist. Doch die Seele erfasst genau, dass Gott sie gerufen hat... Sie fühlt sich verwundet auf höchst wohltuende Weise, doch

> sie errät nicht, wie und durch was sie verwundet worden ist. Doch sie erkennt genau, dass dies etwas sehr Kostbares ist, und niemals wollte sie von jener Wunde geheilt werden. Mit Worten der Liebe klagt sie, sogar hörbar – denn sie kann nicht anders –, ihrem Bräutigam, weil sie weiß, dass er da ist, doch sich nicht so offenbaren will, dass sie sich an ihm erfreuen könnte... Denn der Bräutigam, der in der siebten Wohnung weilt, scheint die Seele in unaussprechlichen Worten zu rufen.[28]

Gewährte Gunst

Teresa beschreibt, dass der Bräutigam seiner Geliebten im sechsten Raum viel Wonnen erweist, wie z.B. Entrückungen, Flüge der Seele, Versetzen des Verstandes in ekstatische Zustände usw. Das führt nur dazu, dass der Trennungsschmerz und das Verlangen nach Einswerden mit dem Bräutigam für die Seele auserlesener wird. Das klingt einladend für mich!

> Haben all die Wohltaten, die der Bräutigam der Seele gegenüber getan hat ausgereicht, um den kleinen Schmetterling zufriedenzustellen und ihn einen Platz finden zu lassen, wo er sich niederlassen und sterben kann? Sicherlich nicht, die Seele ist in einem schlimmeren Zustand als vorher; denn obwohl sie über viele Jahre diese Wonnen empfangen hat, seufzt und weint sie noch immer, weil jede Wohltat neue Schmerzen für sie bedeutet. Der Grund dafür ist folgender, je mehr sie über die Größe ihres Gottes lernt, während sie so weit von ihm entfernt ist, dass es ihr unmöglich ist, ihn zu genießen, je mehr wächst ihr Verlangen nach Gott. Denn je mehr Offenbarung sie darüber hat wie sehr es dieser große Gott und Herr verdient, geliebt zu werden, je mehr wächst ihre Liebe zu ihm. Und allmählich wächst ihr Verlangen in all diesen Jahren, so dass sie große Verzweiflung erlebt.[29]

---

[28] „Die innere Burg", Diogenes, Zürich, 1979, Seite 118–119
[29] Übersetzung aus „The Inner Castle"

Der siebte Raum – der Raum der geistlichen Vermählung
Schließlich nach langer Zeit und nach vielen Prüfungen betritt die Seele den siebten Raum, den Palast des Königs. Dort findet eine völlige Verwandlung statt, unaussprechlicher und vollkommener Frieden etwas Höheres ist nicht vorstellbar und man bekommt Sicherheit in Bezug auf die glückselige Vision des Lebens, das noch vor uns liegt.[30]

> Wenn es unserem Herrn gefällt, sich der Qualen zu erbarmen, die diese Seele, welche er schon geistlich zu seiner Braut gemacht hat, erlitt und erleidet, so führt er sie, bevor die geistliche Ehe geschlossen wird, in seine eigene, das heißt in diese siebte Wohnung; denn wie er im Himmel seine Wohnung hat, so muss er wohl auch in der Seele eine Stätte haben, wo nur Seine Majestät weilt...[31] Diese verborgene Vereinigung findet im tiefsten Zentrum der Seele statt, dort, wo Gott selbst wohnt... Da zeigt sich der Herr in diesem Zentrum der Seele... Wie er den Aposteln erschien, ohne durch die Tür einzutreten... Was der Herr hier der Seele in einem Augenblick mitteilt, ist ein so großes Geheimnis und eine so hohe Gnade, und das Entzücken, das die Seele dabei empfindet, ist so übermächtig, das ich es mit nichts anderem vergleichen kann als der Seligkeit im Himmel...
> Die Vereinigung gleicht zwei Wachskerzen, die man so dicht aneinander hält, dass beider Flamme ein einziges Licht bildet... Hier jedoch ist es, wie wenn Wasser vom Himmel in einen Fluss oder eine Quelle fällt, wo alles nichts als Wasser ist, so dass man weder teilen noch sondern kann, was nun das Wasser des Flusses und was das Wasser, das vom Himmel gefallen ist; oder es ist, wie wenn ein kleines Rinnsal ins Meer fließt, von dem es durch keine Mittel zu scheiden ist, oder aber wie in einem Zimmer mit zwei Fenstern, durch die ein starkes Licht einfällt: dringt es auch getrennt ein, so wird doch alles zu einem Licht.[32]

---

[30] P.Silverio, Introduction to „The Interior Castle“, www.ccel.org.
[31] „Die innere Burg“, Diogenes, Zürich, 1979, Seite 189
[32] ebd., Seite 195–196.

Eine nicht mit Worten zu beschreibende Liebe

Vielen Christen heute fällt es schwer, die mystischen Vorstellungen Teresas zu verstehen, weil die Intensität ihrer Erfahrungen ihnen fremd ist. Merklich unwohl fühlen sie sich auch bei der Sprache, die Teresa gebraucht, um ihre Erfahrungen mitzuteilen, sie ist ihnen zu intim und erinnert zu sehr an ein „Liebespaar". Doch welche anderen Worte kann man gebrauchen, um die intimste Liebeserfahrung zu beschreiben, die man je gemacht hat?

Damit kommen wir zum Ende des ersten Teils dieses Buches „Der innere Weg in seine Gegenwart" und müssen feststellen, dass dies erst der Anfang war. Wir haben uns tief in das Haus des Vaters vorgewagt und herausgefunden, dass es wirklich sehr viele Räume hat. Ich sage dir, dass es für jeden von uns einen maßgeschneiderten Raum gibt, und der Herr befiehlt uns, dass wir uns hinsetzen, ausruhen, warten – so wie Maria von Betanien zu Jesu Füßen gesessen hat, wie Johannes seinen Kopf auf seine Brust legte und wie Lydia ihr Herz öffnete – und von ihm lernen. Dazu bedarf es keiner Worte. Es ist ein stiller Ort, fern von der lärmenden Menge, wo wir unseren Durst mit dem Wasser des Lebens stillen können. Dieser ruhevolle Ort des Wartens ist ein weiteres Mittel, um unsere außergewöhnliche Liebe auszudrücken und uns nur an ihn zu „verschwenden".

Fragen

1. Beschreibe was es bedeutet, der Tempel Gottes zu sein.
2. Gibt es irgendwelche Räume in deinem Haus, die gereinigt werden müssen. Falls ja, welche?
3. In welchen Räumen möchtest du eine zeitlang verweilen? Sind es die Räume in deinem Haus, in denen du und Gott sich am wohlsten fühlen?

Empfohlene Literatur

„Die innere Burg", Diogenes, Zürich, 1979.

„Devotional Classics", Richard Foster und James Bryant Smith, Harper Collins, 1993.

„Radiant Glory: The Life of Martha Wing Robinson", Bread of Liefe, 1962.

Teil 2

In der Ruhe der Seele auf Ihn warten

Kapitel 5

Am ruhigen Strom

In diesen Tagen wird viel von „Flüssen" geredet, diesen Strömen der Gegenwart Gottes, die in steter Weise immer wieder kommen und in Wellen göttlicher Liebe und Erfrischung über das Volk Gottes hereinbrechen. Ich liebe es, wie jeder andere, in diesem „Fluss" zu sein, es ist großartig das fließende Wasser des Herrn zu trinken, erfrischt und vom Geist überflutet zu werden. Doch es gibt eine andere Quelle geistlichen Wassers, die ich fast genauso liebe, wie den „äußeren Fluss" Gottes.

Ich bin in einem kleinen Ort mit dreihundert Einwohnern, der im Staat Missouri liegt, aufgewachsen. Ich wurde sogar zuhause geboren und der ortsansässige Arzt sowie unsere Nachbarin halfen bei meiner Geburt. In meiner frühen Kindheit gab es in unserem Haus kein fließendes Wasser. Wir hatten einen Brunnen und mussten das Wasser mit einer Handpumpe heraufholen. Egal wie heiß es war, dieses Wasser, das tief aus dem Brunnen kam, war immer eiskalt und erfrischend. Ich kann mich noch gut daran erinnern, wie ich mit der Hand pumpen musste, bis das lebensspendende Wasser plätschernd in den Eimer lief.

Wir Christen sind in vielerlei Hinsicht wie Brunnen. Tief in uns gibt es einen „Raum" – ein „Brunnenhaus, wenn du so willst – und in diesem Raum befindet sich ein nie endender Vorrat mit „lebendigem Wasser". Die Quelle ist Gott selbst. Dieses Wasser meinte Jesus, als er mit der Samariterin am Jakobsbrunnen sprach und sagte: *„Wer aber von dem Wasser trinken wird, das ich ihm geben werde, den wird nicht dürsten in Ewigkeit; sondern das Wasser, das ich ihm geben werde, wird in ihm eine Quelle Wassers werden, das ins ewige Leben quillt"* (Johannes 4,14). Wenn wir dieses Wasser aus der Tiefe unsere Seele heraufholen – wenn wir unsere „Eimer füllen" –, werden nicht nur wir erneuert, erfrischt und wiederbelebt, sondern auch all jene, mit denen wir es teilen.

Der Herr sagt uns in Jesaja 12,3: *„Und mit Freuden werdet ihr Wasser schöpfen aus den Quellen des Heils."* Eine Quelle ist eine

Öffnung in der Erde, aus der unterirdische Wasser hervorquellen und herausfließen auf den Boden. In Johannes 7,38 prophezeit Jesus: *Wer an mich glaubt, wie die Schrift gesagt hat, aus seinem Leibe werden Ströme lebendigen Wassers fließen.* Er bezog sich auf die Quelle des Heiligen Geistes, der später seinen Jüngern gegeben wurde. Selbst die größten Flüsse beginnen als kleine, beinahe unbedeutende Quelle.

Wir müssen in uns gehen, um heraus gehen zu können

Für mich ist die Quelle ein Bild für das kontemplative oder betrachtende Gebet. Wenn ich meine Seele vor Gott zur Ruhe bringe, lasse ich meinen „Eimer" hinunter in die Tiefen meines Innern, wo er ihn mit seinem lebendigen Wasser füllt. Dann ziehe ich meinen Eimer wieder hinauf, damit das Wasser meinen Geist ernährt und überfließt, hin zu anderen Menschen. Ich muss in mich gehen, um herauszugehen. Aus eigener Erfahrung glaube ich, dass dies bedeutet „Christus, die Hoffnung der Herrlichkeit" in sich zu haben (siehe Kolosser 1,27).

Sobald wir es gelernt haben, uns an diesen geistlichen Brunnen der Ruhe und Kontemplation anzuschließen – in der wahren Gegenwart unseres Geliebten – werden wir feststellen, dass sich dort eine Quelle des Friedens, der Kraft und der Stabilität befindet, von der die Welt nichts weiß. Wir begegnen diesem Thema bei Jesaja immer wieder.

Jesaja 26,3
Bewährten Sinn bewahrst du in Frieden, in Frieden, weil er auf dich vertraut.

Jesaja 30,15
Denn so spricht der Herr, Herr, der Heilige Israels: Durch Umkehr und durch Ruhe werdet ihr gerettet. In Stillsein und in Vertrauen ist eure Stärke. Aber ihr habt nicht gewollt.

Jesaja 40,28-31
Hast du es nicht erkannt, oder hast du es nicht gehört? Ein ewiger Gott ist der Herr, der Schöpfer der Enden der Erde. Er er-

müdet nicht und ermattet nicht, unergründlich ist seine Einsicht. Er gibt dem Müden Kraft und dem Ohnmächtigen mehrt er die Stärke. Jünglinge ermüden und ermatten, und junge Männer straucheln und stürzen. Aber die auf den Herrn hoffen, gewinnen neue Kraft: sie heben die Schwingen empor wie die Adler, sie laufen und ermatten nicht, sie gehen und ermüden nicht.

Wir schließen uns an diese Quelle des inneren Lebens, des Friedens, der Stärke und der Zuversicht an, in dem wir es lernen, uns selbst zur Ruhe zu bringen und auf den Herrn zu warten. Um es anders auszudrücken: Wir müssen lernen, wie wir *täglich die Gegenwart Gottes erleben* können. Ich liebe es, mit einer Decke über dem Kopf zu beten, das ist meine bevorzugte Gebetsposition. Das hilft mir, so viele äußere Ablenkung von mir fern zu halten wie möglich, meinen Geist zur Ruhe zu bringen und in der Stille mit Gott Gemeinschaft zu haben, der in mir lebt. Es gibt Zeiten für aggressives Gebetspositionen während der Fürbitte und des geistlichen Kampfes, aber ich habe herausgefunden, dass die Effektivität meiner *äußerlichen* Aktivitäten im Verhältnis zur Tiefe meiner innerlichen Hingabe, der andächtigen Position Marias, steht.
Jesus sagte zu seinen Jüngern: *„An jenem Tag werdet ihr erkennen, dass ich in meinem Vater bin und ihr in mir und ich in euch“* (Johannes 14,20). Obwohl Jesus zur Rechten des Vaters sitzt, wohnt er durch den Heiligen Geist im Herzen eines jeden wiedergeborenen Gläubigen. Der Herr der Herrlichkeit hat sich entschieden in diesen „Tongefäßen“, die wir sind, zu leben, damit aus ihnen das herrliche Licht seiner manifesten Gegenwart leuchten kann. Wenn wir in uns gehen und in der Gemeinschaft mit ihm wachsen, lernen wir, das Wasser des Lebens in uns hervorzurufen und es nach außen fließen zu lassen, so dass es Leben und Nationen verändert.

„In uns gehen“ hilft uns, dass wir unseren Sinn auf Jesus richten

Martha Wing Robinson war eine Pionierin in der Pfingstbewegung, die sich persönlich sehr gut auskannte mit dem inneren Weg oder der inneren Reise. Als Gründerin des „Zion Faith Home“ war sie als eine Frau bekannt, durch die die Gegenwart Gottes sichtbar wurde. Hier ihre Gedanken zum „in sich gehen“.

Wenn Jesus sich Gefäße aussucht, die ihn lieben sollen, möchte er, dass sie ihn alle Zeit sehen, jeden Moment. In Ernsthaftigkeit sollen sie so von Augenblick zu Augenblick leben.
Zu Beginn einer solchen Erfahrung werden die meisten beten, loben und auf Gott warten. Sie haben Gemeinschaft mit ihm und sehen Jesus häufig in der Seele, wenn er an ihnen handelt.
Wenn sie in dieser Erfahrung wachsen, werden sie Gottes Gefäße, die er gebrauchen kann. Sie sehen mehr von ihm und er kommt mehr zu ihnen, wie er es mit all denen macht, die ihn von Herzen suchen.
Außerdem zieht er ihre Gedanken zu jeder Zeit zu sich. In jedem Augenblick, sorgt er dafür, dass sie ihn im Innern finden. Das ist der Beginn des inneren oder tieferen Lebens.
Sobald diese Veränderung eingetreten ist, lehrt er sie, entweder durch Lehrer oder Erkenntnis, wie sie „die Gegenwart Gottes erleben“ können. Das bedeutet nichts anders, als dass ihre Gedanken bei Jesus bleiben. Jeder Gedanke, jede Handlung, jedes Wort oder Gefühl, das abwandert, wird zurückgerufen durch den Willen des Gefäßes, das Gott liebt.
Wie auch immer, das ist ein Schutz. Oft geschieht es, dass sich der Verstand mit Dingen beschäftigt, die nicht von Gott sind. Bring deine Gedanken zurück zu Gott. Manche Wort sind nicht von ihm. Achte sofort auf solche Worte, sobald sie dir auffallen. Sieh in dich hinein und sage Jesus, dass er über deinen Willen, deine Handlungen, deine Gedanken und deine Worte regieren soll, wie er es möchte. Dann wird er nach dir sehen und dir helfen.
Du solltest auch wachen und beten, um in Gott zu bleiben und auf ihn warten. Lebst du für einige Zeit auf diese Weise, so wirst du innerlich verändert und lernst, bleibend auf diese Weise zu leben. Wenn du in dieser Niedrigkeit verweilst, ausruhst und darauf vertraust, alle Zeit in Gott zu bleiben, wird die freiwillige Entscheidung, in Gott zu verweilen, Gott zu sehen, an Gott zu

denken und darin zu bleiben, ein Werk des Heiligen Geistes sein. Dies ist die wahre Innerlichkeit, zu der jeder Christ berufen ist.[1]

David, der Hirtenkönig Israels kannte die Gegenwart Gottes

In der Gegenwart Gottes zu leben, in Gott zu verweilen, Gott zu sehen, an Gott zu denken – all das sind Beschreibungen des kontemplativen (betrachtenden) Gebets und Wartens in Stille vor dem Herrn. David, dem Hirtenkönig Israels, waren diese Praktiken vertraut, seine Psalmen beweisen das. Ich werde fortwährend durch das Leben und Beispiel Davids inspiriert und ermutigt. Wenn jemand, der wie er durch und durch menschlich und fehlerhaft war, sich einer so vertrauten Gemeinschaft mit Gott erfreuen konnte, dann weiß ich, dass es Hoffnung für uns alle gibt! David hat viele Fehler gemacht, er war ein Ehebrecher, Mörder und kein sehr erfolgreicher Vater und doch, trotz aller Fehler, war er ein Mann mit großem Glauben, der den Herrn mit seinem ganzen Herzen liebte.
Gott hatte David erwählt, um den ungehorsamen Saul als König Israels abzulösen. Als Samuel Saul wegen seines Ungehorsams zur Rede stellte, sagte er zu dem König: *„Nun aber wird dein Königtum nicht bestehen. Der Herr hat sich einen Mann gesucht nach seinem Herzen, und der Herr hat ihn zum Fürsten über sein Volk bestellt; denn du hast nicht gehalten, was der Herr dir geboten hatte“* (1.Samuel 13,14). Dieser Mann war David. Die Aussage *„nach seinem Herzen“* ist die wundervolle Beschreibung einer Person, die es genießt, mit Gott vertraute Gemeinschaft zu haben, und David entsprach dem genau.

Aus dem, was wir der Schrift entnehmen können und was die Psalmen über sein Herz offenbaren, können wir schließen, dass David offenbar die persönliche Gemeinschaft mit Gott in einer Weise genoss, die weit über das hinausging, was an geistlichem Verständnis und Vertrautheit in dieser Zeit üblich war. Nur einige Ausschnitte aus den Psalmen offenbaren die Kraft und Qualität seiner Beziehung aus eigener Sicht.

[1] From a teaching of the Zion Faith Home, Zion, Illinois.

Psalm 5,4
Herr, in der Frühe wirst du meine Stimme hören. In der Frühe rüste ich dir ein Opfer zu und spähe aus.

Psalm 25,4-5
Deine Wege, Herr, tue mir kund, deine Pfade lehre mich! Leite mich in deiner Wahrheit und lehre mich, denn du bist der Gott meines Heils; auf dich harre ich den ganzen Tag.

Psalm 27,4
Eins habe ich vom Herrn erbeten, danach trachte ich: zu wohnen im Haus des Herrn alle Tage meines Lebens, um anzuschauen die Freundlichkeit des Herrn und nachzudenken in seinem Tempel.

Psalm 34, 2-4 u. 9
Den Herrn will ich preisen allezeit, beständig soll sein Lob in meinem Munde sein. In dem Herrn soll sich rühmen meine Seele; hören werden es die Sanftmütigen und sich freuen. Erhebt den Herrn mit mir, lasst uns miteinander erhöhen seinen Namen! Schmecket und sehet, dass der Herr gütig ist!
Glücklich der Mann, der sich bei ihm birgt!

Psalm 54,6
Siehe, Gott ist mir ein Helfer; der Herr ist der, der meine Seele stützt.

Psalm 61,4-5
Denn du bist mir eine Zuflucht geworden, ein starker Turm vor dem Feind. Ich möchte weilen in deinem Zelt in Ewigkeit, mich bergen im Schutz deiner Flügel.

Psalm 62,2
Nur auf Gott vertraut still meine Seele, von ihm kommt meine Hilfe.

Psalm 63, 2, 4 u. 7

Gott, mein Gott bist du; nach dir suche ich. Es dürstet nach dir meine Seele, nach dir schmachtet mein Fleisch in einem dürren und erschöpften Land ohne Wasser... Denn deine Gnade ist besser als Leben; meine Lippen werden dich rühmen... wenn ich deiner gedenke auf meinem Lager, über dich nachdenke in den Nachtwachen.

Psalm 86,11

Lehre mich, Herr, deinen Weg: ich will wandeln in deiner Wahrheit! Fasse mein Herz zusammen zur Furcht deines Namens.

Psalm 139,1-3, 17 u. 23-24

Herr, du hast mich erforscht und erkannt. Du kennst mein Sitzen und mein Aufstehen, du verstehst mein Trachten von fern. Mein Wandeln und mein Liegen – du prüfst es. Mit allen meinen Wegen bist du vertraut... Für mich aber – wie schwer sind deine Gedanken, o Gott! Wie gewaltig sind ihre Summen!

Erforsche mich, Gott, und erkenne mein Herz. Prüfe mich und erkenne meine Gedanken! Und sieh, ob ein Weg der Mühsal bei mir ist, und leite mich auf dem ewigen Weg!

Psalm 143, 5-6

Ich gedenke der Tage der Vorzeit, überlege all dein Tun. Ich sinne nach über das Werk deiner Hände.

Zu dir breite ich meine Hände aus. Gleich einem lechzenden Land schmachtet meine Seele nach dir!

Psalm 145,5

Reden sollen sie von der herrlichen Pracht deiner Majestät, und deine Wunder will ich bedenken.

David freute sich an der vertrauten Liebe seines Hirten

Psalm 23 ist ohne Zweifel das Meisterstück in der „Galerie der Bilder“ Davids, die seine Beziehung zu Gott beschreiben. Seit fast dreitausend Jahren hat dieser Psalm die Lebenden ermutigt, die Sterbenden gestärkt und die Trauernden getröstet, und sicher ist er für alle diese Fälle anwendbar, doch ich glaube, dass er vor allem dazu geeignet ist, uns ein Bild für das Leben mit Gott hier und jetzt zu vermitteln.

David hatte eine vertraute Liebesbeziehung zu Gott. Diese Beziehung war durch eine lebenslange Praxis von Anbetung, Gebet und stiller Betrachtung (Kontemplation) gewachsen und sie hatte ihren Anfang während der langen Nächte, die David als Hirte seines Vaters auf den Feldern bei Bethlehem verbrachte. Die Bindung, die zwischen dem Hirten und seinen Schafen besteht und die David in Psalm 23 beschreibt, ist ein wunderbares Bild für die Liebe und das Vertrauen, das zwischen dem Herrn und denen, die sich zu ihm ziehen lassen, besteht. Für David war es die Darstellung seines Lebens, das er bereitwillig durch Anbetung und Hingabe an den Liebhaber und Beglücker seiner Seele „verschwendete".

„Der Herr ist mein Hirte, mir wird nichts mangeln" Zu Beginn erklärt David klar und direkt das Wesen dieser Beziehung. Der Herr *ist* sein Hirte, da gibt es keinen Zweifel und keine Ungewissheit. Der, der selbst ein Hirte gewesen ist, schreibt nun aus der Sicht des Schafs. Schafe sind in Bezug auf Nahrung, Wasser, Schutz und Sicherheit sogar, wenn es um das Leben selbst geht, total vom Hirten abhängig. Sie sind im Grunde genommen hilflose und bedürftige Geschöpfe. Geistlich gesehen sind wir Menschen ebenfalls hilflos und abhängig von Gott, wie Schafe von ihrem Hirten. In vielerlei Hinsicht sind auch wir genauso hilfsbedürftig, auch wenn viele von uns nicht erkennen oder zugeben wollen, wie abhängig sie in allen Dingen vom Herrn sind.

Dies ist gleichzeitig eine Aussage über Besitzverhältnisse, wenn der Herr unser Hirte ist, bedeutet dies, dass er uns *besitzt.* Er hat uns mit einem Preis erkauft. In Johannes, Kapitel 10, heißt es, dass Jesus „der gute Hirte" ist, der sein Leben für seine Schafe gibt (siehe Johannes 10, 11). Er hat uns mit seinem eigenen Blut erkauft und nun gehören wir ihm. Für David war die Tatsache, dass er Gott gehört eine Quelle großer Freude und so sollte es auch bei uns sein. Der große englische Prediger Charles Spurgeon erklärt es wie folgt:

David vergleicht sich selbst mit einem schwachen, wehrlosen und verwirrtem Geschöpf und macht Gott zu seinem Versorger, Bewahrer, Führer und natürlich zu dem, der ihm alles ist. Niemand hat das Recht, sich als Schaf des Herrn zu bezeichnen, es sei denn, dass sein Wesen erneuert wurde, denn die Schrift bezeichnet einen Unbekehrten nicht als Schaf, sondern als Wolf oder Bock. Ein Schaf gilt als Zeichen des Wohlstands, nicht jedoch ein wildes Tier. Für seinen Besitzer stellt es einen großen Wert da und gelegentlich wurde es für einen hohen Preis gekauft. Es ist wichtig, dass wir, so wie David, wissen, dass wir dem Herrn gehören. Diese Aussage enthält eine prächtige Zuversicht. Da gibt es kein wenn und aber, auch kein „ich hoffe", sondern es heißt: „Der Herr *ist* mein Hirte".[2]

Phillip Keller schreibt in seinem Klassiker „A Shepherd Looks at Psalm 23" (Psalm 23 mit den Augen eines Schafhirten): „David.. sprach mit einem starken Ausdruck von Stolz, Hingabe und Bewunderung. Es war so, als ob er buchstäblich mit lauter Stimmer prahlte: 'Seht her, wer mein Hirte ist mein Besitzer, mein Boss!' Es ist der Herr!"[3] In einem solchen Moment, wenn wir in der Stille mit Gott von Geist zu Geist kommunizieren, geschieht das, was wir in Römer 8,16 lesen: *„Der Geist selbst bezeugt zusammen mit unserem Geist, dass wir Kinder Gottes sind."*
David wusste, dass der Herr als sein Hirte jeder Not begegnen würde, und deshalb konnte er mit Zuversicht verkünden: *„Mir wird nichts mangeln!"* Ob es sich nun um weltliche oder geistliche Nöte handelt, unser Hirte, der großartige Liebhaber unsere Seele, wird jede Not ausfüllen, wenn wir ihm vertrauen. Phillip Keller sagt, dass das Wort „mangeln" mehr bedeutet, als das „etwas fehlt". Dahinter steckt der folgender Gedanke: „Absolut zufrieden zu sein mit der Pflege oder Sorgfalt des Guten Hirten und darüber hinaus kein anderes Verlangen oder Sehnsucht nach anderen Dingen zu entwi-

---

[2] „The Treasury of David, Psalms 1-57", Charles H. Spurgeon Electronic Edition STEP Files, Hiawatha, IA: Parsons Technology, Inc., 1997.

[3] „A Shepherd Looks at Psalm 23", Phillip Keller, Grand Rapids, MI, Zondervan Publishing House, 1970, Seite 17.

ckeln."[4] Die Versorgung unseres Hirten geht über die täglichen Bedürfnisse hinaus, er versorgt uns mit *sich selbst.* Wenn der Herr unser Hirte ist, dann füllt er uns mit seiner Gegenwart und befriedigt unser tiefstes Verlangen und unsere größten Sehnsüchte, so dass wir nur noch ihn wollen und nichts und niemanden anders. Gott befriedigt uns, weil er, wie es jemand vor einigen Jahren ausdrückte, die „Gott geformte Lücke" in jedem von uns ausfüllt, die nur er ausfüllen kann.

In der Ruhe unserer Seele auf den Herrn zu warten, bringt uns zu folgender Erkenntnis: Wenn wir ihn haben, haben wir *alles.* Mehr brauchen wir nicht, niemand sonst kann unseren Körper, unsere Seele und unseren Geist vollkommener ausfüllen. Ich habe vor langer Zeit etwas von den Veteranen, die uns im Wandel mit dem Herrn vorangegangen sind, gelernt: Je länger wir mit Christus gehen, desto einfacher und klarer rückt die Erkenntnis in den Mittelpunkt, dass Jesus alles ist. Die tiefste und doch einfachste Wahrheit der Schrift ist: Jesus Christus, gekreuzigt und auferstanden. Damit ist alles gesagt. In ihm sind wir vollkommen. Das ist solange schwer für uns zu verstehen oder wirklich zu glauben, bis wir uns gedanklich oder gefühlsmäßig nicht mehr von der Welt anziehen oder ablenken lassen. Wenn der Herr uns abseits zu einem Ort der Stille ruft, wo wir seine leise, sanfte Stimme hören, wissen wir ohne jeden Zweifel, dass er alles ist, was wir brauchen. An diesem Ort werden wir „von ihm verschwendet" und danach „unser Leben für Jesus verschwenden".

David kannte das Geheimnis der stillen Wasser und grünen Auen

„Er lagert mich auf grünen Auen, er führt mich zu stillen Wassern." Als Hirte wusste David, dass es wichtig ist, dafür zu sorgen, dass seine Herde ausreichend Futter und genügend frisches klares Wasser hat. Schafe gedeihen am besten in einer dürren, halbvertrockneten Umgebung, und unter diesen Bedingungen kann es schwer sein, „grüne Auen" und „stille Wasser" zu finden. Es ist die Aufgabe des Hirten, solche Orte zu finden und seine Herde sicher

[4] ebenda, Seite 26.

dorthin zu führen. David vertraut seinem großen Hirten, dem Herrn, und war mit seiner Versorgung und Fürsorge vollkommen zufrieden. Solch ein Vertrauen entsteht aus einer innigen Beziehung und Freundschaft.
Die Worte Davids haben eine tiefere Bedeutung als man es auf den ersten Blick annimmt. Die Herde zu stillen Wassern und auf grüne Auen zu führen, erfordert beständige und geduldige Aufmerksamkeit des Hirten. Phillip Keller gibt uns einige interessante Einsichten in die besonderen Bedürfnisse der Schafe.

> Schafe sind ein wenig seltsam, aufgrund ihrer Beschaffenheit ist es nahezu unmöglich, sie dazu zu bewegen, sich niederzulegen, wenn nicht vier Voraussetzungen erfüllt sind.
> Schafe sind sehr furchtsame Tiere und sind nicht bereit sich niederzulegen, solange sie Angst haben.
> Aufgrund ihres sozialen Gefüges in einer Herde, legen sich Schafe erst dann nieder, wenn jegliche Spannung innerhalb der Herde gewichen ist.
> Wenn sie von Fliegen und Parasiten gequält werden, lassen sich Schafe ebenfalls nicht nieder. Sie entspannen sich erst, wenn die Plage beseitigt ist.
> Und schließlich werden sich Schafe nicht niederlegen, wenn sie auf Nahrungssuche sind. Sie müssen gesättigt sein.[5]

Es ist bemerkenswert, dass eine Atmosphäre ohne Angst, Spannung, Belästigung und Hunger notwendig ist, um zur Ruhe zu kommen. Das besondere an diesem Bild ist, dass nur der Hirte selber diese stressfreie Umgebung schaffen kann. Es hängt alles von der Hingabe des Besitzers ab, ob seine Herde frei von störenden Einflüssen ist oder nicht.

Die Vorteile

Die „störenden Einflüsse" von „Angst, Spannung, Belästigung und Hunger" weichen, wenn wir in der Ruhe unseres Geistes das Ange-

---

[5] „A Shepherd Looks at Psalm 23", Phillip Keller, Grand Rapids, MI, Zondervan Publishing House, 1970, Seite 35-36.

sicht und den Charakter des Hirtens und Liebhabers unseres Herzens, anschauen. Er führt uns zu den nahrhaften grünen Auen seines Wortes und zu den stillen Wassern seines Geistes, wo wir Ruhe finden für unsere Herzen. Hier stärkt Er uns, erneuert uns und umgibt uns mit Seiner Liebe und das nicht nur um unsertwillen: Wir sollen wiederhergestellt und zugerüstet werden, damit andere Schafe zur Herde hinzugefügt werden können. Charles Spurgeon, der mit den Wegen seines Hirten vertraut war, schreibt:

> Das Leben eines Christen hat zwei Betonungen, eine kontemplative (betrachtende) und eine aktive Ausrichtung, und für beide ist reichlich gesorgt. *„Er weidet mich auf grünen Auen."* Was, außer dem Wort der Wahrheit, das immer frisch und reichlich vorhanden ist, könnten diese *Auen* sonst sein? Satt und reichlich sind die Lehren des Evangelium. Es ist Nahrung für das Herz, so wie das zarte Gras auf der Weide für die Schafe. Wenn wir durch den Glauben befähigt werden, Ruhe in seinen Verheißungen zu finden, sind wir wie Schafe, die sich im Gras niederlassen...
> Die andere Betonung eines dynamischen Christenlebens besteht aus einem gnadenvollen Handeln. Wir denken nicht nur, sondern handeln auch. Wir liegen nicht nur, um zu ruhen, sondern wir sind auch auf einer Wanderung zur Vollendung, denn wir lesen: *„Er führt mich zu stillen Wassern."* Was sonst sind diese *stillen Wasser,* als der Einfluss und die Gnaden seines gesegneten Geistes? Sein Geist führt uns durch verschiedene Prozesse, verschiedene Gewässer in denen wir gereinigt, erfrischt und fruchtbar werden und zur Wertschätzung gelangen. Das sind stille Gewässer, denn der Heilige Geist liebt Frieden und „posaunt" sein Handeln mit uns nicht laut herum...
> Ich entdecke in heiliger Ruhe des Verstandes meinen Himmel und finde dort meinen Gott...
> Stille Wasser sind tief... Schweigen ist wirklich Gold, denn hier begegnet der Heilige Geist den Herzen der Heiligen. Der Geist Gottes führt seine auserwählten Schafe nicht an die Flüsse des Streits, sondern an friedliche Ströme Heiliger Liebe... Unser Herr führt uns zu *„stillen Wassern"*, denn wir würden den Weg selbst

nicht finden, sondern wir brauchen seine Führung und deshalb heißt es: Er führt mich.[6]

Beides war angenehm in den Augen des Herrn, sowohl das geschäftige Handeln Martas als auch, dass Maria zu Jesu Füßen saß (siehe Lukas 10,38-42). Kontemplation und Handeln sind die beiden Seiten einer Medaille und wir brauchen sie beide, um ein ausgewogenes christliches Leben zu führen. Nathanael Hardy, ein früherer Bibelgelehrter, schrieb: „Die ruhende Maria und die rastlose Marta sind ein Beispiel für Kontemplation und Handeln, und wie die beiden gemeinsam in einem Haus gelebt haben, so muss es auch im Herzen sein.“[7] Kontemplation ist inwendig und das Handeln geht nach außen. Wenn die innere Betrachtung nicht in äußeres Handeln mündet, kommt es zum Stillstand und in der Folge zum Tod, so wie das Wasser im toten Meer, das keinen Ausfluss hat. Wenn andererseits das äußere Handeln nicht aus der inneren Schau hervorgeht, wird es an Offenbarung fehlen.
Stille ist der Brutkasten für den Geist der Offenbarung. Möchtest du Gott besser Hören? Möchtest du mehr mit ihm reden? Dann vertraue dem guten Hirten, lass dich an grünen Auen nieder und ruhe an stillen Wassern aus.

Wir werden niemals Ruhe finden bis wir Ruhe in Gott finden

In unserer schnelllebigen, sich überschlagenden Fastfood-Gesellschaft können wir uns am besten an stillen Wassern erholen. Schlichtheit und Stille sind in unserer Gesellschaft verloren gegangene Eigenschaften. Auch unter den Christen ist dies so, was eine der Ursachen dafür ist, warum so viele Christen klagen, dass Gott ihnen so weit entfernt und unwirklich scheint. Wir brauchen eine neue Betonung dieser Facette unseres geistlichen Lebens. Es ist hohe Zeit, die Macht des kontemplativen Lebensstils wieder zu entdecken, zu den stillen Wassern zu gehen und uns von Gott wiederherstellen zu lassen.

---

[6] „The Treasury of David, Psalms 1-57“, Spurgeon,
[7] Nathanael Hardy, zitiert bei Spurgeon, „The Treasury of David, Psalms 1-57“.

Stell dir vor, du gehst spazieren und setzt dich an den Rand eines Flusses oder eines klaren Baches. Nachdem du dich hingesetzt hast, ziehst du deine Schuhe aus und steckst deine Füße in das kalte, fließende Wasser. Am Anfang ist es wegen des Temperaturunterschieds sehr kalt an deinen Füßen, aber nach einer Weile hast du dich daran gewöhnt, und das Wasser ist angenehm und entspannend. Ein solches Erlebnis ist mehr als nur eine Bildbetrachtung, es kann eine tiefgehende Erfahrung werden.
Ja, er führt uns zu stillen Wassern, und dort erfrischt er unsere Seele. Brauchst du eine Abkühlung? Dann drück mal wieder für einen Moment die Pausentaste, tauche in den Ozean der Liebe hinein und ruh dich ein wenig aus. Dann wirst du erfrischt und kannst danach wieder aufstehen und weiter deines Weges gehen.

Ruhe – der Weg zur innigen Beziehung

Davids Leben war voller Höhen und Tiefen, voller Berge und Täler. Er sündigte viel und fand viel Vergebung. Die meiste Zeit regierte er weise und gut, aber manchmal handelte er erschreckend unklug. Er erlitt Familientragödien, Spaltungen, Intrigen und Rebellion, aber er brachte auch einen Sohn als Thronfolger hervor, welcher der weiseste Mann wurde, der je gelebt hat. In allem blieb das Herz Davids fest auf seinen Hirten ausgerichtet, dem Liebhaber seines Herzens, der ihn von den Feldern seines Vaters weggerufen hatte, damit er als „Hirte“ die Nation regiere. David erlebte dadurch Gott in einer innigen Weise und Gemeinschaft, wie wohl kein anderer zu seiner Zeit.
Welche Bedeutung maß David dem zu? Wie dachte David über seine Beziehung zu Gott? Ich finde eine der schönsten Beschreibungen dafür ist in Psalm 16 zu finden.

> Psalm 16,5-11
> Der Herr ist das Teil meines Erbes und mein Becher; du bist es, der mein Los festlegt. Die Messschnüre sind mir gefallen auf liebliches Land; ja, mein Erbteil gefällt mir. Ich preise den Herrn, der mich beraten hat, selbst des Nachts unterweisen mich meine Nieren. Ich habe den Herrn stets vor Augen; weil er zu meiner Rechten ist, werde ich nicht wanken. Darum freut sich mein Herz

und frohlockt meine Seele. Auch mein Fleisch wird in Sicherheit ruhen. Denn meine Seele wirst du dem Scheol nicht lassen, wirst nicht zugeben, dass dein Frommer die Grube sehe. Du wirst mir kundtun den Weg des Lebens; Fülle von Freuden ist vor deinem Angesicht, Lieblichkeiten in deiner Rechten immerdar.

Ich habe einmal meinen guten Freund, Mahesh Chavda, gefragt: „Mahesh, ich weiß, dass du die Stimme des Geistes Gottes hörst. Wie erlebst du das?" Er lachte und sagte: „Jim, je näher ich dem Herrn komme, desto zarter wird sie."
Das ist so wahr, je näher wir dem Herrn kommen, desto zarter wird seine Stimme. Es wird leichter, seine Stimme zu erkennen, wenn wir es lernen, besser zu hören. Es ist immer ein Gehen im Glauben. Manchmal scheint es, als ob nichts geschieht, aber in Wirklichkeit „saugen" wir seine Gegenwart buchstäblich auf. Und dann, wenn wir es am wenigsten erwarten, zu Gottes Zeitpunkt, öffnet er die Tore, und eine Flut von Segnungen und Herrlichkeit kommt hervorgeströmt, und wir hatten keine eine Ahnung davon, dass sie dort aufbewahrt waren.
Ich denke David hat es wunderbar zusammengefasst, als er schrieb:

Psalm 37, 7-8 u.11
„Sei still dem Herrn und harre auf ihn!.. Entrüste dich nicht! Es führt nur zum Bösen... Aber die Sanftmütigen werden das Land besitzen und werden ihre Lust haben an Fülle von Heil."

Gott hat uns zur innigen Gemeinschaft mit ihm geschaffen, und wir werden niemals mit weniger zufrieden sein. David wusste das, deshalb liebte er ihn und hing von ganzem Herzen am Herrn. Der Herr ruft uns auf, das gleiche zu tun. Das ist der Grund unseres Hierseins und unsere Bestimmung. Vielleicht hat das niemand besser ausgedrückt als Augustinus:

Oh, Gott, du hast uns für dich geschaffen und unser Herz ist ruhelos, suchend, bis es Ruhe findet in dir.[8]

---

[8] Augustinus zitiert in Keller, „A Shepherd looks at Psalm 23, Seite 51.

Jesus hat es so ausgedrückt: *„Die Füchse haben Höhlen und die Vögel des Himmels Nester, aber der Sohn des Menschen hat nicht, wo er das Haupt hinlege“* (Matthäus 8,20). Es ist wahr, wir werden keine Ruhe finden bis wir Ruhe in Gott finden. Aber auch das ist wahr: Wir sollen ein Ruheort Gottes sein.
Komm mit mir zu den stillen Wassern und lass uns ihm einen Ort geben, wo er sein Haupt hinlegen kann – bei seinen Geliebten.

Fragen

1. Hast du schon einmal deine Füße in einen kühlen Bach gesteckt? Wie war das für dich?
2. Was tust du, wenn du beim Beten abgelenkt wirst?
3. Was hat Jesus mit der Aussage gemeint: „Aus deinem Innersten werden Ströme lebendigen Wassers fließen“?

Empfohlene Literatur

„A Shepherd looks at the Twenty third Psalm“, Phillip Keller, Zondervan Publishing House, 1970.
„Consecrated Contemplative Prayer“, Jim W. Goll, Ministries to the Nations, 2000.
„Enjoying the Presence of God“, Martyn Lloyd-Jones, Servant, 1991.

Kapitel 6

Im Auge des Sturms

Ein Orkan hat eine sehr gefährliche und zerstörerische Kraft. Wolkenbrüche verbunden mit starken Winden, die mit einer Geschwindigkeit von dreihundert Stundenkilometern über Inseln und Küstengebiete hinwegfegen, können diese völlig vernichten und viele Menschen das Leben kosten. Im Jahr 1900 fegte ein Orkan über die Insel Galveston, die zu Texas gehört, hinweg und zerstörte den größten Teil der Insel. Völlig unvorbereitet wurden mehr als zehntausend Bewohner vom Sturm weggerissen.

Ein besonderes Merkmal ist das Auge eines Orkans, ein Zentrum der Ruhe, während der Regen und der Wind drumherum wirbeln. Viele Menschen, die einen Orkan miterlebt haben, beschreiben das Auge des Sturms als eine Furcht einflößende Zeit der unnatürlichen Stille. Der Wind wird plötzlich still, der Regen hört auf, der Himmel wird hell und es herrscht für einige Stunden Ruhe, bis das Ende des Sturms losbricht und Wind und Regen in die entgegengesetzte Richtung gedrückt werden.

Auch im Reich Gottes existiert inmitten eines jeden Orkans ein Auge oder Zentrum der Stille, genauso wie in der Natur. Es gibt einen Zufluchtsort zu dem wir vor den Stürmen und dem Druck des Lebens fliehen können. So wie sich bei der Stiftshütte Moses eine fortschreitende Entwicklung vom Vorhof in das Allerheiligste vollzieht, ist es auch jedem Gläubigen möglich, von den Stürmen des Lebens, zum Ort der stillen Gemeinschaft im Geist zu gelangen. Das ist der Ort in dem Gott wohnt, und wo vollkommener Friede herrscht.

Wie gelangen wir dorthin? Wie kommen wir von dem Durcheinander in unseren Gedanken und der Geschäftigkeit unseres Lebens zum Zentrum der Stille? Ich habe dazu bereits einiges in den vorhergehenden Kapiteln erwähnt, aber ich möchte gerne einige praktische Hinweise zu dieser Entwicklung geben. Obwohl es letztendlich der Herr selbst ist, der uns zu ihm ins Zentrum der Stille führt, gibt es einige konkrete Dinge, die wir tun können, um uns sowohl körperlich als auch seelisch vorzubereiten.

Fünf Schlüssel, um zur Stille zu gelangen

In ihrem wunderbaren Buch „Communion with God" (Gemeinschaft mit Gott) geben Mark und Patti Virkler einige sehr praktische Hinweise, um in die innere Ruhe zu kommen. Diese Hinweise beziehen sich auf die körperliche, seelische und geistliche Vorbereitung.

> Die fünf Schlüssel zur inneren Ruhe sind körperliche Entspannung, konzentrierte Aufmerksamkeit, loslassen können, Empfänglichkeit und spontanes, freies Fließen. Das Gegenteil dieser Eigenschaften sind Anspannung, Ablenkung, Kontrolle, Aktivismus und Analyse.
> Meditation wird in der Schrift durchgehend empfohlen, und jedes dieser genannten Elemente führt dort hin.[1]

Der erste Schlüssel ist **körperliche Entspannung**[2]. *„Also bleibt noch eine Sabbatruhe dem Volk Gottes übrig. Denn wer in seine Ruhe eingegangen ist, der ist auch zur Ruhe gelangt von seinen Werken wie Gott von seinen eigenen. Lasst uns nun eifrig sein, in jene Ruhe einzugehen, damit nicht jemand nach demselben Beispiel des Ungehorsams falle!* (Hebräer 4,9-11). *Welchen aber schwor er, dass sie nicht in seine Ruhe eingehen sollten, wenn nicht denen, die ungehorsam gewesen waren? Und wir sehen, dass sie wegen des Unglaubens nicht hinein gehen konnten* (Hebräer 3,18-19). Es braucht Glauben und Gehorsam, um in Gottes Ruhe einzugehen. Körperliche Entspannung ist ein guter Anfang. Das geschieht nicht einfach so, sondern wir müssen das bewusst planen. Einige Kennzeichen körperlicher Entspannung sind ein gleichmäßiger Herzschlag, Ruhe, leichtes Atmen, entspannte Muskeln und fehlende Anspannung.

Konzentrierte Aufmerksamkeit ist ein weiteres Element für den kontemplativen Lebensstil. *Deshalb lasst nun auch uns... jede Bürde und die uns so leicht umstrickende Sünde ablegen und mit*

---

[1] Mark und Patti Virkler, „Communion with God", Shippensburg, P.A, Destiny Image Publishers, Inc., 1990, Seite 49.

[2] Die Beschreibung aller fünf Schlüssel zur Meditation in diesem Abschnitt sind dem Buch „Communion with God", Seite 49-52, entnommen.

Ausdauer laufen... indem wir hinschauen auf Jesus, den Anfänger und Vollender des Glaubens...(Hebräer 12,1-2). *Wahrlich, wahrlich, ich sage euch: Der Sohn kann nichts von sich selbst tun, außer was er den Vater tun sieht; denn was der tut, das tut ebenso auch der Sohn* (Johannes 5,19). Wir sollen unsere inneren Augen auf Jesus, den Liebhaber unseres Herzens, richten. Merkmale konzentrierter Aufmerksamkeit sind geordnete Gedanken, ein klarer, konzentrierter Verstand, der sich nicht leicht ablenken lässt und eindeutige Prioritäten und Ziele.
Der dritte Schlüssel ist **loslassen können**. *Seid stille und erkennt, dass ich Gott bin* (Psalm 46,10). *Seid um nichts besorgt, sondern in allem sollen durch Gebet und Flehen mit Danksagung eure Anliegen vor Gott kundwerden; und der Friede Gottes, der allen Verstand übersteigt, wird eure Herzen und eure Gedanken bewahren in Christus Jesus* (Philipper 4,6-7). Zu den typischen Merkmalen des Loslassens gehört es, dass wir nicht von unserem Verlangen getrieben werden, sondern seelisch unabhängig von Problemen und Situationen sind, die wir sowieso nicht ändern oder beeinflussen können, und dass wir geduldig sind.
Der vierte Schlüssel ist **Empfänglichkeit**. *Bleibt in mir und ich in euch! Wie die Rebe nicht von sich selbst Frucht bringen kann, sie bleibe denn am Weinstock, so auch ihr nicht, ihr bleibt denn in mir* (Johannes 15,4-5). Die einzige Möglichkeit, dem Herrn gegenüber empfänglich zu werden und zu bleiben, besteht darin, dass wir sozusagen an ihm „kleben". Die Eigenschaften von Empfänglichkeit beinhalten ein Wahrnehmen, dass Gott durch uns fließt, ein Anerkennen, dass alle unsere Fähigkeiten, Kraft, Weisheit und unser Verständnis von Gott kommen sowie ein Bewusstsein unserer völligen Abhängigkeit vom Heiligen Geist in unserem Alltag.
Der fünfte und letzte Schlüssel ist das **spontane Fließen**. *Wer an mich glaubt, wie die Schrift gesagt hat, aus seinem Leibe werden Ströme lebendigen Wassers fließen. Dies aber sagte er von dem Geist, den die empfangen sollten, die an ihn glaubten* (Johannes 7,38-39). Der Strom lebendigen Wassers hat seine Quelle in Gott, aber er wird in uns natürlich und spontan hervorfließen wie bei einem Fluss, der aus einer natürlichen Quelle hervorbricht. Charak-

teristisch für den spontanen Fluss sind Sensibilität und die Bereitschaft, inneren Eindrücken zu folgen, eine Wahrnehmung und Ausdruck innerer Kreativität sowie eine Widerwilligkeit gegen Klischeevorstellungen.
Der Herr hat einen Strom lebendigen Wassers – den Heiligen Geist – in jeden einzelnen von uns gelegt. Er möchte, viel mehr als wir selber, dass dieser Strom hervorbricht. Wir gelangen in diesen Strom in dem wir in das Zentrum der Stille hineingehen. Dort können wir beten, dass das Wasser des Geistes nicht nur tropft, sondern dass es mit Wucht aus uns hervorkommt, damit wir ein gut bewässerter Garten und ein Ort der Erholung werden, an dem der lebensspendende Strom des Herrn andere Menschen erfrischen kann.

Gebet ist Freundschaft mit Gott

Jede Freundschaft durchläuft verschiedene Entwicklungsstufen. Das Gleiche trifft auf unsere Freundschaft mit Gott zu. Wir entwickeln uns stetig nach vorne, hin zum völligen Einssein mit Gott. Das war das Thema der inneren Burg von Teresa von Avila.
Vielleicht können wir Gebet als „den Austausch von Zärtlichkeiten zweier Liebenden" bezeichnen.[3] Das klingt schockierend intim und liegt wahrscheinlich daran, dass wir immer noch Probleme damit haben, uns eine solch vertraute Beziehung zum Herrn vorzustellen. Viele Christen empfinden nicht, dass Gott sie *wirklich* liebt. Falls es dir genauso geht, will ich dir sagen, dass deine Gefühle nicht wahr sind. Gott liebt dich weitaus mehr als du es dir vorstellen kannst. Seine Liebe zu uns ist grenzenlos! Es wird eines der herrlichsten Dinge im Himmel sein, in Ewigkeit die ewige Liebe unseres ewigen Gottes zu erfahren.
Bis dahin haben wir auf der Erde die Möglichkeit Gottes *Freunde* zu werden. Es gibt fünf Schritte innerhalb einer Freundschaft[4] die sowohl für eine irdische als auch für unsere Freundschaft mit Gott Gültigkeit haben. Der erste Schritt ist eine allgemeine Phase, hier reden wir über allgemeine Dinge, wie das Wetter, Sport, Hobbies,

---

[3] Virkler „Communion with God, Seite 54.
[4] ebd.

Politik usw. Es ist ein oberflächliches Reden, aber es ist die Voraussetzung für eine tiefere Beziehung. Im zweiten Schritt beginnen wir einander zu vertrauen und erzählen einige unserer persönlichen Gedanken und Gefühle. Wenn die Freundschaft sich entwickelt kommen wir zum dritten Schritt, dem tiefen Vertrauen. Hier erzählen wir unsere Träume, Fehler und Frustrationen. Die Freundschaft ist nun so stark, dass wir uns verletzbar machen. Schritt vier ist der erste vertraute Moment indem wir still mit einem Freund zusammen sitzen und eine Gegenwart spüren, die über Worte hinaus geht. Im letzten Schritt werden wir mit unserem Freund eins, wir fühlen wie er fühlt und handeln wie er handelt.

Jesus sagt: *Ich nenne euch nicht mehr Sklaven, denn der Sklave weiß nicht, was sein Herr tut; euch aber habe ich Freunde genannt, weil ich alles, was ich von meinem Vater gehört, euch kundgetan habe* (Johannes 15,15). Was für ein Segen und Vorrecht ist es, des Herrn Freund genannt zu werden. Im Gebet kommen wir zu unserem besten Freund. Sowie Mark und Patti Virkler sagen: „Gebet bedeutet nicht, etwas zu tun, sondern mit Jesus zusammen zu sein und mit ihm eins zu werden, bis ich ihm ähnlich werde."[5]

Anders formuliert: Gebet ist ausgedrücktes Verlangen. In jedem Anliegen, in jeder Bitte, in all unserem Flehen und „Gott an sein Wort erinnern", sollen unsere Gebete vor Gott kund werden und damit unser Verlangen nach mehr von ihm ausdrückt werden.

Wir sollen beständig seine Hand festhalten, während wir im Glauben weiter nach vorne gehen. Voran zu gehen bedeutet an seiner Hand, Sicherheit, Schutz, Kraft und Zuversicht zu erleben, während wir anderen, als Ausdruck unseres Glaubens, dienen.

Jesus kannte den Wert der Stille

Ein anderer Weg zum „Zentrum der Stille" ist das sogenannte Ruhegebet. Es gibt drei bekannte Praktiken, die uns zum Ruhegebet führen: Alleinsein, Stille und innere Sammlung.

---

[5] Virkler „Communion with God, Seite 55.

Viele Menschen meiden das Alleinsein aus Angst vor Einsamkeit. Sie haben entdeckt, dass in Zeiten der Stille und des Alleinseins plötzlich die innersten Ängste und Zweifel an die Oberfläche drängen oder dass sie ein schlechtes Gewissen anklagt. Vielleicht verdeutlicht ihr Alleinsein auf einmal ihr Entferntsein von Gott oder die Leere ihres Lebens, auf jeden Fall finden sie Alleinsein unangenehm.

Ich glaube, dass wir in der Gemeinde die Segnungen des Alleinseins wieder entdecken müssen. Gezielt Zeiten alleine mit Gott zu verbringen, ist nicht nur gut für unser Innenleben, sondern es ist auch biblisch. Jesus lehrte dies als Vorbild und als Anweisung.

> Markus 1,35
> Und frühmorgens, als es noch sehr dunkel war, stand er auf und ging hinaus und ging fort an einen einsamen Ort und betete dort.

In seinem Buch, „A Center of Quiet: Hearing God When Life Is Noisy“ (Das Zentrum der Ruhe: Gott im Lärm des Alltags hören), schreibt der anglikanische Priester David Runcorn:

> Er (Jesus) machte Alleinsein und Stille zu seinen besonderen Begleitern. Er fand immer die Zeit sich zu verbergen und alleine zu sein, unabhängig davon welche Anforderungen an ihn gestellt wurden. Anstrengende Zeiten des Lehrens und Dienens wurden immer wieder von Zeiten der Ruhe unterbrochen. Auf fast alle wichtigen Momente seines Lebens bereitete er sich in der Einsamkeit vor. Sein Dienst begann in der Wüste (Markus 4,1-11). Er wählte seine Jünger aus, nachdem er die Nacht allein im Gebet verbracht hatte (Lukas 6,12). Als Johannes der Täufer starb, verbrachte Jesus Zeit allein (Matthäus 14,12). Vor seiner Verklärung und der dunklen Zeit des Kreuzes finden wir ihn alleine im Gebet (Matthäus 17,1-9 und 26,36-46). Die tiefen Quellen des Lebens des Geistes belebten, der Wille des Vaters stärkte und die Liebe des Vaters erfrischten ihn an den einsamen Orten.
>
> Er lehrte seine Jünger das Gleiche zu tun. Nach einer besonders intensiven Zeit des Lehrens und Dienens sagte er zu ihnen: *„Kommt, ihr selbst allein, an einen öden Ort und ruht ein wenig*

aus!"... Und sie fuhren in einem Boot allein an einen öden Ort (Markus 6,31-32).[6]

Jeder braucht Zeit mit Gott alleine

Jesus ordnete Alleinsein an:

> Matthäus 6,6
> Wenn du aber betest, so geh in deine Kammer, und nachdem du deine Tür geschlossen hast, bete zu deinem Vater, der im Verborgenen ist! Und dein Vater, der im Verborgenen sieht, wird dir vergelten.

Erinnerst du dich daran, dass ich sagte, das „Haus des Vaters" ist in uns und hat „viele Räume"? Je mehr wir uns in den „inneren Raum" zurückziehen, um Gemeinschaft mit dem Herrn zu haben, desto mehr „Räume" werden wir in unserem Herzen entdecken. Räume, die uns befähigen, Lasten zu tragen, die er uns gibt. Meine Frau hat das vor einigen Jahren gelernt. Eines Tages kam der Heilige Geist so stark auf sie und erfüllte sie derart, dass sie dachte, sie erträgt es nicht mehr. Dann begann der Herr ihr Fragen zu stellen: „Kannst du noch mehr für Deutschland tragen?" „Kannst du noch mehr für Albanien tragen?" „Kannst du mehr tragen?" „Kannst du mehr tragen?" Nach jeder Frage schaute sie in ihr Herz und entdeckte einen neuen Raum, von dem sie vorher nicht wusste, dass es ihn gab. Sie entdeckte, dass sie mehr tragen konnte, und der Herr füllte diese Räume mit einem Teil seines Herzens, einer Last für die Menschen in diesen Nationen.

Es ist ganz einfach: Je mehr Zeit wir in unserem „inneren Raum" verbringen, desto mehr wächst unsere Kapazität zum Beten. Je mehr wir uns dem Herrn im Gebet hingeben, desto mehr kann er uns von seinem Herzen anvertrauen.

Alleinsein hilft uns, unsere Herzen auf Gott auszurichten. Dallas Willard schreibt in seinem Buch „The Spirit of Disciplines" (Der Geist der Disziplin):

---

[6] David Runkorn, „A Center of Quit: Hearing God When Life is Noisy", Downers Grove, IL, Inter Varsity Press, 1990, Seite 4 u. 5.

Wir müssen es neu betonen, dass die sogenannte „Wüste“ oder „Kammer“ das Zentrum der Stärke ist. Dies gilt sowohl für den Anfänger als auch für Christus und Paulus. Sie zeigen uns durch ihr Vorbild, was wir tun sollen. In völligem Alleinsein ist es möglich stille zu werden und zu erkennen, dass der Herr wahrlich Gott ist (siehe Psalm 46,10). Wir stellen den Herrn mit Ausdauer und völliger Hingabe vor unseren Sinn und bleiben so auf ihn ausgerichtet. So werden unsere Herzen fest (siehe Psalm 112,7-8) und bleiben es auch, wenn wir in unseren Alltag zurückkehren.[7]

Vor einiger Zeit verbrachte ich drei Tage in einem Kloster und zwar im „Franziskus von Assisi Erholungszentrum“. Während der ganzen Zeit redete ich mit niemanden und das war auch der Sinn des Unternehmens. (Es gab auch niemanden, den ich kannte). Mein Lieblingsort war ein Gebetsraum, der in die Erde gegraben worden war. Es war wie eine große Höhle, die als ein Ort der Stille und Ruhe genutzt wurde, wo man den Herrn suchen konnte. Das einzige Licht spendete eine Kerze und ein paar kleine Strahler. Ich verbrachte dort einige gesegnete Stunden mit dem Herrn. Es war so friedlich und ruhig, und während ich dort viele Stunden ohne die Ablenkungen der Welt verbrachte, entdeckte ich wie das Leben des Reiches Gottes in mir hervorbrach. Ich ließ einfach los und erlaubte dem Geist mein Herz zu füllen, es war einfach wunderbar.

Francois Fenelon, ein Prälat und Autor des 17. Jahrhunderts, beschreibt in seinem Buch „The Seeking Heart“ (Das suchende Herz) die Segnungen und Belohnungen des Alleinseins mit Gott:

Wenn du alle die Dinge los lässt, die deine Neugierde erwecken und deinen Verstand durcheinander bringen, dann hast du genug Zeit für Gott und für deine Angelegenheiten. Wenn du ein Leben voller Gebet führst, dann hast du einen klaren Verstand, unabhängig von den Umständen. Dein egozentriertes Wesen ist hyper-

---

[7] Dallas Willard, „The Spirit of the Disciplines: Understanding How God Changes Lives“, New York, NY, Harper San Francisco, A Division of Harper Collins Publishers, 1991, Seite 62.

aktiv, impulsiv und verlangt immer nach mehr als du haben kannst.
Aber Gott, der durch seinen Geist in dir wirkt, schafft ein ruhiges und treues Herz in dir, das die Welt nicht erschüttern kann. Ich wünsche mir, dass du eine angemessene Zeit mit dem Herrn verbringst, damit er deinen Geist erfrischen kann. Deine Geschäftigkeit zehrt an dir. Jesus nahm seine Jünger und brachte sie zur Ruhe und unterbrach ihre dringende Geschäftigkeit. Manchmal verließ Jesus Menschen, die von weit her gekommen waren, um ihn zu sehen, damit er Zeit mit seinem Vater verbringen konnte. Ich empfehle dir das Gleiche zu tun. Es reicht nicht nur zu geben, du musst auch lernen von Gott zu empfangen.[8]

Warum ist Alleinsein so wichtig? Ich habe es sehr prägnant gehört: Komm beiseite! *Komm beiseite.*

Schweigen ist Gold

Eine zweite Art, das Ruhegebet zu praktizieren, besteht darin, das in uns zur Ruhe zu bringen, was andere als die „Aktivität des natürlichen Menschen“ bezeichnet haben.
Dallas Willard gibt uns hierzu einige praktische Hinweise.

> Es heißt, dass unser Gehör der letzte Sinn ist, der „stirbt“. Geräusche berühren und verwirren unser Herz in tiefer Weise. Deshalb müssen wir, um unseres Herzens willen, manchmal Fernseher, Radio, Kassettenrekorder oder Telefon abschalten. Wir sollten so viele Alltagsgeräusche wie möglich entfernen. Wir sollten versuchen, unsere Umgebung so ruhig wie möglich zu machen.[9]

Es wird von Susanna Wesley, Mutter von John und Charles Wesley (und siebzehn weiteren Kindern), gesagt, dass sie ihre Kinder lehrte,

---

[8] „The Seeking Heart“, Francois Fenelon, Sargent, GA, Christian Books Publishing House, 1962, Seite 113.
[9] „The Spirit of Disciplines“, Willard, Seite 63.

sie alleine zu lassen, wenn sie den Kopf unter ihrer Schürze verborgen hatte und betete. Das war ihr Gebetsort. Wie ich bereits erwähnte, liebe auch ich es, meinen Kopf unter einer Decke zu verbergen und zu beten. Ich möchte dich ermutigen, deinen besonderen Gebetsort zu finden. Ein bestimmtes Zimmer, ein besonderer Stuhl, irgendein Ort wo du dich zurückziehen und vor Gott still sein kannst. Meine Familie und ich leben in den Bergen von Williamson Country und wir haben unseren „Gebetsaussichtspunkt" am Ende unseres Grundstücks. Dort schleiche ich hin, genieße die schöne Landschaft und kommuniziere in Stille mit meinen Schöpfer. David Runcorn schreibt:

> Wenn du eine Zeitung oder eine Illustrierte zur Hand hast, versuche sie doch einmal, ohne Punkt und Komma zu lesen. Das Ganze wird sinnlos, es wird ein Wust von sich überschlagenden Worten. Die Bedeutung geht verloren, es ist inhaltslos. Der Sinn der Satzzeichen ist es, den Leser durch den Text zu führen und ihm die Bedeutung des Geschriebenen zu vermitteln. Das nächste Mal, wenn du deinen Lieblingsschauspieler im Fernsehen siehst, achte darauf wie er gezielt Gesprächspausen oder Betonungen einsetzt, um die Bedeutung der Worte zu unterstreichen.
> Satzzeichen sind eine hilfreiche Möglichkeit, um über Jesu Beziehung zu Alleinsein und Stille nachzudenken. Seine Zeiten der Stille waren die Kommata und Pausen in seinem Leben. Sie brachten sein Leben in Ruhe, Struktur, Führung und Gleichgewicht hinein. Seine Worte und Werke wurden aus den Stunden der Stille vor Gott geboren.[10]

Richard Foster schreibt in seinem wunderbarem Buch, „Gottes Herz steht allen offen", (Oncken Verlag, 1999):

> Das heißt nicht so sehr ein Innehalten von Worten, sondern unseres manipulativen Greifens nach Personen und Situationen. Es beinhaltet einen festen Stand einzunehmen gegen unsere gegen-

---

[10] Runcorn, „A Center of Quiet", Seite 5.

seitige Abhängigkeit, die uns treibt jeden zu kontrollieren und alles unter Kontrolle zu haben.
Diese beunruhigenden Aktivitäten unserer menschlichen Natur hindern das Werk Gottes in uns. In der Stille bringen wir jede Regung, die nicht in Gott gegründet ist, zur Ruhe. Wir werden still, ruhig und bewegungslos bis wir schließlich ausgerichtet sind. Wir lassen alle Ablenkung los bis wir im Innersten angekommen sind. Wir erlauben Gott unsere Prioritäten neu zu ordnen und alles Falsche in uns zu vernichten.[11]

Unser Ziel ist ein größeres Einswerden mit Christus

Der dritte Schritt zum Ruhegebet ist die innere Sammlung. Das bedeutet, dass Körper, Geist und Seele zur Ruhe und in Balance kommen. Das Ruhegebet ist der Ort an dem wir wachsen und heil werden.
Was ist unser Ziel beim Ruhegebet? Wo wollen wir hin? Wir suchen nicht weniger als größeres Einssein mit Christus. Ich weiß das ist bereits mehrfach erwähnt worden, aber es ist einfach so grundlegend. Unser Ziel beim kontemplativen Gebet ist es, größere Einheit mit Christus und zunehmende Innigkeit in unserer Beziehung mit ihm zu erleben.
Juliana von Norwich, eine Mystikerin aus dem 14. Jahrhundert sagte: „Der einzige Grund des Gebets besteht darin, in den, den wir betend sehen und betrachten vertieft zu sein“. Bonaventure, ein Nachfolger von Franz von Assisi stellte fest: „Unser eigentliches Ziel ist Einssein mit Gott. Dabei handelt es sich um eine reine Beziehung, in der wir nichts sehen.“
Ich machte bei dem Versuch, mich in der lange in Vergessenheit geratenen Kontemplation zu üben folgende Entdeckung: Um mein Herz vor Gott zur Ruhe zu bringen, musste ich es lernen, die Gedankenfestungen in mir in Christus gefangen zu nehmen und jeden Gedanken unter den Gehorsam Christi zu bringen. Das brauchte einige Zeit und es war ein Kampf für mich, aber danach durchlief

---

[11] Richard L. Foster, „Finding the Heart's True Home“, New York, NY, Harper San Francisco, A Division of Harper Collins Publishers, Inc., 1992, Seite 101

ich die Phase der inneren Sammlung und kam in Gemeinschaft mit ihm.
Das ist der Ort, den man manchmal auch das „hörende Gebet" nennt. Es ist der Ort, an dem du anfängst Gott zu hören und in das Reich des Geistes hinein zu sehen. Oft wurde in dieser nachdenklichen Stimmung der Geist der Unterscheidung in mir geweckt. In diesem Raum sehe ich manchmal Lichter in vielen Farben wie auf einem Bildschirm erscheinen. Es ähnelt der Beschreibung des Regenbogens über dem Thron Gottes im Buch der Offenbarung. Wenn ich diese Dinge sehe, weiß ich, dass sie die Gegenwart Gottes repräsentieren können. Ich komme vor seinen Thron.
Es wäre so leicht in diesem Raum mit den Gaben zu verweilen und mit unseren geistlichen Augen und Ohren zu sehen und zu hören. Doch so wunderbar dieser Raum auch ist, es gibt einen noch besseren Raum. Dieser Raum ist größer als der Raum der Gaben, es ist der Raum der Gemeinschaft mit Gott. In diesem Raum braucht man keine Worte. Es ist das „Zentrum der Ruhe", der Ort an dem Gott wohnt. Größer als der Raum der Gaben ist der Raum des Gabengebers. Deshalb ist es hier so viel schöner. Wir könnten in dem Raum mit den Gaben bleiben, aber der Herr ruft uns weiter. Ich weiß nicht wie es bei dir ist, aber ich möchte weiter gehen. Mein Herz verlangt nach Gott und nur nach ihm allein. Ich will nicht weniger als mit ihm im Zentrum der Ruhe in Einheit sein, dort wo es keine Worte gibt und wo kein Laut zu hören ist. Hier kommunizieren wir im Schweigen miteinander, von Freund zu Freund in einer Innigkeit für die es keine Worte gibt.

Weisheit für unterwegs

Unsere bekannte Freundin, Madame Guyon, hat einige Worte der Weisheit für unser Einssein mit Christus:

> Wenn du den Herrn in tieferer Weise kennenlernst, wirst du etwas entdecken, was ich das Gesetz der „Anziehungskraft" nenne.
> Wenn du dein Herz tief in deinem Inneren hältst wirst du Gottes magnetische, anziehende Attraktivität entdecken. Dein Gott ist

wie ein Magnet! Der Herr zieht dich auf natürliche Weise mehr und mehr zu sich hin.

Wir erreichen nun das ultimative Stadium der christlichen Erfahrung, nämlich das göttliche Einswerden. Diese Erfahrung kann man nicht selbst produzieren. Allein Meditation führt nicht zum göttlichen Einssein, ebenso wenig wie Liebe, Anbetung, eigenes Bemühen oder Opfer. Es braucht ein souveränes Handeln Gottes, um dieses Einssein zu erleben.

Wir stellen übereinstimmend fest: Es gibt ein göttliches Einssein und einen Weg dorthin. Dieser Weg hat einen Anfang, einen Verlauf und ein Ende. Je näher du dem Ende kommst, desto mehr wirst du die Dinge beiseite tun, die dir am Anfang geholfen haben. Natürlich gibt es eine Wegstrecke dazwischen, du kannst nicht ohne die Zwischenschritte vom Anfang zum Ende gelangen. Aber das Ende ist gut und heilig. Und wenn der Beginn gut ist, dann kannst du gewiss sein, dass der Weg dazwischen auch gut ist.[12]

Es ist ein guter Weg, der sich wirklich lohnt. Wenn der Herr uns liebevoll und in Geduld zu sich in das Auge des Sturms gezogen hat, dann werden wir ruhig und genießen seine Gegenwart. Gleichzeitig können wir über die Größe Gottes und seine Verheißungen nachsinnen und in unserem Herzen über seine Wege nachdenken.

Gebet um Ruhe

In seinem Buch „Prayer from the Heart" bietet Richard Foster ein „Gebet um Ruhe" an. Ich denke, das ist ein angemessenes Schlusswort, weil es so deutlich aufzeigt wie es den meisten von uns geht.

Herr, ich habe ein lärmendes Herz. Und wenn ich mich nach Ruhe ausstrecke, hört der innere Lärm nicht auf, sondern es scheint nur noch schlimmer zu werden. Wenn ich beschäftigt bin, dann nehme ich die inneren Geräusche nur aus der Entfernung wahr, werde ich aber ruhiger wird der Lärm lauter. Es ist nicht der überwältigende Klang einer Symphonie, sondern der ohren-

[12] Madame Jean Guyon, „Experiencing the Depths of Jesus Christ", Sargent, GA, Christian Books Publishing House, 1962, Seite 53.

betäubende Lärm von Getöse und Geheule. Was für ein Krach! Das Schlimme daran ist, ich kann das innere Szenario nicht abstellen.

„Lieber Herr Jesus, du hast einmal dem Wind geboten und die Wellen geglättet. Sprich deinen Schalom in mein Herz. Ich warte still.... geduldig. Ich empfange in meinem Innersten deinen liebenden Befehl: Friede, sei still! Amen.“[13]

Fragen

1. Was befindet sich im Zentrum eines Orkans?
2. Welche prostestantische Gruppe aus der Geschichte betonte das „Centering“ als einen Teil ihrer Theologie?
3. Wie kannst du deinen Frieden inmitten der Stürme des Lebens bewahren?

Literatur

„The Center of Quiet“, David Runcorn, InterVarsity Press, 1990.
„Listening Prayer“, Mary Ruth Swope, Whitaker, 1987.
„Secret Prayer“, Pat Gastineau, Word of Love Ministries, 1998.

---

[13] Richard L. Foster, „Prayer from the Heart“, London, England, Hodder and Stoughton, 1996, Seite 59.

Kapitel 7

Nachdenken über Gottes Verheißungen

Wenn ich in der Welt der christlich-mystischen Literatur forsche und die Tiefen der christlichen kontemplativen Künste auslote, dann fühle ich mich oft wie ein Archäologe, der gerade lang verschollene und unbezahlbare Schätze hebt oder wie ein Diamantenschürfer, der einen Edelstein von einzigartiger Schönheit und Reinheit entdeckt hat. Jeder Fund lässt mich weiter und tiefer nach weiteren Schätzen graben, weil ich weiß, dass ich eine große und unerschöpfliche Entdeckung gemacht habe.
Dabei ist mir ein „Edelstein", die geistliche Disziplin der Meditation oder das christlich-meditative Gebet, besonders kostbar geworden. Seit langen im Staub der Geschichte vergraben, ist es eine buchstäblich verlorene Kunst unter den heutigen Gläubigen geworden. Eine meiner Betonungen in diesem Buch ist die Wichtigkeit der Meditation und Kontemplation in der Gemeinde. Ich glaube, dass Gott sie auf breiter Basis wiederherstellen möchte. Lasst uns von den Worten alter und moderner Meister lernen.

Meditation ist ein Edelstein mit vielen Fassetten

Meditation ist nicht einfach zu definieren oder zu erklären. Am besten ist es, sich die Sache aus verschiedenen Blickwinkeln anzusehen, so wie bei einem Diamanten oder einem kostbaren Edelstein. Grundsätzlich bedeutet das Wort *meditieren* „tief nachdenken" oder „über etwas nachdenken". *Nachdenken* wiederum bedeutet „über etwas nachsinnen" oder „etwas betrachten". *Kontemplativ* hat die Bedeutung von „etwas intensiv betrachten" oder „etwas intensiv zu durchdenken". Diese Worte sind nur eine schwache Beschreibung von Meditation. Manchmal sehen wir etwas aus einem bestimmten Blickwinkel, das wir von einer anderen Seite nicht erkannt hätten und das hilft uns zu verstehen. Deshalb ist es gut, sich anzuschauen was verschiedene „Experten" zum Thema Meditation zu sagen haben, Menschen, die ein meditatives Leben führen und es aus Erfahrung kennen.

Elmer L. Towns, der Vizepräsident der „Liberty University", hat ein außergewöhnliches Buch zu diesem Thema geschrieben. Es heißt: „Christian Meditation for Spiritual Breakthrough" (Christliche Meditation für einen geistlichen Durchbruch). Ich forsche schon seit einiger Zeit in dieser „Goldmine" und entdecke große Schätze von jemanden, der wahrlich kein Theoretiker ist, sondern aus eigener Erfahrung spricht.

> Es geht bei christlicher Meditation nicht darum, welche Methode man anwendet, welche körperliche Stellung man einnimmt, was man singt oder auf was man sieht. In christlicher Meditation geht es um Gott. Meditation verändert dein Leben! Wenn du dich auf Gott ausrichtest und Gott erlebst, wirst du durch ihn verändert.[1]

Im Gegensatz zu anderen Arten der Meditation konzentriert sich die christliche Meditation nicht auf eine Methode, ein Mantra oder eine bestimmte Körperhaltung, sondern auf eine Person: Den lebendigen Gott! Wenn unsere Meditation dazu führt, dass wir Gott von Angesicht zu Angesicht begegnen, dann ist es unvermeidlich, dass wir verändert werden.
Richard Foster, Autor und Lehrer bei den Quäkern, der uns schon in den vorhergehenden Kapiteln begegnet ist, meint hierzu:

> Durch die ganze Geschichte hindurch haben die geistlichen Führer die „Lectio Divina" – das Meditieren der Schrift – allen anderen Arten der Meditation vorgezogen, weil dadurch die Balance gehalten wurde. Im meditativen oder inneren Gebet ist die Bibel nicht länger nur ein Zitatenbuch, sondern wird selbst zu den „wunderbaren Worten des Lebens", die uns zum Wort des Lebens führen. Es unterscheidet sich vom Bibelstudium, bei dem es um die Auslegung der Schrift geht. Beim Meditieren der Schrift geht es um Verinnerlichung und die persönliche Beziehung zum Wort. Das geschriebene Wort wird für uns zum lebendigen Wort.[2]

---

[1] „Christian Meditation for Spiritual Breakthrough", Elmer Towns, Ventura, CA, Regal Books 1999, Seite 21.

[2] „Prayer: Finding the Heart's True Home", Richard Foster, San Francisco, CA, Harper Collins, 1992, Seite 146.

Die Notwendigkeit des Verinnerlichens

Die Schrift ist für Gläubige oft deshalb so langweilig, weil sie sich nicht die Zeit nehmen, das Wort beim Lesen zu „verinnerlichen“ und in „persönliche Beziehung“ zu setzen. Ihre Herzen sind nicht darauf ausgerichtet den Herrn, der zu ihnen redet, zu hören.

In seinem Buch „Meditating as a Christian“ (Als Christ meditieren) schreibt Peter Toon:

> Meditation bedeutet über das, was Gott offenbart hat nachzudenken, nachzusinnen, zu überlegen, es sich zu Herzen zu nehmen, betend zu bewegen, langsam und sorgfältig zu lesen, und es in demütiger Weise in Herz und Verstand aufzunehmen. Denn christliche Meditation wird von dem innewohnenden Geist Christi begleitet und inspiriert, während man über Gottes Offenbarung nachdenkt.[3]

In der christlichen Meditation geht es also darum, sich auf Gottes Offenbarung zu konzentrieren und vom Geist Gottes in Bezug auf Verständnis abhängig zu sein.
Der Pastor und Theologe Dietrich Bonhoeffer, der 1945 von den Nazis hingerichtet wurde, vergleicht Meditation mit der Art wie wir Worte von Menschen, die wir lieben, empfangen.

> Genauso wenig wie du die Worte von jemanden, den du liebst, analysierst, sondern sie nimmst, wie sie gesagt wurden, so akzeptiere auch die Worte der Schrift, und bewege sie in deinem Herzen wie Maria es getan hat. Das ist alles, das ist Meditation.[4]

Bonhoeffer spricht davon, Worte nicht nur mit dem Verstand, sondern mit dem *Herzen* zu hören. Wenn wir es lernen würden, in allen unseren Beziehungen, einfach mit dem Herzen zu hören und nicht mit dem Verstand, würde dies einen gewaltigen Unterschied machen!

---

[3] „Meditating as a Christian“, Peter Toon, London, Collins Religious Department, part of Harper Collins Publishing, 1991, Seite 61.
[4] „The Way to Freedom“, Dietrich Bonhoeffer, New York, Harper a. Row, 1996, S. 263

Dr. Sam Storms, der ehemalige Leiter des „Grace Training Center" in Kansas City und jetzige Lehrer am „Wheaton College", betrachtet Meditation als einen Schlüssel zur Erneuerung unserer Sinne.

> Meditieren heißt Gott gegenüber aufmerksam zu sein. Es ist ein bewusstes und beständiges Aufmerken auf Gott. Die Erneuerung des Sinnes (siehe Römer 12,1-2) ist Teil eines Prozesses in dem das Wort Gottes Geist und Seele mit dem Licht der Erleuchtung und der verändernden Kraft durchdringt.[5]

In ihrem wunderbaren Buch, „The Soul at Rest" (Die ruhige Seele), vergleicht Tricia McCary Rhodes das innere Gebet der Meditation mit dem Bild eines Gärtners.

> Im inneren Gebet ist die Schrift nicht ein Regelwerk, eine Geschichtslektion oder eine Abhandlung, die auseinander genommen und analysiert wird, sondern wir kommen mit offenem Herzen zum Autor dieses Buches.
> Wir verbergen durch das innere Gebet das Wort Gottes in unserem Herzen. Wir suchen sein Angesicht und die Person, die uns diese gewaltigen Worte geschrieben hat. Unsere Herzen sind der Boden in den das Wort eingepflanzt wird. Jeder Teil unseres Seins nährt den Samen der Wahrheit bis er aufsprießt und Leben in unserem Herzen bewirkt.[6]

Meine Frau und ich betrachten eine gemeinsame Freundin, Pat Gastineau, die Gebetsleiterin des „Word of Love Ministries" ist, als Mentorin im Bereich des Gebetes und der Fürbitte. Sie hat eine Reihe von kleinen Büchlein über das christliche Gebetsleben geschrieben. Pat ist eine Frau, die das lebt, was sie predigt. Hier sind einige ihrer Gedanken zum Thema Meditation.

> Meditation spricht hauptsächlich den Willen und den Verstand an. Deshalb wird jede Meditation, die auf Christus ausgerichtet

---

[5] „Devotional Life Class Notes", Sam Storms, Grace Training Center, Kansas City, 1996

[6] „The Soul at Rest", Tricia McCary Rhodes, Minneapolis, MN, Bethany House Publishers, 1996, Seite 53-54.

> ist, die Gedanken in liebevoller Aufmerksamkeit auf Gott richten. Meditation hilft uns, Ideen und Gedanken zu behalten. Wenn man seine Aufmerksamkeit auf verschiedene Aspekte des Wesens Gottes richtet, wird der Verstand darauf trainiert, sich für einige Zeit zu konzentrieren. Meditation diszipliniert uns und ist deshalb ein Mittel gegen unkontrollierte Gedanken. Die Schrift redet von der Rettung der Seele; der Verstand dagegen muss neu programmiert werden, um richtig zu denken. Meditation hilft uns einen klaren Verstand zu bekommen, der gesund und rein ist.[7]

Nach J. Adams, dem Autor von „Ready to Restore" (Bereit zur Wiederherstellung) und anderen Schriften über christliche Seelsorge, hilft uns Meditation das Wort Gottes in den täglichen Lebensumständen anzuwenden.

> In der Meditation sinnen wir über Schriftstellen in der Weise nach, dass das geschriebene Wort Gottes zum lebendigen Wort wird, das der Heilige Geist in unseren Herzen umsetzt. Die beiden ursprünglichen Worte für Meditation in der Bibel sind „murmeln" und „mit sich selbst reden". Meditation ist ein Prozess des Denkens, durch das die Sprache einen Platz im Herzen oder Innern einnimmt. Wenn über die Wahrheit meditiert wird, gelangt diese über den Mund (vor sich hin murmeln) in den Verstand (nachsinnen) und schließlich ins Herz (äußere Handlung). Die Person, die meditiert, versucht zu verstehen wie die Wahrheit der Bibel im Leben anzuwenden ist.[8]

Wir müssen von der Kuh lernen

Adams definiert Meditation mit Worten wie nachsinnen, durchdenken, vor sich hin murmeln und überlegen. Alle diese Begriffe empfehlen einen sorgfältigen, bedächtigen Prozess des Analysierens des Wortes Gottes oder wenn du es so nennen magst, ein darauf

---

[7] „Contemplative Prayer", Pat Gastineau, Word of Love Ministries, 1999, Seite 8-9.

[8] „Ready to Restore: The Layman's Guide to Christian Counseling", J. Adams, Grand Rapids, MI, Baker, 1981, S. 64-65.

„herumkauen“. Wenn wir meditieren, dann „kauen“ wir so zu sagen das Wort Gottes so lange, bis es gründlich verstoffwechselt wurde. So wird unsere Seele gesättigt.
Ich denke der Verdauungsvorgang einer Kuh ist dafür ein gutes Beispiel. Kühe sind Wiederkäuer und haben deshalb mehr als einen Magen. Hast du schon einmal einer Kuh beim Kauen zugesehen? Es sieht aus als ob jemand einen Kaugummi kaut. Sie kaut und kaut bis sie schließlich das Futter herunterschluckt. Nach einer Zeit kommt es wieder hoch, und sie kaut weiter und weiter, bis sie es wieder herunterschluckt. Das nennt man wiederkäuen.
Das Wiederkäuen ist ein Bild dafür, dass wir das Wort langsam und ständig wiederholend durch die Gedanken gehen lassen oder uns der Betrachtung hingeben. In seinem Buch „Gottes Herz steht allen offen“ (Oncken Verlag, 1999) vergleicht Richard Foster den Verdauungsvorgang einer Kuh und die christliche Meditation.

> Hast du jemals einer Kuh beim Kauen zugesehen? Dieses anspruchslose Tier füllt seinen Magen mit Gras und lässt sich dann ruhig nieder. Danach kaut es langsam das vorverdaute Futter wieder und wieder durch. So kann es alles aufnehmen, was im Futter enthalten ist und gibt am Ende reichhaltige und rahmige Milch.
> So ist es auch mit dem inneren Gebet. Die Wahrheit wird in der Meditation über den Mund in den Verstand und von dort ins Herz geleitet, wo es durch ein stilles Wiederkäuen in der Person zu einer betenden, liebe- und glaubensvollen Reaktion führt.[9]

Es kommt darauf an wie man kaut

Es kommt beim Meditieren der Schrift nicht so sehr auf die Menge an, die man kaut, sondern wie man kaut. Es ist vielleicht nur ein Vers oder ein Teil davon, bzw. ein paar Worte, wie zum Beispiel „an stillen Wassern“. Auf diesen Worten hat der Herr mich lange Zeit

---

[9] „Prayer: Finding the Heart’s True Home“, Richard Foster, Seite 143.

„herumkauen“ lassen. Ich habe monatelang darüber nachgedacht, sie betrachtet und innerlich bewegt.
Meine Mutter sagte, ich sei eines der neugierigsten Kinder gewesen, die je geboren wurden, weil ich ständig Fragen stellte; und zum Teil bin ich heute noch so. Jetzt stelle ich Gott Fragen und dies hoffentlich nicht aus Unglauben und Verwirrung, sondern aus Staunen und unersättlicher Neugierde. „Was bedeutet das? Betrachten wir es einmal von dieser Seite.“ Weißt du wovon ich rede? Das ist eine Form der Meditation.
In der Apostelgeschichte gaben die Apostel der Gemeinde Anweisungen, sich Diakone zur Versorgung und täglichen Speisung der Witwen zu wählen. Und sie begründeten diese Anweisung wie folgt:

> Apostelgeschichte 6,2-4
> Die Zwölf aber riefen die Menge der Jünger herbei und sprachen: Es ist nicht gut, dass wir das Wort Gottes vernachlässigen und die Tische bedienen. So seht euch nun um, Brüder, nach sieben Männern unter euch, von gutem Zeugnis, voll Geist und Weisheit, die wir über diese Aufgabe setzen wollen! Wir aber werden im Gebet und im Dienst des Wortes verharren.

Beachte hier die Reihenfolge! Die Apostel würden „im Gebet und im Dienst des Wortes“ verharren. Es ist nicht andersherum, es heißt nicht der Dienst des Wortes und Gebet, es ist das Gebet und der Dienst des Wortes. Mein Punkt ist der: Das Gebet hüllt das Wort ein, und dadurch entfaltet sich die Offenbarung des Wortes Gottes in unserem Leben. So sollen wir uns dem Wort Gottes nähern, darum geht es im inneren Gebet. Es ist ein Weg, sich dem Wort Gottes zu nähern.

Wir lernen von Josua, über die Verheißungen Gottes zu meditieren

Es gibt unterschiedliche Möglichkeiten, sich der christlichen Meditation zu nähern. Jeder muss den Weg finden, der für ihn am besten ist. Was für mich funktioniert muss nicht bei dir klappen. Wir sind unterschiedlich „gepolt“ und müssen die Art zu beten, zu meditieren und anzubeten finden, die unserer Persönlichkeit und unserem Temperament entspricht und die uns hilft, Gott näher zu kommen.

In seinem Buch „Christian Meditation for Spiritual Breakthrough" (Christliche Meditation für einen geistlichen Durchbruch) stellt Elmer Towns zehn verschiedene Meditationsarten vor, die mit zehn verschiedenen Personen aus der Bibel in Verbindung stehen. Wir können hier nicht alle Personen durchgehen, doch die kurze Beschreibung einiger Beispiele wird dir einen Eindruck davon geben. Da ist zunächst Maria, die über die Person Jesu nachsinnt. Darüber werden wir im nächsten Kapitel noch mehr reden. Dann ist da Paulus und sein Beispiel wie man Jesus ähnlich wird. Auf ihn werden wir in Kapitel 10 dieses Buches näher eingehen. Ich möchte jetzt als Beispiel Josua, den Nachfolger Moses, nehmen.

Elmer Towns nennt es: „Das Josua Modell" und meint damit das Beachten biblischer Prinzipien. Er schreibt dazu:

> Jeder, der nach der Art Josuas meditiert, denkt über die Verheißungen und Prinzipien des Wortes Gottes nach, um erfolgreich zu sein. *„Dieses Buch des Gesetzes soll nicht von deinem Mund weichen, und du sollst Tag und Nacht darüber nachsinnen, damit du darauf achtest, nach alledem zu handeln, was darin geschrieben ist; denn dann wirst du auf deinen Wegen zum Ziel gelangen, und dann wirst du Erfolg haben"* (Josua 1,8).
> Josua „kaute" die Worte Gottes, die durch Mose gegeben wurden und war erfolgreich. Sollten wir nicht auch lernen, so zu meditieren und über die Prinzipien Gottes nachdenken damit wir mehr Frucht bringen?[10]

Josuas Glaube an Gott machte ihn erfolgreich

Es reicht ein kurzer Blick in die Schrift, um festzustellen, dass Josua sein Leben lang in Bezug auf Gemeinschaft, Tiefe und Einssein mit Gott gewachsen ist. Die erste Erwähnung Josuas zeigt ihn als einen Diener Moses, dem *Freund* Gottes (siehe 2. Mose 33,11). *Und*

[10] „Christian Meditation for Spiritual Breakthrough", Towns, Seite 29-31.

Mose sagte zu Josua: Wähle uns Männer aus und zieh aus, kämpfe gegen Amalek... Da tat Josua, wie Mose ihm gesagt hatte, um gegen Amalek zu kämpfen (2. Mose 17,9-10). Der Herr gab Josua einen großen Sieg. Es ist offensichtlich, dass in der frühen Karriere Josuas jedes Wort des Herrn durch Mose zu ihm kam. Josuas direkte Beziehung zum Herrn lag noch in ferner Zukunft. Dann sprach der Herr zu Mose: *Schreibe dies zum Gedächtnis in ein Buch und* ***präge es Josua ein****, denn ich will Amalek unter dem Himmel austilgen* (2. Mose 17,14, Hervorhebung hinzugefügt).

Später sehen wir wie Josua Mose zum „Berg des Herrn" begleitet. *Da machte Mose sich mit seinem Diener Josua auf, und Mose stieg auf den Berg Gottes* (2. Mose 24,13). Obwohl Mose und Josua gemeinsam auf den Berg stiegen, trat Mose alleine in die Wolke der Gegenwart und Herrlichkeit Gottes und verbrachte dort vierzig Tage und Nächte in der Gemeinschaft mit dem Herrn und empfing das Gesetz.

Ein Diener der Gegenwart Gottes

Es scheint, dass Josuas Glaube und Verlangen nach dem Herrn jedes Mal, wenn er erwähnt wird, gewachsen und größer geworden ist. Die Bibel gibt uns einen Hinweis auf Josuas gewachsenen Glauben, kurz nachdem Mose vom Berg herunter kam und die Israeliten ihre große Sünde begingen und um das goldene Kalb tanzten. *Und der Herr redete mit Mose von Angesicht zu Angesicht, wie ein Mann mit seinem Freund redet; dann kehrte er, Mose, ins Lager zurück. Sein Diener Josua aber, der Sohn des Nun, ein junger Mann, wich nicht aus dem Innern des Zeltes* (2. Mose 33,11). Josua war ein Diener und Jünger im geistlichen Dienst. Obwohl Josua als Jünger nicht unbedingt ein junger Mann im buchstäblichen Sinne war (vermutlich war er ungefähr 50 Jahre), wurde dieser Begriff im allgemeinen für diejenigen verwandt, die geistliche Hilfeleistungen ausführten.

Der deutlichste Hinweis für seine fortschreitende Hingabe ist jedoch, dass Josua nicht aus dem Zelt wich. Das Zelt war ein besonderer Ort, um Gott anzubeten. Josua blieb an diesem Ort der Anbetung, dem Ort des geistlichen Dienstes und wich nicht von dort. Josua war sich zu dieser Zeit sicher nicht bewusst, dass er bereits als Nachfolger Mose vorgesehen war.

Sein Leben spiegelte beständig seinen Glauben und seine Treue gegenüber Gott wider. Er war einer der zwölf Kundschafter, die Mose auswählte, um das Land auszuspähen (4. Mose 13,16) und nur er und Kaleb brachten einen guten Bericht zurück. Als das Volk Israel sich weigerte, dem Herrn zu gehorchen und das Land zu betreten, war Josua am Boden zerstört.

> 4. Mose 14,6-10
>
> Und Josua, der Sohn des Nun, und Kaleb, der Sohn des Jefunne, von denen, die das Land ausgekundschaftet hatten, zerrissen ihre Kleider und sagten zu der ganzen Gemeinde der Söhne Israel: Das Land, das wir durchzogen haben, um es auszukundschaften, das Land ist sehr, sehr gut. Wenn der Herr Gefallen an uns hat, so wird er uns in dieses Land bringen und es uns geben, ein Land, das von Milch und Honig überfließt. Nur empört euch nicht gegen den Herrn! Und fürchtet doch nicht das Volk des Landes, denn unser Brot werden sie sein! Ihr Schutz ist von ihnen gewichen, und der Herr ist mit uns. Fürchtet sie nicht! Und die ganze Gemeinde sagte, dass man sie steinigen solle. Da erschien die Herrlichkeit des Herrn an dem Zelt der Begegnung allen Söhnen Israel.

Beförderung durch Treue

Weil Josua treu war, verhieß Gott ihm, dass er das Land Kanaan einnehmen würde. Er und Kaleb waren die einzigen aus ihrer Generation, die das Land betreten durften (4. Mose 14,30). Alle anderen kamen wegen ihres Unglaubens und ihrer Rebellion in den nächsten vierzig Jahren in der Wüste um.

Als die Zeit des Leiterschaftwechsels nahte, wurde die Vorbereitung für Josua intensiviert. Er wurde öffentlich zum Nachfolger Mose gesalbt:

4. Mose 27,18-20 u. 22

Und der Herr sprach zu Mose: Nimm dir Josua, den Sohn des Nun, einen Mann, in dem der Geist ist, und lege deine Hand auf ihn! Und stelle ihn vor den Priester Eleasar und vor die ganze Gemeinde, und beauftrage ihn vor ihren Augen, und lege von deiner Würde einen Teil auf ihn, damit die ganze Gemeinde der Söhne Israel ihm gehorche! Und Mose tat es, wie der Herr ihm geboten hatte...

Josua erhielt vom Herrn Anweisungen und Ermutigung:

5. Mose 31,14-15 u. 23

Und der Herr sprach zu Mose: Siehe, deine Tage sind herangekommen, dass du sterben wirst. Rufe Josua, und findet euch im Zelt der Begegnung ein, dass ich ihm Befehl erteile! Da gingen Mose und Josua hin und fanden sich im Zelt der Begegnung ein. Und der Herr erschien im Zelt, in der Wolkensäule; und die Wolkensäule stand über dem Eingang des Zeltes... Und er befahl Josua, dem Sohn des Nun, und sprach: Sei stark und mutig! Denn du, du wirst die Söhne Israel in das Land bringen, das ich ihnen zugeschworen habe. Und ich will mit dir sein.

Das ist der erste dokumentierte Bericht, in dem der Herr *persönlich* in Anwesenheit von Mose zu Josua spricht. Der Wechsel ist noch nicht vollständig vollzogen, doch welch eine Verheißung: „Ich werde mit dir sein." Ich frage mich welcher Art die Gemeinschaft wohl war, die Josua all die Jahre in seiner persönlichen Anbetung mit dem Herrn hatte.

Josuas Gehorsam gegenüber Gott garantierte seinen Erfolg

Durch Moses Tod wurde der Wechsel vollzogen. *Josua aber, der Sohn des Nun, war erfüllt mit dem Geist der Weisheit; denn Mose hatte seine Hände auf ihn gelegt. Und die Söhne Israel gehorchten ihm und taten, wie der Herr dem Mose geboten hatte* (5. Mose 34,9). Josua hatte den größten Teil seines Lebens für diesen einen Moment in der Vorbereitung verbracht. Durch einen lebenslangen

Prozess der Treue, Anbetung und Gemeinschaft mit dem Herrn wurde Josua vorbereitet, das Volk Israel in das verheißene Land zu führen. Und endlich sprach der Herr *persönlich* zu Josua, ohne dass Mose anwesend war. Aufgrund seiner Position und der wachsenden innigen Beziehung zum Herrn, bekam Josua die Gunst eines persönlichen und direkten Wortes vom Herrn.
Lies die Verheißungen, die Gott Josua gab und achte auf die Anweisungen an den neuen Leiter!

> Josua 1,1-9
> Und es geschah nach dem Tod des Mose, des Knechtes des Herrn, da sprach der Herr zu Josua, dem Sohn des Nun, dem Diener des Mose: Mein Knecht Mose ist gestorben. So mache dich nun auf und gehe über diesen Jordan, du und dieses ganze Volk, in das Land, das ich ihnen, den Söhnen Israel, gebe! Jeden Ort, auf den eure Fußsohle treten wird – euch habe ich ihn gegeben, wie ich zu Mose geredet habe. Von der Wüste und diesem Libanon an bis zum großen Strom, dem Strom Euphrat, das ganze Land der Hetiter, und bis zum großen Meer gegen Sonnenuntergang, das soll euer Gebiet sein. Es soll niemand vor dir standhalten können, alle Tage deines Lebens. Wie ich mit Mose gewesen bin, werde ich mit dir sein; ich werde dich nicht aufgeben und dich nicht verlassen. Sei stark und mutig! Denn du, du sollst diesem Volk das Land als Erbe austeilen, das ihnen zu geben ich ihren Vätern geschworen habe.
> Nur sei recht stark und mutig, dass du darauf achtest, nach dem ganzen Gesetz zu handeln, das mein Knecht Mose dir geboten hat! Weiche nicht davon ab, weder zur Rechten noch zur Linken, damit du überall Erfolg hast, wo immer du gehst! Dieses Buch des Gesetzes soll nicht von deinem Mund weichen, und du sollst Tag und Nacht darüber nachsinnen, damit du darauf achtest, nach alledem zu handeln, was darin geschrieben ist; denn dann wirst du auf deinen Wegen zum Ziel gelangen, und dann wirst du Erfolg haben. Habe ich dir nicht geboten: Sei stark und mutig? Erschrick nicht und fürchte dich nicht! Denn mit dir ist der Herr, dein Gott, wo immer du gehst.

Der Auftrag lautet: Meditiere über mein Wort

Der Herr versprach Josua seine Gegenwart und seine Kraft, wo immer er hingehen würde. „Ich werde mit dir sein. Ich werde dich nicht aufgeben und dich nicht verlassen." Was für eine Verheißung! Kein Feind und kein Hindernis würde Josua und den Israeliten widerstehen können, wenn sie nach Kanaan kommen würden, um das Land einzunehmen. Der Herr würde ihm den Sieg geben, so wie er es Mose versprochen hatte und nun gab Gott die Verheißung an Josua selbst. Die Bedingung war absoluter Gehorsam: „Dass du darauf achtest, nach dem ganzen Gesetz zu handeln, das mein Knecht Mose dir geboten hat! Weiche nicht davon ab, weder zur Rechten noch zur Linken, damit du überall Erfolg hast, wo immer du gehst!" Deshalb ermutigte der Herr Josua dreimal stark und mutig zu sein.

Dann beachte was der Herr in Vers 8 sagt: „Dieses Buch des Gesetzes soll nicht von deinem Mund weichen, und du sollst Tag und Nacht darüber nachsinnen, damit du darauf achtest, nach alledem zu handeln, was darin geschrieben ist; denn dann wirst du auf deinen Wegen zum Ziel gelangen, und dann wirst du Erfolg haben." Ich denke es ist bemerkenswert, dass diese drei grundlegenden Befehle an Josua ergingen: Sei stark und mutig! Sei gehorsam! Und *meditiere über mein Wort.*

Es sollte nicht von seinem Mund „weichen". Josua sollte Tag und Nacht auf dem Wort „herumkauen", es vor sich hersagen, es wie eine Kuh beständig wiederkäuen und darüber nachsinnen. Er sollte es in sein Herz und seine Seele hineinsprechen, buchstäblich besessen sein vom Wort Gottes. So würde Josua Gottes Befehle *kennen* und *verstehen*. Das sind beides Voraussetzungen für den Gehorsam. Wir können dem Wort Gottes nicht gehorchen, wenn wir das Wort Gottes nicht *kennen*.

Das gesamte Buch Josua ist ein Bericht über Josuas Treue und sorgfältigem Gehorsam gegenüber Gott, der ihn gerufen, vorbereitet und geformt hat. Den Gott, den er von ganzem Herzen liebgewonnen hatte. In der Folge erfüllte Gott alle seine Verheißungen. Josua war erfolg- und siegreich wo immer er hinkam. Gleichzeitig vertiefte sich die Beziehung zum Herrn, den er liebte. Schau dir folgendes Beispiel an.

Gott vollbrachte auf Josuas Bitten ein großes Wunder, um seinem Volk zu helfen und die Feinde zu besiegen. Er erfüllte damit seine Verheißung, dass er immer bei ihm sein, ihn niemals aufgeben oder verlassen und ihn erfolgreich machen würde.

> Josua 10,12-14
> Damals redete Josua zum Herrn, und zwar an dem Tag, als der Herr die Amoriter vor den Söhnen Israel dahingab, und sagte vor den Augen Israels: Sonne, stehe still zu Gibeon, und Mond, im Tal Ajalon! Da stand die Sonne still, und der Mond blieb stehen, bis das Volk sich an seinen Feinden gerächt hatte. Ist das nicht geschrieben im Buch Jaschar? Die Sonne blieb stehen mitten am Himmel und beeilte sich nicht unterzugehen, ungefähr einen ganzen Tag lang. Und es war kein Tag wie dieser, weder vorher noch danach, dass der Herr so auf die Stimme eines Menschen gehört hätte; denn der Herr kämpfte für Israel.

Wenn Gott auf die Stimme eines Menschen hört

Warum „hörte" Gott auf die Stimme Josuas? Erstens, um seinen Namen zu ehren und seine Verheißungen zu erfüllen. Zweitens, um einen Mann zu ehren, der von ganzem Herzen gehorsam war und ihn ebenso liebte. Nur jemand, der in einer so innigen und tiefen Gemeinschaft mit Gott war, konnte die Kühnheit und das Vertrauen haben, solch eine Bitte an Gott zu richten. Josua tat es und Gott antwortete.

Wie sah nun abschließend das Zeugnis von Josuas Leben aus? Ich kann es am besten in drei Aussagen zusammenfassen, eine davon ist von Josua selbst.

1. Josua lebte in **völligem** Gehorsam: *Wie der Herr seinem Knecht Mose befohlen hatte, so befahl Mose Josua, und so machte es Josua. Er unterließ nichts von allem, das der Herr dem Mose befohlen hatte* (Josua 11,15).

2. Josua war dem Herrn **völlig** *hingegeben*: *Ich aber und mein Haus, wir wollen dem Herrn dienen* (Josua 24,15)!

3. Josua **beeinflusste die Nation zum Guten** solange er lebte: *Und Israel diente dem Herrn alle Tage Josuas und alle Tage der Ältesten, die Josua überlebten und die das ganze Werk des Herrn kannten, das er für Israel getan hatte* (Josua 24,31).

Josua lernte über die Verheißungen Gottes zu meditieren, aber was noch wichtiger war, er lernte über den Gott der Verheißungen zu meditieren. Das ist die Lektion aus Josuas Leben. Einfach gesagt, Gott selber ist das Ziel, die Bestimmung und die Quelle unserer Meditation.

Fragen

1. Was ist das Ziel des meditativen Gebets?
2. Was kannst du von Josua über Meditation lernen?
3. Was sind einige praktische Schritte, um das innere Gebet zu entwickeln?

Literatur

„Christian Meditation for Spiritual Breakthrough“, Elmer Towns, Regal Books 1999.
„The Soul at Rest“, Tricia McCary Rhodes, Bethany House-Publishers 1998.
„Disciplines of the Holy Spirit“, Dr. Siang-Yang Tan, Zondervan Publishing House 1997.

Kapitel 8

Die Gedanken des Herzens

Josua liebte den Herrn von ganzem Herzen und diente ihm sein Leben lang. Er erlebte durch die Anbetung die Liebe Gottes und durch den Gehorsam die Kraft und die Gegenwart Gottes. Josua erlebte Gott in einer sehr innigen und persönlichen Weise, indem er über die Verheißungen Gottes nachdachte. Anbetung, Gehorsam, Nachsinnen, diese drei sind miteinander verbunden. Jeder Anteil ist wichtig und notwendig, um Gott zu kennen und mit ihm zu gehen.

Nachsinnen, ein stilles, ruhiges Nachdenken über eine bestimmte Sache ist ein Aspekt der Meditation. Ein anderer nahe verwandter Aspekt ist die Überlegung im Sinne von „abwägen" und „tief und gründlich durchdenken". Es beinhaltet ein „sorgfältiges Abwägen einer Situation oder eines Problems".[1] Josua dachte über Gott nach. Das Gegenstück im Neuen Testament wäre über die Person Jesu nachzusinnen, der als Gott den Menschen gleich geworden ist. Es gibt ein weiteres mächtiges Beispiel für ein Leben der Meditation und das ist Maria, die Mutter Jesu.[2]

Die Worte Elmer L. Towns werden uns helfen, unsere Gedanken in die richtige Richtung zu lenken, während wir uns das Beispiel Marias betrachten:

> Kannst du dir vorstellen, worüber Maria nachdachte? Stell dir einmal vor, dass der Sohn Gottes in dir heranwächst. Du fühlst seinen Herzschlag, fühlst wie sein Fuß sich bewegt und bringst ihn zur Welt. Maria war wirklich die Person, die Jesus am nächsten war. *Maria aber bewahrte alle diese Worte und erwog sie in ihrem Herzen* (Lukas 2,19). Sie kannte ihn besser als jeder andere und trotzdem wollte sie ihn mehr kennenlernen. Maria ist unser Beispiel dafür, was es heißt, Jesus wirklich zu kennen und

---

[1] Merriam-Webster's Collegiate Dictionary, 10. Ausgabe, Springfield, MA, Merriam-Webster, Inc., 1996, Seite 905.

[2] „Christian Meditation for Spiritual Breakthrough", Elmer Towns, Ventura, CA, Regal Books, 1999, Seite 29-31.

in eine innige und tiefe Gemeinschaft mit dem Liebhaber unseres Herzens zu kommen. Lasst uns Maria nachahmen und über die Person Jesu meditieren.[3]

Als Mann kann ich mich nicht so mit Maria identifizieren wie meine Frau. Trotzdem erinnere ich mich lebhaft daran wie der kleine Fuß über ihren hervorstehenden Bauch wanderte und ich dachte: Das ist Justin oder Grace-Ann. Manchmal spürte ich den Ellbogen wie er sich gegen die Bauchdecke presste und ich staunte: Das ist Tyler oder Rachel. Ich erinnere mich daran wie ich mein Ohr gegen ihren Bauch drückte, um zu hören, was immer es zu hören gab. Manchmal spielte ich meinen ungeborenen Kindern klassische Musik vor. Auch wenn ich mich nicht völlig mit Maria identifizieren kann, war es mir doch möglich, vier kleine Wunder in meiner Frau heranwachsen zu sehen und auch bei ihrer Geburt anwesend zu sein.
Es gibt natürlich noch andere Möglichkeiten, um über die Person Jesu nachzudenken, als sich mit der Mutterrolle Marias zu identifizieren. Dies ist nur eine von vielen. Dennoch glaube ich, dass wir für unseren eigenen Weg zu einer tieferen Beziehung mit dem Herrn vom Beispiel Marias viel lernen können.

Maria dachte über ihre Erwählung nach, den Sohn Gottes auf die Welt zu bringen

Kannst du dir vorstellen wie Maria, ein etwa fünfzehnjähriges Mädchen, das noch Jungfrau war, sich fühlte, als sie eines Tages in Nazareth himmlischen Besuch bekam?

Lukas 1,26-33
Im sechsten Monat aber wurde der Engel Gabriel von Gott in eine Stadt von Galiläa, mit Namen Nazareth, gesandt, zu einer Jungfrau, die einem Mann namens Josef, aus dem Haus Davids, verlobt war, und der Name der Jungfrau war Maria. Und er kam zu ihr hinein und sprach: Sei gegrüßt, Begnadete! Der Herr ist mit

[3] ebd.

dir. Sie aber wurde bestürzt über das Wort und überlegte, was für ein Gruß dies sei. Und der Engel sprach zu ihr: Fürchte dich nicht, Maria! Denn du hast Gunst[4] bei Gott gefunden. Und siehe, du wirst schwanger werden und einen Sohn gebären, und du sollst seinen Namen Jesus nennen. Dieser wird groß sein und Sohn des Höchsten genannt werden; und der Herr, Gott, wird ihm den Thron seines Vaters David geben; und er wird über das Haus Jakobs herrschen in Ewigkeit, und seines Königtums wird kein Ende sein.

Was ging Maria in diesem Moment wohl durch den Kopf? Der Text sagt sie „erschrak", sie „dachte" und versuchte zu verstehen wovon der Engel redete. Gabriel beruhigte ihr Herz und ihre Gedanken mit den Worten: „Fürchte dich nicht." Denke doch einmal einen Moment über die Worte nach: „Du hast Gunst bei Gott gefunden." Was für eine unglaubliche, schöne und wunderbare Aussage. Gibt es eine größere Freude oder ein größeres Wunder, als bei Gott *Gunst* gefunden zu haben. Nicht weil wir etwas dafür getan hätten, sondern aus reiner göttlicher Gnade. Das galt auch für Maria, Gott entschied sich in seiner göttlichen Souveränität, Maria Gnade zu erweisen. Seine Gnade bestand darin, ihr die Menschwerdung seines einzigen Sohnes anzuvertrauen. Es ist ein wunderbares Vorrecht, den Sohn Gottes zu gebären, doch Gott sah in Maria die Qualität des Glaubens und solche Charaktereigenschaften, die er suchte. Das zeigt sich in Marias Antwort auf Gabriels Ankündigung.

Lukas 1,34-38
Maria aber sprach zu dem Engel: Wie wird dies zugehen, da ich von keinem Mann weiß? Und der Engel antwortete und sprach zu ihr: Der Heilige Geist wird über dich kommen, und Kraft des Höchsten wird dich überschatten; darum wird auch das Heilige, das geboren werden wird, Sohn Gottes genannt werden. Und siehe, Elisabeth, deine Verwandte, auch sie erwartet einen Sohn in

[4] Abweichend von der Elberfelder Bibel. Im englischen Text wird anstatt „grace" hier „favor" gebraucht, das mit Gunst übersetzt wurde.

ihrem Alter, und dies ist der sechste Monat bei ihr, die unfruchtbar genannt war. Denn kein Wort, das von Gott kommt, wird kraftlos sein. Maria aber sprach: Siehe, ich bin die Magd des Herrn; es geschehe mir nach deinem Wort! Und der Engel schied von ihr.

Marias Frage: „Wie wird dies zugehen?" ist keine Frage des Zweifels oder der Herausforderung, sondern des Erstaunens und Verwunderns. Ich denke nicht, dass sie an Gottes Kraft gezweifelt hat, sondern sie wusste einfach nicht wie er es geschehen lassen würde. Außerdem hat sie sich wahrscheinlich auch gefragt warum ausgerechnet sie von Gott erwählt wurde. Hier können wir einen einfachen Glauben und Demut erkennen.
Nachdem Gabriel Marias Herz beruhigt hatte, beantwortete er ihre Frage. Ihre nächste Aussage zeigt ihr Herz und ihren Charakter. Maria ist nicht stolz darauf von Gott erwählt worden zu sein, stattdessen antwortet sie: „Siehe, ich bin die Magd des Herrn; es geschehe mir nach deinem Wort!" Oder um es mit anderen Worten widerzugeben: „Ich gehöre dem Herrn und sein Wunsch ist mir Befehl." Das war keine fatalistische Ergebenheit, sondern ein Ausdruck der Hingabe und des freudigen Gehorsams.
Maria verstand nur zum Teil was geschehen war, aber ihr Herz gehörte dem Herrn. Was immer auch vor ihr lag, sie vertraute darauf, dass der Herr mit ihr war und sein Wort erfüllte.

Maria dachte über den zukünftigen Dienst ihres Sohnes nach
Nach Gabriels Ankündigung hatte Maria genügend Zeit über das, was ihr verkündigt worden war und die Bedeutung des in ihr heranwachsenden Kindes nachzudenken. Als sie ihre Cousine Elisabeth, die mit Johannes dem Täufer schwanger war, besuchte, brach Maria in einen hohen Lobpreis aus. Ihr Nachsinnen über ihren zukünftigen Sohn verband sich mit der Erfüllung der seit Generationen bestehenden Verheißung Gottes an Israel.

Lukas 1, 46-55
Und Maria sprach: Meine Seele erhebt den Herrn, und mein

Geist hat gejubelt über Gott, meinen Heiland. Denn er hat hingeblickt auf die Niedrigkeit seiner Magd; denn siehe, von nun an werden mich glückselig preisen alle Geschlechter. Denn Großes hat der Mächtige an mir getan, und heilig ist sein Name. Und seine Barmherzigkeit ist von Geschlecht zu Geschlecht über die, welche ihn fürchten. Er hat Macht geübt mit seinem Arm; er hat zerstreut, die in der Gesinnung ihres Herzens hochmütig sind. Er hat Mächtige von Thronen hinabgestoßen und Niedrige erhöht. Hungrige hat er mit Gütern erfüllt und Reiche leer fortgeschickt. Er hat sich Israels, seines Knechtes, angenommen, um der Barmherzigkeit zu gedenken – wie er zu unseren Vätern geredet hat – gegenüber Abraham und seinen Nachkommen in Ewigkeit.

Maria bekam eine Ahnung von der Größe des Planes Gottes. Sie erkannte, dass das Kind in ihr eine Fortsetzung der uralten Pläne Gottes von Segen, Erlösung und Erfüllung der Verheißungen an sein Volk war. Maria erachtete sich selbst als sehr gesegnet, an diesem großen Erlösungsplan teilhaben zu dürfen. Endlich, nach vielen Jahrhunderten der Treue, die Gott seinem Volk gegenüber erwiesen hatte, gab er Israel durch „seinen Knecht eine Hilfe“ und Maria hatte Teil daran. Sie war bereit sich für Jesus zu „verschwenden“.

Maria dachte über das Wesen ihres neugeborenen Sohnes nach

Die Dinge, die sich bei der Geburt Jesu ereigneten, gaben Maria wiederum Gelegenheit, über das Handeln Gottes in ihrem Leben und in der Welt nachzudenken. Die Umstände der Geburt Jesu waren so niedrig, dass man es sich kaum vorstellen kann. Seine Eltern waren arm und er wurde in irgendeinem Stall in einem unbedeutenden Dorf, das wegen einer Volkszählung überfüllt war, geboren. Es gab keinen Posaunenschall, keine Party und keine große Feier, um die Geburt eines Königs anzukündigen – jedenfalls nicht von menschlicher Seite.

Irgendwann in der Nacht bekamen Joseph und Maria Besuch von einigen unbedeutenden Leuten. Es waren Hirten, die von den umliegenden Feldern kamen und sie erzählten eine erstaunliche Geschichte. Ein Engel hatte sie besucht und ihnen große Freude verkündet. *Denn siehe, ich verkündige euch große Freude, die für das ganze Volk sein wird. Denn euch ist heute ein Retter geboren, der ist Christus, der Herr, in Davids Stadt* (Lukas 2, 10-11). Der Engel sagte ihnen, sie würden das Kind in einer Krippe liegend finden. Danach erschien eine ganze Armee von Engeln und proklamierte: *Herrlichkeit Gott in der Höhe, und Friede auf Erden in den Menschen des Wohlgefallens* (Lukas 2,14)! Nach dieser Ankündigung verschwendeten die Hirten keine Zeit. Lukas schreibt hierzu:

> Lukas 2,15-19
> Und es geschah, als die Engel von ihnen hinweg in den Himmel auffuhren, dass die Hirten zueinander sagten: Lasst uns doch hingehen nach Bethlehem und diese Sache sehen, die geschehen ist und die der Herr uns kundgetan hat. Und sie kamen eilend und fanden Maria und Josef, und das Kind in der Krippe liegend. Als sie es aber gesehen hatten, machten sie das Wort bekannt, das über dieses Kind zu ihnen geredet worden war. Und alle, die es hörten, wunderten sich über das, was ihnen von den Hirten gesagt wurde. Maria aber bewahrte alle diese Worte und erwog sie in ihrem Herzen.

Welche Dinge bewahrte und bewegte Maria in ihrem Herzen? Zuerst die Tatsache, dass die Geburt ihres Sohnes „große Freude ... für alles Volk“ bringen sollte. Ich frage mich, was Maria wohl unter diesen ungemütlichen Umständen darüber dachte. Zweitens war ihr Sohn, Jesus, „der Heiland... Christus, der Herr“. Ob Maria zu diesem Zeitpunkt auch nur die geringste Ahnung davon hatte, dass ihr Sohn sterben müsste, um seinen Platz als Erlöser einnehmen zu können? Drittens dachte Maria darüber nach, dass trotz der niedrigen Umstände der Geburt ihres Sohnes die Engel am Himmel erschienen und sangen. Ob sie sich gefragt hat wie es sein würde die Mutter des Sohnes Gottes zu sein?

Maria dachte über die Bestimmung ihres Sohnes nach

Das erste öffentliche Wunder Jesu geschah bei einer Hochzeit, und auch Maria war anwesend. Eigentlich gab sie den Anstoß dazu.

Johannes 2,1-11
Und am dritten Tag war eine Hochzeit zu Kana in Galiläa; und die Mutter Jesu war dort. Es war aber auch Jesus mit seinen Jüngern zu der Hochzeit eingeladen. Und als es an Wein mangelte, spricht die Mutter Jesu zu ihm: Sie haben keinen Wein. Jesus spricht zu ihr: Was habe ich mit dir zu schaffen, Frau? Meine Stunde ist noch nicht gekommen. Seine Mutter spricht zu den Dienern: Was er euch sagen mag, tut! Es waren aber sechs steinerne Wasserkrüge dort aufgestellt nach der Reinigungssitte der Juden, wovon jeder zwei oder drei Maß fasste. Jesus spricht zu ihnen: Füllt die Wasserkrüge mit Wasser! Und sie füllten sie bis oben an. Und er spricht zu ihnen: Schöpft nun und bringt es dem Speisemeister! Und sie brachten es. Als aber der Speisemeister das Wasser gekostet hatte, das Wein geworden war – und er wusste nicht, woher er war, die Diener aber, die das Wasser geschöpft hatten, wussten es – ruft der Speisemeister den Bräutigam und spricht zu ihm: Jeder Mensch setzt zuerst den guten Wein vor, und wenn sie betrunken geworden sind, dann den geringeren; du hast den guten Wein bis jetzt aufbewahrt. Diesen Anfang der Zeichen machte Jesus zu Kana in Galiläa und offenbarte seine Herrlichkeit; und seine Jünger glaubten an ihn.

Warum wandte sich Maria an ihren Sohn Jesus als der Wein ausging? Soweit wir aus der Schrift erkennen können, hatte sie ihn noch keine Wunder vollbringen sehen. Jesus selbst sagte zu ihr, seine „Stunde“ sei noch nicht gekommen. Vielleicht war es ihre Gewohnheit, zuerst Jesus zu fragen. Es ist möglich, dass Joseph zu dieser Zeit bereits gestorben war und Jesus, als der Älteste, jetzt das Familienoberhaupt war. Außerdem hatte sie dreißig Jahre lang Zeit gehabt, über die Berufung ihres Sohnes nachzudenken, so wie es bei seiner Geburt angekündigt wurde. Außerdem konnte sie in dieser Zeit sein sündloses Leben beobachten.[5] Wie war das wohl, täglich mit einem sündlosen Sohn zusammen zu sein, der immer

[5] „New Commentary on the Whole Bible, New Testament Volume“, Wheaton, IL, Tyndale House Publishers, Inc.

gehorsam und voller Respekt war, der niemals Widerworte gab und nie etwas tat, das eine Ermahnung oder Strafe erfordert hätte? Wie hat sich Maria in den dreißig Jahren gefühlt, als sie ständig mit dem Sohn Gottes zusammen war, vom Baby bis zum Mannesalter?

Wie auch immer, Maria hatte offensichtlich darauf vertraut, dass Jesus in dieser Situation etwas tun würde. Jesu Reaktion war weder ablehnend noch verachtend. Als Jesus den Begriff „Weib" gebrauchte, war dies ein Ausdruck der Achtung und des Respekts. Die Frage, die er Maria stellte, hilft uns, den Zusammenhang zwischen der Offenbarung seiner Herrlichkeit und dem nachfolgenden Wunder zu erkennen. Maria ging davon aus, dass Jesus dieser Not begegnen würde.[6]

Viele Jahre des Nachsinnens hatten Maria zu der Überzeugung geführt, dass ihr Sohn eine einzigartige Berufung und eine einmalige Mission zu erfüllen hatte. Doch hatte sie bereits verstanden, dass er sterben musste?

Jesus half mit der Verwandlung des Wassers in Wein nicht nur jemanden aus einer peinlichen Notlage heraus, sondern es war zugleich der Beginn seines öffentlichen Dienstes. Es war in einer Weise eine symbolische Handlung, denn Wein ist ein Bild für geistliche Freuden. Endlich war Gottes Bestes durch Jesus gekommen. Die Verwandlung des Wassers in Wein war eine freudige Feier zu Beginn eines neuen Zeitalters.[7] Hatte Maria das verstanden, hatte sie sich deshalb an Jesus gewandt, als der Wein ausging? Vielleicht war sie durch das Nachsinnen in ihrem Herzen zu der Überzeugung gelangt, dass jetzt die „Stunde" ihres Sohnes gekommen war.

Maria dachte über den Tod ihres Sohnes nach

„Wie konnte das alles so schnell enden? Wurde er nur geboren, damit er auf schreckliche Weise umkommen würde? Ist das Teil deines Plans – Gott? Wie kann das sein?" Keiner weiß welche Gedanken Maria beschäftigten und ihr Herz durchbohrten, als sie

---

[6] „The Believer's Study Bible, W. A. Criswell, ed., Daniel L. Akin, New Testament ed., Criswell Center for Biblical Studies, 1991, Cedar Rapids, IA.

[7] ebd.

Jesus am Kreuz hängen sah. Konnte sie in diesem Augenblick erfassen, dass ihr geliebter Sohn das Lamm Gottes war, welcher die Sünden der Welt trug oder verstand sie es erst später? Hat sie über die Verheißungen und Prophetien, über all die Träume und Hoffnungen, die dreiunddreißig Jahre lang in ihr ruhten, nachgedacht? Versuchte sie die Worte zusammenzufügen, um die Kreuzigung zu rechtfertigen?

> Johannes 19,25-27
> Es standen aber bei dem Kreuz Jesu seine Mutter und die Schwester seiner Mutter, Maria, des Klopas Frau, und Maria Magdalena. Als nun Jesus die Mutter sah und den Jünger, den er liebte, dabeistehen, spricht er zu seiner Mutter: Frau, siehe, dein Sohn! Dann spricht er zu dem Jünger: Siehe, deine Mutter! Und von jener Stunde an nahm der Jünger sie zu sich.

Welche Gedanken Maria sich auch machte, Jesus dachte an sie. Als Familienoberhaupt war Jesus für das Wohlergehen seiner Mutter verantwortlich. Während er im Sterben lag, übertrug er Johannes, dem Jünger, den er liebte, die Verantwortung. Seit diesem Tag behandelte Johannes Maria wie seine Mutter und Maria betrachtete Johannes als ihren Sohn. Warum hat Jesus seine Mutter nicht unter den Schutz seiner Brüder gestellt? Zunächst waren sie offensichtlich nicht anwesend und zweitens glaubte keiner seiner Brüder zum Zeitpunkt seines Todes daran, dass er der Messias sei. Jesus stellte seine Mutter, eine Gläubige, unter den Schutz Johannes, der ebenfalls gläubig war.
Marias Nachsinnen über die Person Jesu am Kreuz, lehrte sie, dass der Weg zur Freude, Gemeinschaft und dem Einssein mit Gott unvermeidlich durch das Dickicht von Schmerz, Leid und Herzensqual führt.

Maria dachte über den Sieg ihres auferstandenen Sohnes nach

Genauso wie die Jünger Jesu hatte auch Maria nicht erwartet, ihren Sohn nach der Kreuzigung und Grablegung wiederzusehen. Offensichtlich erwartete keiner seiner Jüngern, dass er vom Tod auferstehen würde. Sie waren von der Entdeckung des leeren Grabes ebenso überrascht wie jeder andere. Erst als Jesus ihnen leibhaftig erschien, begannen ihre Zweifel zu schwinden. Obwohl im Neuen Testament nicht ausdrücklich erwähnt wird, dass der auferstandene Jesus seiner Mutter erschien, kann ich mich nicht mit dem Gedanken anfreunden, dass er sich nicht der Person gezeigt hat, die ihm auf Erden näher war als jeder andere. Im 1. Korintherbrief schreibt Paulus über die Erscheinungen Jesu nach seiner Auferstehung:

> 1. Korinther 15,3-8
> Denn ich habe euch vor allem überliefert, was ich auch empfangen habe: dass Christus für unsere Sünden gestorben ist nach den Schriften; und dass er begraben wurde und dass er auferweckt worden ist am dritten Tag nach den Schriften; und dass er Kephas erschienen ist, dann den Zwölfen. Danach erschien er mehr als fünfhundert Brüdern auf einmal, von denen die meisten bis jetzt übriggeblieben, einige aber auch entschlafen sind. Danach erschien er Jakobus, dann den Aposteln allen; zuletzt aber von allen, gleichsam der unzeitigen Geburt, erschien er auch mir.

Sicherlich war auch Maria darunter. Ich denke Jesu Brüder waren ebenfalls dabei. Tatsache ist, dass Jakobus, den Paulus hier erwähnt und der später einer der Leiter in der Gemeinde zu Jerusalem wurde, ein Halbbruder Jesu war. Es gibt keinen Hinweis darauf, dass die Brüder Jesu vor seiner Auferstehung an ihn als den Herrn und Erlöser glaubten. Später jedoch werden sie mit Maria unter denen aufgeführt, die im Obergemach auf den Heiligen Geist warteten. Was sonst könnte sie überzeugt haben, als dass sie den auferstandenen Jesus gesehen haben?

Die Obergemach-Erfahrung

Vor seiner Himmelfahrt befahl Jesus seinen Nachfolgern, in Jerusalem zu bleiben und auf den Heiligen Geist zu warten. Dann würden sie, ausgerüstet durch die Kraft des Heiligen Geistes, das

Evangelium bis zu den Enden der Erde bringen. Nachdem er diese Dinge gesagt hatte, fuhr Jesus auf in den Himmel.

> Apostelgeschichte 1,12-14
> Da kehrten sie nach Jerusalem zurück von dem Berg, welcher Ölberg heißt, der nahe bei Jerusalem ist, einen Sabbatweg entfernt. Und als sie hineingekommen waren, stiegen sie hinauf in den Obersaal, wo sie sich aufzuhalten pflegten: sowohl Petrus als Johannes und Jakobus und Andreas, Philippus und Thomas, Bartholomäus und Matthäus, Jakobus, der Sohn des Alphäus, und Simon, der Eiferer, und Judas, der Sohn des Jakobus. Diese alle verharrten einmütig im Gebet mit einigen Frauen und Maria, der Mutter Jesu, und mit seinen Brüdern.

Was hat Maria wohl gedacht, als sie im Obergemach warteten und beteten? Sie hatte Jesus sterben und auferstehen sehen. Als Kind unterordnete Jesus sich ihrer Autorität als Mutter, und jetzt unterordnete sie sich seiner Autorität als dem Herrn. Konnte sie das verstehen? Erfasste sie nun die Breite und die Tiefe des ewigen Plans Gottes?

Hatte Maria am Pfingsttag völlig verstanden wer er war, den sie einst „Sohn" und jetzt „Herr" nannte, als Feuerzungen auf ihr ruhten und die göttliche Gegenwart sich in ihren Geist hineinsenkte, um dort zu wohnen?

Weil Maria ein Leben lang über Jesus nachdachte, wurde ihr Geist mit unbezahlbarem Reichtum und Staunen erfüllt. So wie sie viele Jahre zuvor gesagt hatte: „Der Allmächtige hat Großes für mich getan und jede Generation wird mich als über alle Maßen gesegnet bezeichnen."

Wenn wir Jesus sehen wie er ist, verliert alles andere an Bedeutung

Um unser Leben ins richtige Gleichgewicht zu bekommen, ist es hilfreich, dass wir über die Person Jesu nachsinnen. Denn wenn wir Jesus sehen *wie er wirklich ist*, verändert sich unsere Sicht vollständig. Drei Jünger Jesu entdeckten das als sie Jesus eines Tages auf einen Berg begleiteten.

> Markus 9,1-8
> Und er sprach zu ihnen: Wahrlich, ich sage euch: Es sind einige von denen, die hier stehen, die den Tod nicht schmecken werden, bis sie das Reich Gottes in Kraft haben kommen sehen. Und nach sechs Tagen nimmt Jesus Petrus und Jakobus und Johannes mit und führt sie für sich allein auf einen hohen Berg. Und er wurde vor ihnen umgestaltet; und seine Kleider wurden glänzend, sehr weiß, so wie kein Walker auf der Erde weiß machen kann. Und es erschien ihnen Elia mit Mose, und sie unterredeten sich mit Jesus. Und Petrus begann und sagte zu Jesus: Rabbi, es ist gut, dass wir hier sind; und wir wollen drei Hütten machen, dir eine und Mose eine und Elia eine. Er wusste nämlich nicht, was er sagen sollte, denn sie waren voller Furcht. Und es kam eine Wolke, die sie überschattete; und eine Stimme kam aus der Wolke: Dieser ist mein geliebter Sohn, ihn hört! Und plötzlich, als sie sich umblickten, sahen sie niemand mehr bei sich außer Jesus allein.

Als Petrus, Jakobus und Johannes mit Jesus auf den Berg stiegen, wurde er vor ihren Augen verwandelt. Sie sahen ihren Herrn für einige kurze faszinierende Momente wie sie ihn noch nie zuvor gesehen hatten. Sie hatten das Vorrecht, für einen flüchtigen Moment seine Herrlichkeit zu sehen, die Herrlichkeit, die er als Sohn Gottes besaß. Gleichzeitig erschienen Mose und Elia und redeten mit Jesus. Wie haben die Jünger Mose und Elia erkannt? Vielleicht war es durch göttliche Offenbarung oder es gab ein paar sichtbare Merkmale. Abgesehen von ihrer tatsächlichen Gegenwart, glaube ich, dass die Erscheinung Moses und Elias auch eine symbolische Bedeutung hatte. Mose repräsentierte das Gesetz und Elia die Propheten, für jeden hingegebenen Juden bedeutete dies die Summe des Lebens. Jesus war die Erfüllung des Gesetzes und der Propheten.

Begeistert wie Petrus war, wollte er gleich ein Lager auf dem Berg aufschlagen. Es wird berichtet, dass die Jünger „voller Furcht" waren, trotzdem sagte Petrus: „Es ist gut hier." Sie befanden sich in „Heiliger Furcht" vor der ehrfurchtsgebietenden und furchteinflößenden Gegenwart des Allmächtigen, die sonst nirgends zu finden ist. Petrus war ein „Schwätzer" und bot gleich an drei Hütten für die drei verherrlichten Wesen, die vor ihnen standen, zu bauen. Es wäre leicht für ihn gewesen, mit Mose und Elia ins Gespräch zu kommen und mit ihnen über das vergangene und gegenwärtige Handeln Gottes zu reden.

Wie auch immer, es war nicht die Zeit zum *Reden*, es war die Zeit des *Hörens*. Ein Wolke umgab sie und die Stimme Gottes sprach aus ihr: „Dies ist mein geliebter Sohn, hört auf ihn!" In diesem Augenblick sahen Petrus, Jakobus und Johannes nur noch Jesus. Mose und Elia waren nicht mehr da und ich glaube, dass dieses Verschwinden des Gesetzgebers und des Propheten auch eine symbolische Bedeutung hatte.

Die Schrift berichtet über die Eifersucht des Vaters für seinen Sohn und zeigt sein großes Verlangen, mit uns zu reden. Damit wir Gott hören können, müssen wir uns so auf ihn ausrichten, dass alles andere neben ihm verblasst. In einer Weise richtete der Vater die Augen von Petrus, Jakobus und Johannes so sehr auf Jesus, dass sie Mose und Elia nicht mehr sahen. Wenn wir über die Person Jesu nachsinnen, lernen wir, unsere Gedanken, unseren Verstand und unser Herz so auf ihn auszurichten, dass alles andere daneben verschwindet.

Wenn wir Jesus so sehen wie er wirklich ist, wird unsere Sicht für immer verändert

Ich bin mir sicher, dass Petrus, Jakobus und Johannes Jesus nie wieder in gleicher Weise gesehen haben wie vor ihrer Bergerfahrung. Jesus so zu sehen wie er wirklich war – in seiner Herrlichkeit – veränderte ihre Perspektive für immer. Leider gibt es keinen schriftlichen Bericht darüber wie Jakobus seine Erfahrung mit eigenen Worten beschrieben hätte. Er schrieb keinen Teil des Neuen Testamentes, doch er war der erste der Apostel, der unter König Herodes Agrippa im Jahr 44 n. Chr. als Märtyrer starb.

Anders Petrus und Johannes, ihre geisterfüllten Eindrücke und Beschreibungen von Jesus sind im Neuen Testament festgehalten.

Das ist die Frucht vieler Jahre des Meditierens, Nachdenkens, Überlegens und Nachsinnens über seine Person. So hat Petrus Jesus gesehen:

Apostelgeschichte 2,36
Das ganze Haus Israel wisse nun zuverlässig, dass Gott ihn sowohl zum Herrn als auch zum Christus gemacht hat, diesen Jesus, den ihr gekreuzigt habt.

Apostelgeschichte 4,11-12
Das ist der Stein, der von euch, den Bauleuten, verachtet, der zum Eckstein geworden ist. Und es ist in keinem anderen das Heil; denn auch kein anderer Name unter dem Himmel ist den Menschen gegeben, in dem wir gerettet werden müssen.

1. Petrus 2,21-22 u. 24
Denn hierzu seid ihr berufen worden; denn auch Christus hat für euch gelitten und euch ein Beispiel hinterlassen, damit ihr seinen Fußspuren nachfolgt: der keine Sünde getan hat, auch ist kein Trug in seinem Mund gefunden worden, ... der unsere Sünden an seinem Leib selbst an das Holz hinaufgetragen hat, damit wir, den Sünden abgestorben, der Gerechtigkeit leben; durch dessen Striemen ihr geheilt worden seid.

2. Petrus 1,16-18
Denn wir haben euch die Macht und Ankunft unseres Herrn Jesus Christus kundgetan, nicht indem wir ausgeklügelten Fabeln folgten, sondern weil wir Augenzeugen seiner herrlichen Größe gewesen sind. Denn er empfing von Gott, dem Vater, Ehre und Herrlichkeit, als von der erhabenen Herrlichkeit eine solche Stimme an ihn erging: „Dies ist mein geliebter Sohn, an dem ich Wohlgefallen gefunden habe." Und diese Stimme hörten wir vom Himmel her ergehen, als wir mit ihm auf dem heiligen Berg waren.

Manchmal ist das Verständnis des Johannes über Jesus tiefgründiger als das des Petrus. Vielleicht hat es etwas mit der Tatsache zu tun, dass Johannes etwa sechzig Jahre nach dem Tod Jesu darüber schrieb. Das war eine lange Zeit und damit konnte das Nachsinnen an Form und Kontur gewinnen.

Johannes 1,1-4 u. 12
Im Anfang war das Wort, und das Wort war bei Gott, und das Wort war Gott. Dieses war im Anfang bei Gott. Alles wurde durch dasselbe, und ohne dasselbe wurde auch nicht eines, das geworden ist. In ihm war Leben, und das Leben war das Licht der Menschen.... so viele ihn aber aufnahmen, denen gab er das Recht, Kinder Gottes zu werden, denen, die an seinen Namen glauben;

Johannes 1,14
Und das Wort wurde Fleisch und wohnte unter uns, und wir haben seine Herrlichkeit angeschaut, eine Herrlichkeit als eines Eingeborenen vom Vater, voller Gnade und Wahrheit.

Es ist ein wichtiger Teil der Meditation, über die Person Jesu nachzusinnen, denn im Nachsinnen über Jesus, offenbart er sich uns selbst. Nur wenn wir Jesus *kennen*, können wir ihm *ähnlich* werden und *christus-ähnlich* in unserem Alltag leben.

Radikale Veränderung

Sehnst du dich nach Veränderung? Möchtest du in eine tiefere Beziehung mit dem Herrn hineinkommen? Dann ist das Nachsinnen im Herzen genau das richtige Rezept für dich. Während wir über das Wunder der Person Jesu Christi nachsinnen, strecken wir uns sogleich nach oben und nach innen zum Liebhaber unseres Herzens aus und werden verändert. Diese uralte Methode klingt nach einem anderen Weg, sich für Jesus zu „verschwenden“. Dem Weg zur radikalen Veränderung.
Sich danach auszustrecken, Jesus ähnlicher zu werden, führt in ein größeres Einssein mit ihm. Der Apostel Paulus hat das verstanden und es zu seinem Lebensziel gemacht.

Fragen

1. Welche Dinge hat Maria, die Mutter Jesu, in ihrem Herzen bewegt?
2. Was kannst du von Maria lernen?
3. Welche Dinge bewegst du am liebsten in deinem Herzen?

Literatur

„Waiting on God“, Andrew Murray (Whitaker,1981).

„Prophetische Fürbitte – Gottes Verheißungen auf Knien erbeten“, Jim Goll (Aufbruch-Verlag, 1999).

„The Way of the Heart“, Henri Nouwen (Ballantine,1983).

Kapitel 9

Eins werden mit Christus

Erinnerst du dich noch an die Vision der sieben aufeinander folgenden Tore am Anfang dieses Buches? Über dem sechsten Tor war das Wort „Gnade“ zu lesen und es hatte etwas mit Gottes Offenbarung zu tun, die sich in unserem Leben entfaltet. Es braucht wahrlich großes Mitleid und Erbarmen, damit der Herr nicht an uns verzweifelt.

In der weiteren Vision sah ich über dem siebten Tor die Worte: „Eins werden mit Christus“. Wie sehr sehnt sich mein Herz danach, dass das in meinem Leben Wirklichkeit wird. Seit dieser Erfahrung suchte ich in neuer Weise in der Schrift nach dieser mystischen Ehe, die oft als das „höhere Einssein“ bezeichnet wird. Ich bat den Herrn, mir Lehrer und Mentoren zu diesem Thema zu geben.

Wiederum war der Heilige Geist treu und führte mich zu den Briefen des Paulus, dem Sklaven Jesu Christi. Dieser Mann verzehrte sich wirklich für Gott. Als nächstes führte mich mein guter Herr im Traum zum St. Lawrencefluss, der Kanada und die USA voneinander trennt. Als ich erwachte, wusste ich, dass ich mich mit den Schriften von Bruder Lorenz auseinander setzen sollte. Darüber hinaus hatte ich noch eine „Verabredung“ mit meinem Freund Andrew Murray. (Ich habe ihn natürlich nie getroffen – ich habe nur seine Bücher verschlungen).

Wir wollen uns weiter nach dem Liebhaber unseres Herzens ausstrecken und vom Wasser des Geistes nehmen, das uns durch die Diener des Herrn wie Paulus, dem apostolischen Lehrer und Bruder Lorenz, dem Türhüter seiner Gegenwart gegeben wird. Außerdem werden wir hier und da auch von anderen kontemplativen Schreibern „kosten“.

Die Berufung des Paulus

Wenn wir nur eine Aussage der Schriften des Paulus über seine eigene Berufung herausgreifen wollten, wäre es wahrscheinlich diese:

Denn das Leben ist für mich Christus und das Sterben Gewinn (Philipper 1,21). Paulus identifizierte sich so sehr mit Christus, dass er sein eigenes Leben für nichts erachtete. Nachdem Paulus sich bei den Philippern als Jude und Pharisäer „empfohlen" hat, fährt er fort und rückt seine „Empfehlung" ins richtige Licht:

> Philipper 3,7-11
> Aber was auch immer mir Gewinn war, das habe ich um Christi willen für Verlust gehalten; ja wirklich, ich halte auch alles für Verlust um der unübertrefflichen Größe der Erkenntnis Christi Jesu, meines Herrn, willen, um dessentwillen ich alles eingebüßt habe und es für Dreck halte, damit ich Christus gewinne und in ihm gefunden werde - indem ich nicht meine Gerechtigkeit habe, die aus dem Gesetz ist, sondern die durch den Glauben an Christus, die Gerechtigkeit aus Gott aufgrund des Glaubens -, um ihn und die Kraft seiner Auferstehung und die Gemeinschaft seiner Leiden zu erkennen, indem ich seinem Tod gleichgestaltet werde, ob ich irgendwie hingelangen möge zur Auferstehung aus den Toten.

Paulus betrachtete seine Glanzleistungen und seinen vornehmen Status als „Schaden" und als „Dreck" im Vergleich zu der „Erkenntnis Christi". Es war das Ziel seines Lebens, mit Christus eins zu werden und um dieses Ziel zu erreichen war es notwendig, Jesus täglich zu suchen, um ihm immer ähnlicher zu werden. Das Einswerden mit Christus bedeutete für Paulus, täglich darin zu wachsen, ihm ähnlicher zu werden.
Sieh dir an, in welcher Weise Paulus diesen Weg des Einswerdens beschreibt. Paulus möchte nicht nur „Christus gewinnen", sondern er möchte „in ihm gefunden" werden. Er möchte Christus „erkennen" und das nicht nur als Kopfwissen oder intellektuelle Erfahrung, sondern auf jede erdenkliche Art. Paulus möchte sich völlig mit Christus identifizieren, sowohl „in der Kraft seiner Auferstehung" als auch „in der Gemeinschaft seiner Leiden". Er ist bereit das Gute und das Schlechte anzunehmen, denn er weiß, sich mit Christus zu verbinden, bedeutet sich in Feindschaft mit der Welt zu

begeben. So wie die Welt Christus gehasst hat, wird sie auch seine Nachfolger hassen. Es gehörte für Paulus einfach mit dazu. Niemand kann das volle Einssein mit Christus erleben, wenn er nicht bereit ist, sich sowohl mit Jesu *Tod* als auch mit seinem *Leben* zu identifizieren. Deshalb betrachtete sich Paulus als mit Christus gestorben. Darin ist eine wichtige Lektion für uns enthalten. Es ist so leicht sich in den Segnungen, Gaben und guten Gefühlen des geistlichen Lebens zu verlieren, dass wir den Ruf der Jüngerschaft Jesu, den Ruf zur Disziplin, Selbstverleugnung und zum Opfern vergessen. Viele Christen sehnen sich nach dem Ersten, wollen aber das Letztere nicht haben. Einswerden mit Christus bedeutet jedoch beides. Jesus sagt: *Wenn jemand mir nachkommen will, verleugne er sich selbst und nehme sein Kreuz auf täglich und folge mir nach* (Lukas 9,23)! Der Theologe Dietrich Bonhoeffer schreibt in seinem Buch „The Cost of Discipleship“ (Der Preis der Nachfolge): „Wenn wir gerufen sind Christus nachzufolgen, dann sollen wir ausschließlich an seiner Person hängen“.[1] Und weiter schreibt er: „Wenn Christus jemanden ruft, fordert er ihn auf zu kommen und zu sterben“.[2]

Christus war alles für Paulus

Einige der letzten Worte, die Paulus schrieb, fassen sein Leben zusammen. *Denn ich werde schon als Trankopfer gesprengt, und die Zeit meines Abscheidens steht bevor. Ich habe den guten Kampf gekämpft, ich habe den Lauf vollendet, ich habe den Glauben bewahrt* (2. Timotheus 4, 6-7). Paulus hatte sein Streben nach Erfolg bereits als „Schaden“ und als „Dreck“ im Vergleich zu Christus bezeichnet, und betrachtete sich *der Sünde für tot, Gott aber lebend in Christus Jesus* (Römer 6,11)!

Jetzt sah er sich als „Trankopfer“ für Gott ausgeschüttet. Paulus erachtete es für nichts, sein Leben für Jesus zu „verschwenden“, denn es bedeutete ihm nichts. Für Paulus war Christus das Leben, Christus war sein alles.

---

[1] Dietrich Bonhoeffer, „The Cost of Discipleship“, New York, The Macmillan Company, 1963, Seite 63.

[2] ebd., Seite 99.

Völlige Identifikation

Die völlige Identifikation mit Christus durchdringt die Paulusbriefe im Neuen Testament. Er nimmt immer wieder auf die eine oder andere Weise darauf Bezug. Schau dir folgende Stellen an:

1. Korinther 11,1
Seid meine Nachahmer, wie auch ich Christi Nachahmer bin!

1. Korinther 2,2
Denn ich nahm mir vor, nichts anderes unter euch zu wissen, als nur Jesus Christus, und ihn als gekreuzigt.

Galater 2,20
... und nicht mehr lebe ich, sondern Christus lebt in mir; was ich aber jetzt im Fleisch lebe, lebe ich im Glauben, und zwar im Glauben an den Sohn Gottes, der mich geliebt und sich selbst für mich hingegeben hat.

Galater 6,14
Mir aber sei es fern, mich zu rühmen als nur des Kreuzes unseres Herrn Jesus Christus, durch das mir die Welt gekreuzigt ist und ich der Welt.

Philipper 2,5-8
Habt diese Gesinnung in euch, die auch in Christus Jesus war, der in Gestalt Gottes war und es nicht für einen Raub hielt, Gott gleich zu sein. Aber er machte sich selbst zu nichts und nahm Knechtsgestalt an, indem er den Menschen gleich geworden ist, und der Gestalt nach wie ein Mensch befunden, erniedrigte er sich selbst und wurde gehorsam bis zum Tod, ja, zum Tod am Kreuz.

Kolosser 3,1-4
Wenn ihr nun mit dem Christus auferweckt worden seid, so sucht, was droben ist, wo der Christus ist, sitzend zur Rechten

Gottes! Sinnt auf das, was droben ist, nicht auf das, was auf der Erde ist! Denn ihr seid gestorben, und euer Leben ist verborgen mit dem Christus in Gott. Wenn der Christus, euer Leben, geoffenbart werden wird, dann werdet auch ihr mit ihm geoffenbart werden in Herrlichkeit.

Kolosser 3,9-11
Belügt einander nicht, da ihr den alten Menschen mit seinen Handlungen ausgezogen und den neuen angezogen habt, der erneuert wird zur Erkenntnis nach dem Bild dessen, der ihn erschaffen hat! Da ist weder Grieche noch Jude, Beschneidung noch Unbeschnittenheit, Barbar, Skythe, Sklave, Freier, sondern Christus alles und in allen.

Paulus Ruf war es, Christus ähnlich zu werden

Paulus drängt auch in seinen Briefen ständig darauf, so zu reden, zu denken und zu leben, dass es das Herz und den Sinn Christi widerspiegelt. Lass uns noch ein paar Schriftstellen zum Bau unseres Fundamentes betrachten:

1. Thessalonicher 5,15-22
Seht zu, dass niemand einem anderen Böses mit Bösem vergelte, sondern strebt allezeit dem Guten nach gegeneinander und gegen alle! Freut euch allezeit! Betet unablässig! Sagt in allem Dank! Denn dies ist der Wille Gottes in Christus Jesus für euch. Den Geist löscht nicht aus! Weissagungen verachtet nicht, prüft aber alles, das Gute haltet fest! Von aller Art des Bösen haltet euch fern!

Epheser 4,29
Kein faules Wort komme aus eurem Mund, sondern nur eins, das gut ist zur notwendigen Erbauung, damit es den Hörenden Gnade gebe!

Römer 12,1-2
Ich ermahne euch nun, Brüder, durch die Erbarmungen Gottes, eure Leiber darzustellen als ein lebendiges, heiliges, Gott wohlgefälliges Opfer, was euer vernünftiger Gottesdienst ist. Und seid

nicht gleichförmig dieser Welt, sondern werdet verwandelt durch die Erneuerung des Sinnes, dass ihr prüfen mögt, was der Wille Gottes ist: das Gute und Wohlgefällige und Vollkommene.

Philipper 4,8
Übrigens, Brüder, alles, was wahr, alles, was ehrbar, alles, was gerecht, alles, was rein, alles, was liebenswert, alles, was wohllautend ist, wenn es irgendeine Tugend und wenn es irgendein Lob gibt, das erwägt!

Paulus betont nicht zufällig, dass wir Christus imitieren sollen. Ich glaube, dass dies eine Folge davon ist, dass Paulus über die Person Jesu und seinen Tod am Kreuz nachgedacht und gebetet hat. Saulus (später Paulus) begegnete Jesus auf der Straße nach Damaskus und unser „glorreicher Eindringling“ forderte Saulus auf, ihm nachzufolgen. Saulus wusste sofort, was diese Einberufung bedeutete: Er musste sein ganzes Leben geben. Das ist der Preis für das Einswerden mit Christus.
Paulus war ergriffen von dem Wunsch, Christus ähnlich zu werden. Seine Motivation war Liebe, und er wollte alles erkennen was Christus für ihn getan hat. Nach seinem Verständnis kann man auf diese göttliche Liebe, Gnade und Barmherzigkeit nur mit völligem Gehorsam und Hingabe reagieren. Es war ein geringer Preis für Paulus, sein Leben für den Liebhaber seines Herzens, der alles für ihn gegeben hat, zu „verschwenden“.

Jesus Christus ist der Anfang und das Ende
Paulus verfolgte mit völliger Selbstaufgabe das Ziel, Jesus ähnlicher werden, denn er wusste, dass sein Leben ohne Jesus nichts wert war. Es ist deshalb so wichtig mit Christus eins zu werden, weil es ohne Jesus kein Leben gibt. Er ist entweder alles oder nichts. Er ist das Leben oder der Tod. Jesu Worte lassen daran keinen Zweifel.

Offenbarung 1,8
Ich bin das Alpha und das Omega, spricht der Herr, Gott, der ist und der war und der kommt, der Allmächtige.

Offenbarung 22,13
Ich bin das Alpha und das Omega, der Erste und der Letzte, der Anfang und das Ende.

Offenbarung 22,6
Und er sprach zu mir: Diese Worte sind gewiss und wahrhaftig, und der Herr, der Gott der Geister der Propheten, hat seinen Engel gesandt, seinen Knechten zu zeigen, was bald geschehen muss.

Johannes 8,58
Jesus sprach zu ihnen: Wahrlich, wahrlich, ich sage euch: Ehe Abraham war, bin ich.

Johannes 11,25-26
Jesus sprach zu ihr: Ich bin die Auferstehung und das Leben; wer an mich glaubt, wird leben, auch wenn er gestorben ist; und jeder, der da lebt und an mich glaubt, wird nicht sterben in Ewigkeit. Glaubst du das?

Johannes 14,6
Jesus spricht zu ihm: Ich bin der Weg und die Wahrheit und das Leben. Niemand kommt zum Vater als nur durch mich.

Die Schreiber des Neuen Testaments bestätigen diese Wahrheiten über Jesus.

Johannes 1,4
In ihm war Leben, und das Leben war das Licht der Menschen.

1. Johannes 5,12-13
Wer den Sohn hat, hat das Leben; wer den Sohn Gottes nicht hat, hat das Leben nicht. Dies habe ich euch geschrieben, damit ihr wisst, dass ihr ewiges Leben habt, die ihr an den Namen des Sohnes Gottes glaubt.

Petrus sagt über Jesus:

Apostelgeschichte 4,12
Und es ist in keinem anderen das Heil; denn auch kein anderer Name unter dem Himmel ist den Menschen gegeben, in dem wir gerettet werden müssen.

Warum brauchen wir das Einssein mit Christus? Warum sollen wir uns nach inniger Gemeinschaft mit ihm ausstrecken? Weil wir nur in ihm Leben finden. Jesus Christus ist das Leben, nur in ihm finden wir unseren Sinn und unsere Bestimmung. Jesus Christus ist das Alpha und Omega, er ist der Anfang und das Ende und auch alles dazwischen. Er ist der Siegespreis und das Ziel. Deshalb schrieb Paulus:

Philipper 3,12-14
Nicht, dass ich es schon ergriffen habe oder schon vollendet bin; ich jage ihm aber nach, ob ich es auch ergreifen möge, weil ich auch von Christus Jesus ergriffen bin. Brüder, ich denke von mir selbst nicht, es ergriffen zu haben; eines aber tue ich: Ich vergesse, was dahinten, strecke mich aber aus nach dem, was vorn ist, und jage auf das Ziel zu, hin zu dem Kampfpreis der Berufung Gottes nach oben in Christus Jesus.

In gleicher Weise ermutigt uns der Schreiber der Hebräerbriefes.

Hebräer 12,1-2
Deshalb lasst nun auch uns, da wir eine so große Wolke von Zeugen um uns haben, jede Bürde und die uns so leicht umstrickende Sünde ablegen und mit Ausdauer laufen den vor uns liegenden Wettlauf, indem wir hinschauen auf Jesus, den Anfänger und Vollender des Glaubens, der um der vor ihm liegenden Freude willen die Schande nicht achtete und das Kreuz erduldete und sich gesetzt hat zur Rechten des Thrones Gottes.

Höre den Herzschlag Gottes

Der Herzschlag ist ein sicheres Lebenszeichen. Solange wir das Herz schlagen hören, ist Leben vorhanden. Jesus Christus ist für uns der Herzschlag des Vaters. Erinnere dich daran, dass Johannes, der geliebte Apostel, während des Passahmahles an der Brust Jesu ruhte. Johannes hatte das Vorrecht, den Herzschlag Gottes zu hören. Später wird Johannes schreiben:

> Johannes 1,18
> Niemand hat Gott jemals gesehen; der eingeborene Sohn, der in des Vaters Schoß ist, der hat ihn kundgemacht.

Jesus ist „im Schoß des Vaters“ – er ist der Herzschlag des Vaters – und hat „ihn kundgemacht“. Wir kennen den Vater durch Jesus. Als der Vater Jesus sandte, gab er uns sein Bestes. Er sandte uns sein Herz. In Johannes 17 betet Jesus:

> Johannes 17,21
> ... damit sie alle eins seien, wie du, Vater, in mir und ich in dir, dass auch sie in uns eins seien, damit die Welt glaube, dass du mich gesandt hast.

Darum geht es im Einswerden mit Christus: Weil der Vater und der Sohn eins sind, werden wir durch den Sohn mit dem Vater eins. Sein Herz schlägt jetzt in uns. Wir sind in seinen Gedanken und in seinem Plan. Gott möchte uns in einen passenden Partner nach seinem Herzen verwandeln. Heilige Intimität – Heiliges Einssein – Heilige Ehe. Und was Gott zusammengefügt hat, kann kein Mensch trennen.

Einswerden mit Christus bedeutet, in ihm zu bleiben

Jesus selbst beschreibt in einem der schönsten und passendsten Bilder was unser Einssein mit ihm bedeutet. Er möchte, dass wir an ihm haften und für ihn verwandelt werden.

> Johannes 15,4-5, 7-8
> Bleibt in mir und ich in euch! Wie die Rebe nicht von sich selbst Frucht bringen kann, sie bleibe denn am Weinstock, so auch ihr

nicht, ihr bleibt denn in mir. Ich bin der Weinstock, ihr seid die Reben. Wer in mir bleibt und ich in ihm, der bringt viel Frucht, denn getrennt von mir könnt ihr nichts tun. Wenn ihr in mir bleibt und meine Worte in euch bleiben, so werdet ihr bitten, was ihr wollt, und es wird euch geschehen. Hierin wird mein Vater verherrlicht, dass ihr viel Frucht bringt und meine Jünger werdet.

Die einzige Funktion des Zweiges ist es, Frucht zu tragen, die vom Weinstock produziert wird. Das Leben kommt aus dem Weinstock und nicht aus dem Zweig. Der Weinstock überlebt ohne die Zweige, aber die Zweige nicht ohne den Weinstock. Der Zweig hat Anteil am Leben mit dem Weinstock, solange er mit ihm verbunden und eins ist. Ohne Jesus können wir nichts tun. Solange wir mit ihm verbunden sind, bringt er durch uns Frucht. Denk an die Worte des Paulus!

Galater 5,22-23
Die Frucht des Geistes aber ist: Liebe, Freude, Friede, Langmut, Freundlichkeit, Güte, Treue, Sanftmut, Enthaltsamkeit. Gegen diese ist das Gesetz nicht gerichtet.

Diese Frucht verherrlicht den Vater und segnet die Menschen um uns herum. Andere werden an der Frucht in unsrem Leben erkennen, dass wir mit Christus eins sind.

Führe sie zu Andrew

Vor Jahren sprach der Herr zu Dick Summons, einem Mann der im Verborgenen mit Gott lebt und einer meiner Mentoren im Bereich der Fürbitte ist. Er zeigte ihm eine große Ernte, die eines Tages kommen würde. Der Herr sprach zu ihm: „Führ sie zu Andrew". Dick war sich in dem Moment nicht sicher, was das bedeutete, aber einige Jahre später stellte er fest, dass Gott über die Klarheit der Worte Andrew Murrays gesprochen hatte.

„Führ sie zu Andrew"! Die Worte dieses großartigen Lehrers haben mein Leben stark verändert. Mögen die Schriften dieses Mannes

und anderer „Vorboten“ einen solchen Eindruck bei dir hinterlassen wie sie es bei mir getan haben.
In seinem berühmten Andachtsbuch: „Abide in Christ“ (Bleibe in Christus), beschreibt Andrew Murray den Zusammenhang von „in Christus bleiben und Frucht tragen“. Obwohl die Bücher vor gut einem Jahrhundert geschrieben wurden, haben mich die Werke dieses Reformators mehr geprägt als mancher moderne Autor. Ich preise Gott für die Offenbarungen, die er Andrew Murray gegeben hat.

> Wir alle wissen, das die Frucht das Produkt des Zweiges ist, durch das Menschen genährt und erfrischt werden. Die Frucht ist nicht um des Zweiges willen da, sondern für die, die kommen und sie pflücken. Sobald die Frucht reif ist, gibt der Zweig sie her, um sich erneut der Aufgabe der Fruchterzeugung hinzugeben. Ein fruchttragender Baum lebt nicht für sich selbst, sondern ist völlig für den da, der von seiner Frucht lebt und sie genießt. Der Zweig existiert nur um der Frucht willen. Es ist seine Aufgabe, das Herz des Gärtners zu erfreuen.
> In Christus zu sein ist ein schönes Bild für den Gläubigen. Er wächst nicht nur und wird durch die Verbindung mit dem Weinstock fester und stärker, sondern er bringt auch Frucht, viel Frucht. Er hat die Fähigkeit anderen Leben und Nahrung anzubieten. Mitten unter allen anderen wird er zum Baum des Lebens, von dem gekostet und gelebt werden darf. In seiner Umgebung wird er zum Mittelpunkt des Lebens und ein Segen, und das einfach nur deshalb, weil er in Christus bleibt und den Geist des Lebens empfängt, um ihn an andere weiterzugeben. Wenn du ein Segen für andere sein willst, musst du deshalb lernen, in Christus zu sein. So sicher wie der Zweig, der am Weinstock bleibt, Frucht bringt, so sicher und weit darüber hinaus, wird die Person ein Segen sein, die in Christus bleibt.[3]

Murray erinnert hier daran, dass der Herr uns nicht nur um unsertwillen segnet, sondern deshalb, damit wir für andere ein Segen

---

[3] Andrew Murray, „Abide in Christ“, Springdale, PA, Whitacker House, 1979, Seite 127-128.

sind. Der innere Weg in seine Gegenwart und das Stillen unserer Seele im Warten vor ihm ist unvollständig, wenn es nicht dazu führt, dass das Feuer seiner Liebe zu den Menschen in der Dunkelheit getragen wird.

Einssein mit Christus heißt, in der Gegenwart Gottes zu leben

Eines der Dinge, die heute im Leben sehr vieler Christen fehlt, ist das tägliche beständige Wahrnehmen der Gegenwart Gottes. Geschäftigkeit, die Vergnügungen der Welt und ein undisziplinierter Lebensstil machen uns für die Gegenwart Gottes unsensibel. Wir müssen uns in unserem Alltag der Herausforderung stellen, uns auf Christus auszurichten. Darum geht es in diesem Buch. Darum mein Rat: „Tritt mal auf die Bremse!"

Wir können uns mutig auf den Weg machen, denn wir dürfen von der Weisheit und Erfahrung anderer, die vor uns gegangen sind, profitieren. Einer von ihnen war Nicholas Herman, ein Franzose, der im 17. Jahrhundert lebte. Er bekehrte sich mit achtzehn Jahren und verbrachte während des dreißigjährigen Krieges einige Zeit in der französischen Armee, wo er schwer verwundet wurde. Danach arbeitete er viele Jahre in einem Büro und trat im Alter von fünfzig Jahren als Laienbruder in ein Kloster der unbeschuhten Karmeliter (der gleiche Orden wie der von Teresa von Avila) in Paris ein. Als Bruder Lorenz verbrachte er den Rest seines Lebens (sechsunddreißig Jahre) in der Klosterküche. Inmitten von Töpfen und Pfannen lernte Bruder Lorenz in der Gegenwart Gottes zu leben.

Bruder Lorenz hatte im und außerhalb des Klosters einen guten Ruf und viele Menschen suchten bei ihm geistlichen Rat. Seine Weisheit und sein Rat finden sich in dem klassischen Andachtsbuch: „Allezeit in Gottes Gegenwart". Viele Christen werden noch heute davon inspiriert.

Bruder Lorenz tat das, womit wir alle anfangen müssen: Er gab sich Gott völlig hin.

> Nachdem ich in vielen Büchern über unterschiedliche Methoden gelesen habe wie man zu Gott kommt und ein geistliches Leben

führt, fand ich es eher verwirrend als hilfreich, weil ich nur danach suchte wie ich Gott ganz gehören könnte. So entschied ich mich dafür, dem, der alles ist, alles zu geben. Nachdem ich mich Gott völlig hingegeben hatte, damit er meine Sünden wegnehmen konnte, *verzichtete ich aus Liebe zu ihm auf alles, was nicht von ihm ist und begann so zu leben als ob ich mit ihm alleine auf der Welt wäre.* Manchmal betrachtete ich mich als einen üblen Kriminellen zu Füßen seines Richters, ein anderes Mal betrachtete ich ihn in meinem Herzen als meinen Vater und meinen Gott. So oft wie möglich betete ich ihn an und richtete meine Gedanken auf seine heilige Gegenwart, und wann immer meine Gedanken abwanderten, rief ich sie zurück.[4]

Während Bruder Lorenz in der Gnade der Gegenwart Gottes wuchs, entdeckte er eine große Freiheit und Vertrautheit in Gott.

Wenn wir treu in seiner Gegenwart bleiben und ihn immer vor unsere Augen stellen, dann werden wir nicht nur davor bewahrt, ihn zu kränken oder etwas zu tun, was ihm missfällt, sondern wir gelangen in eine heilige Freiheit. Wir werden mit Gott vertraut, wenn ich es so sagen darf, und beten mit Erfolg für die Segnungen, die wir brauchen.
Wenn wir das regelmäßig tun, wird dies zur Gewohnheit und die Gegenwart Gottes wird ein fester Bestandteil in unserem Leben.[5]

Leben in der Gegenwart Gottes bringt uns große Freude

Im Herzen Bruder Lorenz fand ständig eine „verborgene Unterhaltung" mit dem Herrn statt, und das bereitete ihm große Freude und Vergnügen.

Ich habe alle Arten des Gebets und der Andacht aufgegeben, außer die, zu denen ich aufgrund meines Status verpflichtet bin. Ich habe es mir zur Aufgabe gemacht, mich beständig in seiner heiligen Gegenwart aufzuhalten, meine Aufmerksamkeit auf ihn zu

[4] Brother Lawrence, „The Practice of the Presence of God", in The Treasury of Christian Spiritual Classics, Nashville, Thomas Nelson Publishers, 1994, Seite 571.
[5] ebd., Seite 571-572.

richten und ihn zu lieben. Dies bezeichne ich als ein Leben in der Gegenwart Gottes oder um es besser zu sagen: Dies ist ein beständiges, stilles und verborgenes Reden des Herzens mit Gott, das mich innerlich so erfreut und begeistert, dass ich es auch äußerlich nicht verbergen kann. Manchmal muss ich mich dann sehr zusammenreißen, um anderen kein Anstoß zu werden.
Am meisten richte ich einfach meine Aufmerksamkeit auf ihn und durch diese allgemeine Leidenschaft für Gott fühle ich mich oft mit großer Wonne und Vergnügen zu ihm hingezogen, so wie ein Kind an der Brust seiner Mutter, und wenn ich es wagen würde den Ausdruck zu gebrauchen, so wie im Schoß Gottes, wo ich unbeschreibliche Wonne schmecke und erlebe.[6]

Eine Warnung für alle, die auf dem Weg sind

Trotzdem warnt Bruder Lorenz davor, die Gegenwart Gottes nur aus rein persönlichem Vergnügen zu suchen.

Das Herz muss von allen anderen Dingen frei sein, weil Gott *allein* darin wohnen will. Doch das ist nur möglich, wenn zuvor anderes entfernt wurde. In gleicher Weise kann er auch nur *dort* handeln und das tun, was er möchte, wo ihm Raum gegeben wird.
Es gibt in der ganzen Welt kein schöneres Leben als ein beständiges Reden mit Gott. Das können nur die verstehen, die es erleben und praktizieren. Trotzdem rate ich nicht dazu, es aus dieser Motivation heraus zu tun. Wir suchen in dieser Übung nicht das Vergnügen, sondern handeln aus Liebe, damit Gott Freude an uns hat.[7]

Leben in der Gegenwart Gottes bedeutet, dass Gott unser alleiniges Verlangen ist

Viele Christen leben ein eintöniges Leben und haben ein geringes Verlangen nach mehr oder nach den tieferen Dingen. Das war auch

---

[6] ebd., Seite 573-574.
[7] ebd., Seite 576-577.

in den Tagen Bruder Lorenz nicht anders und er konnte es nicht verstehen.

> Ich kann mir nicht vorstellen wie gläubige Menschen, ohne in der Gegenwart Gottes zu leben, ein erfülltes Leben führen können. Ich für meinen Teil, halte mich, so sehr ich es kann, mit meinem ganzen Sein an ihn. Dann fürchte ich mich nicht und nur das geringste Entfernen von ihm ist für mich unerträglich.
> Es ist nötig, dass wir unser ganzes Vertrauen auf Gott setzen, alle Sorgen beiseite legen und auch auf manche Formen der Hingabe, egal wie gut sie auch sein mögen, verzichten, denn sie führen häufig ins Nichts und sind reiner Selbstzweck. Wenn wir also in der *Gegenwart Gottes* leben, sind wir *bei ihm*, der das Ziel ist. Deshalb ist es sinnlos, zu anderen Dingen zurückzukehren, sondern wir bleiben weiter im Dienst der Liebe und halten uns in seiner heiligen Gegenwart auf. Der eine im Lobpreis, in der Anbetung oder im Verlangen, der andere in Ergebung oder Danksagung und auf jede Art, die sich unser Geist erdenken kann.[8]

Bruder Lorenz sagt: „Je mehr wir Gott kennen, desto mehr werden wir ihn lieben". Seine Schlussanalyse lautet, dass wir Gott durch Glauben am nächsten kommen.

> Lasst unsere ganze Arbeit darin bestehen, Gott zu kennen. Je mehr wir ihn kennen, desto mehr verlangt es uns nach ihm, und normalerweise ist die Erkenntnis das Maß der Liebe. Je tiefer und intensiver unsere Erkenntnis ist, desto größer wird unsere Liebe sein und wenn unsere Liebe für Gott groß ist, dann sollte sie es gleichermaßen in Freud und Leid sein.
> Lasst uns nicht damit zufrieden sein, Gott zu lieben, wenn er Gunst dazu gibt, gleichgültig wie speziell sein Geschenk oder seine Gabe an uns gewesen ist oder was er uns noch geben wird. Solche Geschenke können uns ihm nicht so nahe bringen wie es ein einfacher Akt des Glaubens bewirken kann. Lasst uns ihn oft im Glauben in uns suchen und nicht woanders.

---

[8] ebd., Seite 577-578.

> Lasst uns ihm in großer Ernsthaftigkeit hingeben. Lasst uns alles andere aus unserem Herzen entfernen, es gehört ihm allein. Bitte um diese Gnade, denn wenn wir das tun, was wir können, werden wir bald die Veränderung sehen nach der wir uns sehnen.[9]

Wir sehnen uns nach Einssein mit Christus – Einssein *mit* ihm und *in* ihm. Das ist nicht das Einssein des buddhistischen „Nirwana", mit dem Verlöschen allen Verlangens, dem persönlichen Bewusstsein und dem Einswerden mit dem Universum. Im Gegenteil, dieses Einssein mit Christus erweitert und vervollständigt unsere Persönlichkeit. Richard Foster sagt hier zu:

> Einssein mit Gott bedeutet nicht den Verlust unserer Individualität. Weit entfernt vom Verlust unserer Identität werden wir im Einssein zur vollständigen Person. Wir werden zu dem, wofür wir geschaffen wurden. Die Kontemplativen vergleichen manchmal ihr Einssein mit einem Holzscheit im Feuer. Das Holzscheit ist so sehr mit dem Feuer verbunden, dass es gleichzeitig Feuer und Holz ist. Andere gebrauchen das Bild von weißglühendem Eisen in einem Feuerofen. Unsere Persönlichkeit wird im Glutofen der Liebe Gottes verwandelt und nicht zerstört.[10]

Mehr als ein Geschenk

Einssein mit Christus ist mehr als nur ein passendes Geschenk. Es ist das Hineintreten in eine tiefe Gemeinschaft mit einer Person. Für Paulus bedeutete es, Jesus jeden Tag ähnlicher zu werden, für Bruder Lorenz war es das tägliche Reden mit Gott.

Unser Leben für Jesus zu „verschwenden", kann bedeuten, dass wir Tränen vergießen und in extravaganter Weise leidenschaftliche Anbetung ausdrücken. Aber die Manifestation ist nicht unbedingt ein Maßstab unserer Frucht. Brennt dein Herz? Brennt dein Herz vor Verlangen nach ihm? Ja, dann jage ihm nach! Bring dein Herz vor

---

[9] ebd., Seite 583-584.

[10] Richard Foster, „Prayer: Finding the Heart's True Home, San Francisco, Harper Collins, 1992, Seite 159-160.

ihm zur Ruhe! Lass dein Herz nach ihm dürsten, so wie der Hirsch nach Wasser dürstet! Bitte ihn, dich in ein tieferes Einswerden mit Jesus Christus hinein zu führen!
Während wir in seiner Gegenwart warten, wird uns die Hitze seiner großen Liebe verwandeln und verzehren. Wenn dann das Feuer seiner Liebe in unserem Herzen schwelt, sind wir bereit hinzugehen und es in unsere Nachbarschaft und unter die Nationen zu bringen, durch ein Leben voll Opfer und im Dienst. Oh, Vater, lass uns nur *einen* Schatten werfen.

Fragen

1. Was bedeutet es „in Christus zu bleiben"?
2. Wie lebt man, nach Bruder Lorenz, in der Gegenwart Gottes?
3. Welches sind einige der wichtigen Bibelstellen, die Paulus für das Einssein mit Christus anführt?

Empfohlene Literatur

„Experiencing the Depths of Jesus Christ", Madame Jeanne Guyon (Whitaker House 1994).
„The lost Passion of Jesus", Donald L. Milam (Destiny Image 1999).
„Allezeit in Gottes Gegenwart", Lorenz von der Auferstehung.

Teil 3

Das Feuer seiner Liebe hinaustragen

Kapitel 10

Der Lebensstil des Fastens

Wir nähern uns dem dritten und letzten Teil dieses Buches: Das Feuer Seiner Liebe hinaustragen, baut auf die vorhergehenden Kapitel auf. Ich möchte dich herausfordern, dein Leben mit einem radikalen Lebensstils des Gehorsams und der Hingabe an Jesus zu „verschwenden". Denke daran, wir können nur deshalb Gutes tun, weil der Herr uns zuvor berührt hat.

Gott ist immer mit uns beschäftigt. Alles was Gott tut hat seinen Sinn und Zweck, er handelt nicht einfach nur, um irgendetwas zu tun. Jedes Mal, wenn Gott in der Geschichte ein besonderes Werk auf Erden getan hat, wenn er den nächsten Schritt machte oder die nächste Phase seines Plans einleitete, hat er zuvor seinen Dienern, die im Glauben und Gehorsam in inniger Gemeinschaft mit ihm lebten, seine Pläne offenbart. Als der Herr Sodom und Gomorrha zerstören wollte, sagte er: „Sollte ich vor Abraham verbergen, was ich tun will? Abraham soll doch zu einer großen und mächtigen Nation werden, und in ihm sollen gesegnet werden alle Nationen der Erde!" (1.Mose 18,17-18). Er offenbarte Abraham seine Pläne und Abraham tat Fürbitte für jeden Gerechten der beiden Städte.

Der Prophet Amos stellte fest: „Denn der Herr, Herr, tut nichts, es sei denn, dass er sein Geheimnis seinen Knechten, den Propheten, enthüllt hat" (Amos 3,7). Obwohl Israel wegen seiner Sünden immer wieder mit dem Gericht Gottes konfrontiert wurde, sandte Gott zuvor stets seine prophetischen Boten, um das Volk vor dem kommenden Gericht zu warnen und sie zur Umkehr aufzufordern.

Als sich die Zeit für Jesus, den von Gott verheißenen Messias, erfüllte, offenbarte Gott dies wiederum einigen seiner Diener. Es waren Menschen, die still im Glauben und im Einklang mit dem Herzen Gottes auf ihn warteten. Er sprach zu Maria und Joseph und zu Elisabeth, der Mutter Johannes des Täufers. Durch den Heiligen Geist erkannte Elisabeth das Kind im Leib Marias als den Sohn Gottes. Gott sprach auch zu Simeon und Anna, zwei alten Dienern in Jerusalem. Als Maria und Joseph ihren Erstgeborenen

in den Tempel brachten, erkannten sie, dass Jesus der von Gott verheißene Messias war.
Simeon war ein „frommer und gottesfürchtiger" Mann, dem durch den Heiligen Geist verheißen war, dass er „Gottes Messias" sehen würde, bevor er sterben würde. Als er das Kind Jesus sah, pries Simeon den Herrn und sagte: *„Denn meine Augen haben dein Heil gesehen, das du bereitet hast im Angesicht aller Völker: ein Licht zur Offenbarung für die Nationen und zur Herrlichkeit deines Volkes Israel"* (Lukas 2,30-32).

Anna lebte radikal und hingegeben an Gott
Anna ist eine meiner Lieblingspersonen in der Bibel. Im Lukasevangelium wird über sie berichtet.

> Lukas 2,36-38
> Und es war eine Prophetin Hanna, eine Tochter Phanuëls, aus dem Stamm Asser. Diese war in ihren Tagen weit vorgerückt; sie hatte sieben Jahre mit ihrem Mann gelebt von ihrer Jungfrauenschaft an; und sie war eine Witwe von vierundachtzig Jahren, die wich nicht vom Tempel und diente Gott Nacht und Tag mit Fasten und Flehen. Und sie trat zur selben Stunde herbei, lobte Gott und redete von ihm zu allen, die auf die Erlösung Jerusalems warteten.

Obwohl die kurzen Verse der einzige Bericht in der ganzen Bibel über Anna ist, wird hier eine ganze Menge über sie ausgesagt. Sie war eine Prophetin, das heißt sie empfing prophetische Worte und Einsichten vom Herrn. Früh verwitwet, widmete Anna den größten Teil ihres Lebens, vermutlich etwa sechzig Jahre, dem Herrn mit „Fasten und Gebet" im Tempel. Kein Wunder, dass sie dem Herrn so nahe war. Hier war eine Frau, die ihr Leben in völliger Hingabe an den Liebhaber ihres Herzens „verschwendete". Als Anna Jesus sah, dankte sie dem Herrn überschwänglich und erzählte den anderen vom Kommen des Messias. Anna reagierte wie jemand, der ihn erwartet hatte. Sie verbrachte ihr Leben nicht nur bei gelegentlichen

Krisen in Fasten und Gebet, sondern es war für sie eine dauerhafte Praxis. Anstatt Krankheiten zu „pflegen", war sie krank vor Liebe nach dem Herrn und zwar nach ihm allein. Anna war eine von denen – keiner weiß wie viele es gab –, die im Tempel dienten, regelmäßig fasteten, die prophetischen Verheißungen durchbeteten und sehnsüchtig auf die Ankunft des Messias warteten. Ich nenne sie die „prophetischen Fürbitter". Solche, die ihn *erwarteten*, waren in der geistlichen Verfassung, ihn zu *erkennen* als er kam.

Anna ist ein Beispiel für jeden, der sich einem Lebensstil der Hingabe an Jesus ausliefern will. So wie Gott sich eine treue Gruppe von betenden und fastenden Dienern für das erste Kommen des Messias bereitet hatte, so wird er es auch für das zweite Kommen des Messias tun. Wiederum wird er seine „Simeons" und „Annas" rufen, seine Endzeitgeneration von Heiligen, die in völliger Hingabe zu ihm leben und wandeln. Sie werden die Vorhut sein, die den Weg zur Wiederherstellung des Tempel Gottes bahnen, die Erfüllung aller Häuser Gottes mit Anbetung und 24 Stundengebet in allen Städten der Erde.

So wie Anna und andere in ihrer Zeit beteten und sich nach der Kommen des Messias sehnten, werden „Simeons" und „Annas" der Endzeit den Ruf der Heiligen am Ende des Buches der Offenbarung widerhallen lassen: „Komm, Herr Jesus!" (Offenbarung 22,20).

Die Gemeinde muss die verlorene Kunst des Fastens wieder entdecken

Annas tägliches Leben im Tempel war nicht nur dem Gebet gewidmet , sondern dem Fasten und dem Gebet. Das Fasten war nicht nur unter den Juden des Alten und Neuen Testamentes eine gängige Gepflogenheit, sondern auch unter der frühen Christenheit. Als eine geistliche Disziplin war das Fasten eine regelmäßige Praxis unter vielen Christen in der Kirchengeschichte. In der heutigen Zeit ist das Fasten weitgehend unmodern geworden, besonders in der westlichen Welt. Wir sind so sehr an unsere Überflussgesellschaft gewöhnt und so abhängig von unserer „Instantmentalität" der sofortigen Befriedigung unserer Bedürfnisse geworden, dass uns das Fasten wie ein archaisches Relikt aus einer primitiven und rückständigen Vorzeit erscheint.

Die heutige Gemeinde ist arm und schwach, weil sie die Praxis des Fastens unterlassen hat. Viele Christen leiden an geistlicher Magersucht, weil sie niemals die gesunden Segnungen des Fastens auf einer regelmäßigen Basis gelernt haben. Wenn das Fasten richtig verstanden und praktiziert wird, dann ist es sowohl eine mächtige Waffe im geistlichen Krieg, als auch eine unentbehrliche Hilfe, um in die tiefe Beziehung mit Gott hineinzutreten. Es ist auch ein Schlüssel, um die Gegenwart Gottes in und durch unser Leben freizusetzen, weil es uns hilft mit Gottes Herzen und Verstand in Berührung zu kommen. Außerdem hilft uns das Fasten auch bei unserem äußeren Dienst, das Feuer Gottes an andere weiterzugeben.

Es ist an der Zeit für die westliche Christenheit die verlorene Kunst des Fastens wiederzuentdecken. In den vergangenen Jahren ist ein erneutes Interesse und eine Betonung zum Thema Fasten entstanden, das weit über konfessionelle Grenzen hinaus geht. Eine der Hauptschwierigkeiten liegt in der Überwindung der grundlegenden Unwissenheit vieler Gläubigen in Bezug auf die Wichtigkeit und Praxis des Fastens.

Es gibt biblische Vorbilder zum Fasten

Die erste Erwähnung des Fastens in der Schrift ist das vierzigtägige Fasten Moses als dem Herrn auf dem Berg Sinai begegnete (siehe 2. Mose 34,28; 5. Mose 9,9). In dieser Zeit erhielt Mose die zehn Gebote und die Anleitung zum Bau der Stiftshütte. Bei diesem Fasten handelte es sich um ein besondere Art, denn sie war übernatürlich. Gott befähigte Mose vierzig Tage ohne Wasser und Nahrung auszukommen. Später, nachdem Mose die steinernen Tafeln im Zorn zerbrochen hatte, weil Israel das goldenen Kalb gegossen hatte, erlebte er ein weiteres übernatürliches Fasten in der Gegenwart Gottes, in dessen Verlauf er die Gesetzestafeln erneut erhielt (siehe 2. Mose 34,1-28; 5. Mose 9,18).

Das hebräische Wort für Fasten ist tsum und bedeutet sowohl Selbstverleugnung als auch freiwilliger Nahrungsverzicht. Viele Gelehrte glauben, dass das Fasten durch Appetitverlust in Folge von großem Stress und großen Herausforderungen begann. Als Beispiel seien hier Hanna und David genannt. Hanna, die Mutter des Propheten Samuels, weinte und aß nicht, weil sie unfruchtbar war. David fastete aus Trauer über den Tod Abners (siehe 1. Samuel 1,7; 2. Samuel 3,26-37). Fasten war ein natürlicher Ausdruck menschlichen Leids.

Schließlich entwickelte sich das Fasten zu einem Weg, seine Bitten in erfolgreicher Weise vor Gott zu bringen. Auf nationaler Ebene fastete das Volk Israel meist, wenn es darum ging, göttliche Gunst und Schutz zu suchen oder ein von Gott festgelegtes Gericht zu verhindern. Es wurde für einige zur Normalität Sündenbekenntnis, Leid und Fürbitte mit Fasten zu verbinden.

Das einzige verordnete Fasten für das jüdische Volk fand einmal im Jahr am Tag der Versöhnung statt, wenn der Hohepriester ins Allerheiligste ging, um für die Sünden des Volkes das Opfer darzubringen (siehe 3. Mose 16). Das Volk selbst fastete, wenn es galt, den eigenen Lebensstil zu überprüfen oder aus Reue über persönliche Sünden.

In neutestamentlichen Zeiten war das Fasten eine etablierte und normale Sache geworden. Die Pharisäer fasteten zweimal die Woche (siehe Lukas 18,11-12). Johannes, der Täufer und seine Jünger fasteten regelmäßig (siehe Matthäus 9,14-15). Auch Jesus fastete und dies nicht nur am großen Versöhnungstag, so wie es die jüdische Tradition vorschrieb. Er begann seinen Dienst mit einem vierzigtägigen Fasten in der Wüste, wo er vom Teufel versucht wurde. Auch wenn Jesus wenig konkrete Anweisungen bezüglich des Fastens an seine Jünger hinterließ, so wies er sie doch daraufhin, dass ihr Fasten sich von dem der Pharisäer unterscheiden sollte. Sie sollten fasten, um von Gott gesehen zu werden und nicht um andere zu beeindrucken (siehe Matthäus 6,16-18). Die Feststellung Jesu bezüglich des Fastens war nicht „falls“, sondern „wenn“.

Fasten war also eine gängige Praxis in der frühen Gemeinde, besonders wenn es darum ging, Älteste einzusetzen oder Menschen für eine bestimmte Aufgabe auszuwählen (siehe Apostelgeschichte 13,2). Paulus und die anderen Leiter der frühen Gemeinde fasteten regelmäßig (siehe 1. Korinther 7,5; 2. Korinther 6,5).

Es gibt geschichtliche Beispiele für das Fasten

In der ganzen Kirchengeschichte, bis auf die letzten Jahre, war das Fasten eine geistliche Disziplin, ein fester Bestandteil für des christlichen Lebens. Nach Epiphanius, dem Bischof von Salamis (geboren 315 n. Chr.) fasteten die Christen zweimal in der Woche. Sie wählten Mittwoch und Freitag als Fastentage, um nicht mit den Pharisäern verwechselt zu werden, die dienstags und donnerstags fasteten. Epiphanius stellte fest: „Wer weiß nicht, dass die Christen in der ganzen Welt am vierten und sechsten Tag der Woche fasten?“[1]

Während des 2. und 3. Jahrhunderts wurde das Fasten als eine Vorbereitung zur Wassertaufe angesehen. Eine andere Entwicklung war die Praxis des mehrtägigen Fastens vor Ostern, um die Auferstehung Jesu zu feiern. Das weitete sich zur insgesamt vierzigtägigen Fastenzeit vor dem Osterfest aus. Es wurde zu einer besonderen Zeit, der Selbstverleugnung, der Demut und des Suchens des Angesichts Gottes.

Das Fasten wurde lange Zeit der Erneuerungs- und Erweckungsbewegung zugeordnet.

In der mittelalterlichen Klosterbewegung praktizierten ihre Gründer und Mitglieder das Fasten als einen festen Bestandteil ihres Lebensstils. Auch die Reformatoren des 16. Jahrhunderts wie Calvin, Luther und andere Leiter früherer Generationen fasteten regelmäßig, ebenso die Leiter der evangelikalen Erweckungen. John Wesley hat keine Person für den Dienst ordiniert, die nicht zweimal die Woche fastete. Wir wissen von Jonathan Edwards, einer der prägenden Personen während der geistlichen Aufbrüche in Nordamerika, dass er vor seiner berühmten Predigt „ Sünder in der Hand eines zornigen Gottes“ gefastet hat. Als er diese Botschaft „predigte“, sie Wort für Wort im Licht einer Kerze vorlas, schrieen Menschen in der ganzen Versammlung aus Schrecken über ihre Sünden laut auf und klammerten sich, aus Angst direkt in die Hölle zu fahren, an den Kirchenbänken fest. Wenn Charles Finney, ein bekannter Evangelist

---

[1] Epiphanius, Elmer L-. Towns, „Fasting for Spiritual Breakthrough“, Ventura, CA, Regal Books, 1996, Seite 26.

und Erweckungsprediger im 19. Jahrhundert spürte wie die Salbung des Heiligen Geistes in seinem Leben wich, zog er sich zurück, um solange zu beten und zu fasten bis die Salbung zurückkehrte. Während der Laiengebetserweckung in Nordamerika im Jahre 1859 fasteten die Gläubigen und trafen sich während ihrer Mittagspause zum Beten. Es begann mit ein paar Leuten in New York, die sich in einer Gemeinde trafen an und innerhalb weniger Wochen breitete sich die Bewegung über das ganze Land aus. Tausende beteten in den Städten des Landes und Hunderte bekehrten sich zu Gott. Einige Historiker sind der Ansicht, dass die Laiengebetsbewegung durch die Langzeitwirkung der Gebete dazu beigetragen hat, dass Amerika die vier blutigen Jahre des Bürgerkrieges überlebte.

Es gibt viele Gründe, um zu fasten

Die meisten Christen wissen wenig über das 'Fasten und sie denken, dass es immer bedeutet für eine längere Zeit auf Nahrung zu verzichten. Es ist vielleicht das bekannteste Modell, aber es ist nur eines von vielen. Eine sehr gute und gründliche Ausarbeitung zu diesem Thema findet sich in dem Buch von Mahesh Chavda: „Die verborgene Kraft des Fasten und Betens“ (Verlag Gottfried Bernard, 1999).

Eine andere hilfreiche Quelle war für mich das Buch: „Fasting for Spiritual Breakthrough“ von Elmer L. Towns, in dem er neun verschiedene Arten des biblischen Fastens aufführt. Die Grundlage dafür findet sich im Buch Jesaja.

> Jesaja 58, 6-8
> Ist nicht vielmehr das ein Fasten, an dem ich Gefallen habe: Ungerechte Fesseln zu lösen, die Knoten des Joches zu öffnen, gewalttätig Behandelte als Freie zu entlassen und dass ihr jedes Joch zerbrecht? Besteht es nicht darin, dein Brot dem Hungrigen zu brechen und dass du heimatlose Elende ins Haus führst? Wenn du einen Nackten siehst, dass du ihn bedeckst und dass du dich deinem Nächsten nicht entziehst? Dann wird dein Licht hervorbrechen wie die Morgenröte, und deine Heilung wird

schnell sprossen. Deine Gerechtigkeit wird vor dir herziehen, die Herrlichkeit des Herrn wird deine Nachhut sein.

1. Das *Jünger Fasten*, um die „Fesseln der Bosheit zu lösen" und um uns und andere von den Bindungen der Sünde zu lösen (siehe Matthäus 12,14-31).
2. Das *Esra Fasten*, um „das Joch wegzunehmen", um Probleme zu lösen, den Heiligen Geist einzuladen und Hindernisse zu überwinden, die uns und unsere Geliebten, daran hindern, fröhlich mit dem Herrn unserer Wege zu ziehen (siehe Esra 8,21-23).
3. Das *Samuel Fasten*, um die „Unterdrückten zu befreien", Menschen für den Herrn zu gewinnen und Erweckung zu bringen, um sich mit Menschen zu identifizieren, die buchstäblich oder durch Sünde versklavt sind und um zu beten, dass Gott uns gebraucht, Menschen aus dem Reich der Finsternis in das Reich seines herrlichen Lichts zu bringen (siehe 1. Samuel 7,1-9).
4. Das *Elia Fasten*, um „jedes Joch zu brechen", mentale und emotionale Probleme zu überwinden, die unser Leben kontrollieren und um unter die Herrschaft Gottes zurückzukehren (siehe 1. Könige 19,1-8).
5. Das *Witwen Fasten*, um das „Brot mit dem Hungrigen zu teilen", die Armen zu versorgen und anderen humanitäre Hilfe zu gewähren (siehe 1. König 17,8-16).
6. Das *Paulus Fasten*, damit „Gottes Licht aufgeht", um klare Sicht für schwierige Entscheidungen zu bekommen (siehe Apostelgeschichte 9,1-19).
7. Das *Daniel Fasten*, „die Wiederherstellung wird schnell kommen", damit wir ein gesünderes Leben haben oder Heilung erleben (siehe Daniel 1,3-16).
8. Das *Johannes Fasten*, so dass „unsere Gerechtigkeit vor uns hergeht", und dass unser Zeugnis und Einfluss für Jesus vor anderen größer wird (siehe Lukas 1,13-17).
9. Das *Esther Fasten*, damit „die Herrlichkeit Gottes unser Schutz ist" und uns vor dem Bösem bewahrt (siehe Esther 4,13 u. 5,2).

Es gibt viele Arten des Fastens

Fasten bedeutet nicht nur, dass man für eine bestimmte Zeit auf Nahrung verzichtet, es gibt auch andere Möglichkeiten des Fastens, in dem wir als ein Opfer für Gott auf bestimmte Dinge verzichten. Ich nenne hier zehn zeitgemäße Möglichkeiten, auf bestimmte Dinge zu verzichten, die als „Fasten“ angesehen werden können.

1. Unterhaltung, Kino, Videos, Fernsehen, Radio, Videospiele, tanzen gehen usw.
2. Sportereignisse, Leistungssport oder andere sportliche Betätigung.
3. Literatur: Illustrierte, Bücher, Zeitungen oder ähnliches, christliche Romane.
4. Computer: Internetaktivitäten, E-Mail, Computerspiele,
5. Gespräche: Telefonate, Begrenzung der Gespräche oder Gesprächsthemen, eine besondere Form des Schweigens, Verzicht auf negative und kritische Rede.
6. Kleidung: Verzicht auf bestimmte Art von Kleidung oder das Tragen bestimmter Kleidung bzw. Mode.
7. Essen und Trinken: Teilfasten, Begrenzung bestimmter Getränke oder Nahrungsmittel
8. Schlaf: Frühgebet, Gebetsnächte, Gebetswachen zu bestimmten Zeiten usw.
9. Soziale Aktivitäten: Begrenzung von Verabredungen, Konferenzen, Seminare, sogar die eingeschränkte Teilnahme an normalen Gemeindeaktivitäten für eine begrenzte, kurze Zeit in der wir uns dem Herrn in besonderer Weise hingeben.
10. Arbeitszeit: Bestimmte Zeit freinehmen, um den Herrn zu suchen.

Selten wird sich ein wahres Fasten auf den Nahrungsverzicht beschränken, sondern fast immer wird es mit einer oder mehreren anderen geistlichen Übungen verbunden. Einige andere Aktivitäten, die mit dem Fasten verbunden sind finden wir in folgenden biblischen Beispielen:

1. Gebet (siehe Esra 8,23; Nehemia 1,4; Psalm 35,13; Daniel 9,3; Lukas 5,33).
2. Anbetung (siehe Nehemia 9,1-3).
3. Bekenntnis (siehe 1. Samuel 7,6; Nehemia 9,1-3).
4. Sich demütigen (siehe 5. Mose 9,18; Psalm 35,13; Psalm 69,10; 1. Könige 21,27; Nehemia 9,1).
5. Lesen der Schrift (siehe Nehemia 9,1-3; Jeremia 36,6 u. 10)
6. Trauern (siehe 2. Samuel 1,12; 1. Könige 21,27; Esther 4,3; Nehemia 1,4; Joel 2,12; Esra 10,6).
7. Weinen (siehe 2.Samuel 1,12; Nehemia 1,4; Esther 4,3; Psalm 89,10; Joel 2,12).
8. Enthaltsamkeit von sexuellen Beziehungen (siehe 1. Korinther 7,5).

Als Endzeitgemeinde müssen wir uns auf das Bräutigamfasten ausrichten.

Das Buch Joel zeigt uns ein Bild der Endzeitgeneration, eine Entwicklung von der Verwüstung, über die Hingabe zur Wiederherstellung.

> Joel 2, Verse 1-2a, 3,12-13, 15, 23 u. 25-37;
> Blast das Horn auf Zion und erhebt das Kriegsgeschrei auf meinem heiligen Berg! Beben sollen alle Bewohner des Landes! Denn es kommt der Tag des Herrn, ja er ist nahe: ein Tag der Finsternis und der Dunkelheit, ein Tag des Gewölks und des Wetterdunkels. Wie Morgengrauen ist es ausgebreitet über die Berge, ein großes und mächtiges Volk... Vor ihm her verzehrt das Feuer, und nach ihm lodert die Flamme; vor ihm ist das Land wie der Garten Eden und nach ihm eine öde Wüste. Auch gibt es vor ihm kein Entrinnen... Doch auch jetzt, spricht der Herr, kehrt um zu mir mit eurem ganzen Herzen und mit Fasten und mit Weinen und mit Klagen! Und zerreißt euer Herz und nicht eure Kleider und kehrt um zum Herrn, eurem Gott! Denn er ist gnädig und barmherzig, langsam zum Zorn und groß an Gnade, und lässt sich das Unheil gereuen... Blast das Horn auf Zion, heiligt ein Fasten, ruft einen Feiertag aus!... Und ihr, Söhne Zions, jubelt und freut euch im Herrn, eurem Gott! Denn er gibt euch den

Frühregen nach dem Maß der Gerechtigkeit, und er lässt euch Regen herabkommen: Frühregen und Spätregen wie früher... Und ich werde euch die Jahre erstatten, die die Heuschrecke, der Abfresser und der Vertilger und der Nager gefressen haben, mein großes Heer, das ich gegen euch gesandt habe.
Und ihr werdet genug essen und satt werden und werdet den Namen des Herrn, eures Gottes, loben, der Wunderbares an euch getan hat. Und mein Volk soll nie mehr zuschanden werden. Und ihr werdet erkennen, dass ich in Israels Mitte bin und dass ich, der Herr, euer Gott bin und keiner sonst. Und mein Volk soll nie mehr zuschanden werden....

Joel 3,1-5
Und danach wird es geschehen, dass ich meinen Geist ausgießen werde über alles Fleisch. Und eure Söhne und eure Töchter werden weissagen, eure Greise werden Träume haben, eure jungen Männer werden Gesichte sehen. Und selbst über die Knechte und über die Mägde werde ich in jenen Tagen meinen Geist ausgießen. Und ich werde Wunderzeichen geben am Himmel und auf der Erde: Blut und Feuer und Rauchsäulen.
Die Sonne wird sich in Finsternis verwandeln und der Mond in Blut, ehe der Tag des Herrn kommt, der große und furchtbare. Und es wird geschehen: Jeder, der den Namen des Herrn anruft, wird errettet werden. Denn auf dem Berg Zion und in Jerusalem wird Errettung sein, wie der Herr gesprochen hat, und unter den Übriggebliebenen, die der Herr berufen wird.

Zuerst sehen wir die Verwüstung als Konsequenz der Sünde, wo der Feind gegen das Volk Gottes vorgeht. Dann folgt eine Zeit der Hingabe, in der das Volk umkehrt und vor Gott Buße tut. Der Klang der Posaune ruft das Volk zum Fasten, Gebet und Weinen vor dem Herrn zusammen. Schließlich kommt die Wiederherstellung, in dem der Herr den Früh- und Spätregen sendet und sein Volk erneuert. Der „Spätregens" ist das große Ausgießen des Geistes Gottes über sein Volk bevor der „große und schreckliche Tag des Herrn" kommt und seine Herrlichkeit weltweit zu sehen sein wird. Dies wird durch das Fasten und Gebet des Volkes Gottes begleitet.

Wir können das Endzeitfasten auch als „Bräutigamfasten“ bezeichnen. *Und Jesus sprach zu ihnen: Können etwa die Hochzeitsgäste trauern, solange der Bräutigam bei ihnen ist? Es werden aber Tage kommen, da der Bräutigam von ihnen weggenommen sein wird, und dann werden sie fasten* (Matthäus 9,15). Die Betonung des Bräutigamfasten ist nicht die Ausgießung des Geistes oder die Wiederherstellung der Gemeinde, sondern die glorreiche Rückkehr des Herrn Jesus Christus – unseres Bräutigams.

Das Bräutigamfasten ist ein Fasten der Verliebten

Mein Freund Mike Bickle ist Leiter des internationalen Gebetshauses in Kansas City und hat einige sehr gute Gedanken zu Matthäus 9,15 und dem Bräutigamfasten. Er schreibt:

> Jesus sagt, dass das Fasten in direkter Beziehung zur Erfahrung der Gegenwart des Bräutigams steht. Das höchste Ziel dieser Disziplin besteht darin, in uns eine größere geistliche Kapazität zur innigen Beziehung mit unserem Bräutigam, Gott, freizusetzen. Jesus sagt, dass seine Jünger aus Kummer fasten würden, nachdem er von ihnen, durch seinen Tod am Kreuz, weggenommen worden sei. Jesus wusste, dass seine Jünger sich sehr an seine Gegenwart gewöhnt hatten und daran erfreuten. Er wusste, dass sie aus sich aus Trauer über seinen Verlust nach etwas Nähe sehnen würden. Diese Sehnsucht nach dem einen, den man liebt nennt man Liebeskummer. Kannst du dir vorstellen, das es auch heutzutage ernsthafte Liebhaber gibt, die so sehr in Jesus verliebt sind, dass sie einen heiligen Liebeskummer haben und sich deshalb freiwillig für einen Lebensstil des Fastens entscheiden? Genau über solche Liebhaber hat Jesus hier prophetisch gesprochen.[2]

Mike nennt drei praktische Folgen, die wir vom Bräutigamfasten erwarten können.

---

[2] „The Bridegroom's Fast“, Mike Bickle, Charisma, März 200, Seite 16.

1. Während du über seinem Wort nachsinnst, wirst du mehr Offenbarung über Gott bekommen. Stell dir vor, dass du mehr Offenbarung über die Schönheit Gottes empfängst, die dein Herz begeistert.
2. Du wirst schneller ein größeres Maß an Offenbarung bekommen. Wenn mir Menschen sagen, dass sie es kaum erwarten können, mehr Offenbarung von Gott zu bekommen, dann antworte ich ihnen, dass sie über das Wort Gottes meditieren und dies mit Fasten verbinden sollten. Diese Art des Fastens beschleunigt den Prozess, von Gott zu empfangen und es beschleunigt die Zerstörung alter Gedankenfestungen und Halbherzigkeit in uns.
3. Die empfangene Offenbarung wird uns in einer tieferen Weise berühren. Das schönste Geschenk, dass der Heilige Geist einem Anbeter geben kann ist ein durch Liebe weich gewordenes Herz. Es ist einer der schönsten Momente des Lebens, wenn man sich von Gott in zunehmender leidenschaftlicher Weise geliebt fühlt. Wenn du Jesus in einer tieferen Weise erleben möchtest, dann faste mit dem Wunsch, Jesus als Bräutigam zu erleben. Der Heilige Geist gibt denen Gnade und Offenbarung, die sich nicht scheuen darum zu bitten. Reagiere auf sein Werben und gebe dich dem Bräutigamfasten hin und du wirst in eine tiefere Beziehung mit dem Bräutigam hineinkommen. Dann wirst du fähig sein deine wahre Identität als Braut Christi mehr zu erfassen und für seine Wiederkunft vorbereitet sein.[3]

Die Zeit des Bräutigamfastens ist jetzt

Wir, die wir in Christus sind, haben ein neues Herz und eine neue Motivation für das Fasten, ein Hunger und eine Sehnsucht nach der Wiederkehr des Bräutigams. Arthur Wallis schrieb eines der besten Bücher über das Fasten: „God's Chosen Fast“ . Seine Worte vermitteln uns den Geist und die Notwendigkeit des Bräutigamfastens:

---

[3] ebenda.

Ehe der Bräutigam sie verließ, versprach er ihnen wiederzukommen und sie nach Hause zu holen. Die Gemeinde wartet immer noch auf den Mitternachtsruf: *„Siehe, der Bräutigam! Geht hinaus, ihm entgegen!"* (Matthäus 25,6). Die Gemeinde befindet sich in der Zeit wo der Bräutigam abwesend ist. Es ist die Zeit von der unser Herr gesagt hat: *„Dann werden sie fasten"* (Matthäus 9,15). Diese Zeit ist jetzt!

Diese Worte Jesu waren prophetisch. Die ersten Christen haben diese Worte erfüllt und viele heilige Männer und Frauen in den folgenden Generationen nach ihnen. Wo sind die Menschen, die diese Worte heute erfüllen? Leider sind es nur wenige hier und dort, eher eine Ausnahme, zum Leidwesen der Gemeinde.

Wie auch immer, eine neue Generation ist im Kommen. Viele sehnen sich nach der Wiederherstellung der apostolischen Kraft. Aber wie können wir die apostolische Kraft wieder erlangen, wenn wir die apostolische Praxis verweigern? Wie können wir erwarten dass die Kraft fließt, wenn die Kanäle nicht vorbereitet sind? Das Fasten ist ein von Gott erwähltes Mittel, damit seine Gnade und Kraft fließen kann. Wir können es uns nicht länger erlauben, es zu verachten.

Das Fasten in dieser Zeit ist nicht nur eine Handlung des Trauerns über Jesu Abwesenheit, sondern eine Vorbereitung für seine Wiederkunft. Mögen die prophetischen Worte Jesus: *„Dann werden sie fasten"*, endgültig in dieser Generation erfüllt werden. Es geschieht durch Fasten und Beten, dass die Gemeinde den aufgeregten Schrei hört: *„Siehe, der Bräutigam!"* Dann werden die Tränen abgewischt und dem Fasten folgt das Hochzeitsmahl des Lammes.

Offenbarung 22,17 u. 20

Und der Geist und die Braut sagen: Komm!... „Ja, ich komme bald. Amen, komm, Herr Jesus!"[4]

[4] Arthur Wallis, „God's Chosen Fast", Fort Washington, PA, Christian Literature Crusade, 1968, Seite 25-26

Wir fasten, weil wir Ihn lieben

Kontemplative Christen fasten mit einer anderen Motivation. Sie sind verliebt und voller Leidenschaft nach seiner Gegenwart und sehnen sich nach seiner Wiederkunft. Ich glaube, das Bräutigamfasten ist eine Offenbarung für uns. Wir werden jedoch auch noch für die anderen Dinge, wie Kraft, Krisenintervention, Befreiung usw. Zeiten des Fastens haben. Darüber hinaus werden wird zuerst und bevorzugt fasten, weil wir hoffnungslos in unseren Messias verliebt sind. Wenn wir solche Liebhaber sind, ist es nicht einmal eine Frage des Opferns, sein Leben für unseren Geliebten zu „verschwenden". Wir werden uns mit Freuden an Jesus „verschwenden". Wir werden fasten, weil wir ihn lieben und ihm nahe sein wollen. Wir werden fasten, weil wir ihn mehr als alles andere in unserem Leben wollen. „Amen. Komm, Herr Jesus! So sei es, komm Herr Jesus!"

Fragen

1. Nenne ein biblisches Beispiel wo Fasten zur Krisenintervention eingesetzt wurde.
2. Auf welche Dinge, außer Nahrung, können wir aus geistlichen Gründen noch verzichten?
3. Was ist das Bräutigamfasten und wie unterscheidet es sich von den anderen Arten?

Empfohlene Literatur

„Die verborgene Kraft des Fastens" von Mahesh Chavda, Gottfried Bernhard Verlag 1999.
„Fasting for Spiritual Breakthrough" , E. Towns, Regal Books 1996.
„God's Chosen Fast" , A. Wallis, Christian Literature Crusade 1968.

Kapitel 11

Der Gang durch die Stiftshütte

Hattest du jemals eine „spezielle göttliche Begegnung"? Mose hatte ein Erlebnis dieser Art am brennenden Busch und es brachte seine Lebensberufung in Bewegung (siehe 2. Mose 3,1-10). Jakob hatte eine solche Begegnung am Fluss Jabbok: Er verlor zwar einen Kampf, bekam jedoch einen neuen Namen (siehe 1. Mose 32,22-28). Jesaja hatte eine Gottesbegegnung an dem Tag, als er den Prophetenmantel erhielt und zum „Sprecher" Gottes wurde (siehe Jesaja 6,1-8).
Der alte Hohepriester Zacharias dachte bestimmt nicht im geringsten an eine persönliche Begegnung mit dem Herrn als er das Allerheiligste betrat, um Weihrauch zu opfern.

> Lukas 1,5-10
> Es war in den Tagen des Herodes, des Königs von Judäa, ein Priester mit Namen Zacharias, aus der Abteilung des Abija; und seine Frau war aus den Töchtern Aarons und ihr Name Elisabeth. Beide aber waren gerecht vor Gott und wandelten untadelig in allen Geboten und Satzungen des Herrn. Und sie hatten kein Kind, weil Elisabeth unfruchtbar war; und beide waren in ihren Tagen weit vorgerückt. Es geschah aber, als er in der Ordnung seiner Abteilung den priesterlichen Dienst vor Gott verrichtete, traf ihn nach der Gewohnheit des Priestertums das Los, in den Tempel des Herrn zu gehen, um zu räuchern. Und die ganze Menge des Volkes stand betend draußen zur Stunde des Räucherns.

In Zacharias Generation waren Worte Gottes eine Rarität. Seit etwa vierhundert Jahren, der Zeit des Propheten Maleachi, gab es keinen Propheten mehr im Land, und darüber hinaus wurde Kinderlosigkeit in jener Zeit als ein Fluch Gottes angesehen. Zacharias und Elisabeth, zwei hingegebene Menschen, hatten sicherlich immer wieder für ein Kind gebetet, aber es war erfolglos. Für Zacharias gab

es keinen Grund, eine persönliche Heimsuchung zu erwarten und außerdem war er wahrscheinlich zu sehr damit beschäftigt, alles genau nach dem Gesetz Gottes auszuführen.
Er hatte die einmalige Gelegenheit im Tempel den Weihrauch zu opfern. Die Priester waren in 24 Abteilungen eingeteilt, die abwechselnd zweimal im Jahr für je eine Woche ihren Dienst taten. Es gab ungefähr 18.000 Priester, die am Haus Gottes dienten. Die Priester, die im Allerheiligsten dienen durften wurden per Los gewählt. Es war ein einmaliges Privileg für die Priester und es war der wichtigste Augenblick im Leben Zacharias, da wollte er sicher sein, dass er alles richtig macht.

Als sich Zacharias Gott nahte, nahte sich Gott Zacharias

Jeder Aspekt der täglichen Opfer und Anbetung im Tempel war seit den Tagen Moses detailgetreu festgelegt. Achtlosigkeit oder Missachtung konnte für den Priester den Tod und für das Volk Verderben bedeuten. Ein gewissenhafter Priester traf jede mögliche Vorsichtsmaßnahme, um die Gegenwart Gottes nicht zu missachten.
Vermutlich war sich Zacharias all dieser Dinge bewusst als er vor den Räucheraltar trat. Vielleicht hatte er noch ein Gebet um ein Kind für Elisabeth und sich gesprochen, während der Rauch vom Altar aufstieg, der die Gebete für die Vergebung und Sühne des Volkes repräsentierte. Jedenfalls war er nicht auf das vorbereitet, was als nächstes geschah.

> Lukas 1,11-17
> Ihm erschien aber ein Engel des Herrn und stand zur Rechten des Räucheraltars. Und als Zacharias ihn sah, wurde er bestürzt, und Furcht kam über ihn. Der Engel aber sprach zu ihm: Fürchte dich nicht, Zacharias! Denn dein Flehen ist erhört, und Elisabeth, deine Frau, wird dir einen Sohn gebären, und du sollst seinen Namen Johannes nennen. Und er wird dir zur Freude und ‹zum› Jubel sein, und viele werden sich über seine Geburt freuen. Denn er wird groß sein vor dem Herrn; weder Wein noch starkes Getränk wird er trinken und schon von Mutterleibe an

mit Heiligem Geist erfüllt werden. Und viele der Söhne Israels wird er zu dem Herrn, ihrem Gott, bekehren. Und er wird vor ihm hergehen in dem Geist und der Kraft des Elia, um der Väter Herzen zu bekehren zu den Kindern und Ungehorsame zur Gesinnung von Gerechten, um dem Herrn ein zugerüstetes Volk zu bereiten.

Als Zacharias den einzigartigen Priesterdienst vollzog, hatte er eine einzigartige Begegnung. Gottes Zeitplan ist stets vollkommen. Oder gab es einen besseren Moment, um den Herzenswunsch des alten Priesters zu erfüllen; den Augenblick als auf dem Höhepunkt seines priesterlichen Lebens stand? Als Zacharias sich Gott nahte, nahte sich Gott Zacharias.
Das Nahen Zacharias zu Gott entsprech einem sorgfältig festgelegtem Ablauf.

Der Priester und sein Assistent gingen zuerst zum Brandopferaltar, füllten das goldene Gefäß mit Weihrauch und legten die feurigen Kohlen vom Altar in eine goldene Schale. Während sie vom Vorhof ins Heiligtum traten, schlugen sie auf ein großes Instrument, das Magrephah genannt wird, welches alle Priester auf ihre Plätze rief.
Während der Hohepriester die Stufen zum Allerheiligsten emporstieg, verteilten die anderen Priester die Kohlen und den Weihrauch auf den goldenen Altar. Der Hohepriester war allein im Allerheiligsten und wartete auf das Signal, um den Weihrauch zu verbrennen. Das war vermutlich der Moment als der Engel Zacharias erschien. Als das Signal ertönte zogen sich alle aus dem Heiligtum zurück und fielen vor dem Herrn nieder. Stille erfüllte den Tempel während der Weihrauch vor dem Herrn emporstieg.[1]

Gott sandte Gabriel, um Zacharias durch ein direktes persönliches Wort zu sagen, dass seine Gebete erhört wurden. Sie würden einen

---

[1] Marvin R. Vincent, „Vincent's Word Studies, Vol. 1, Synoptic Gospels", Hiawatha, IA, Parsons Technology inc., Electronic Edition STEP Files, 1968.

Sohn bekommen, dieser würde der erste Prophet seit vierhundert Jahren sein und er, Johannes, würde den Weg des Messias vorbereiten.

Zacharias Vorbereitung auf diese spezielle Begegnung mit dem Herrn bestand nicht nur darin, dass er die Rituale und Vorschriften befolgte, sondern hinter diesem Ereignis stand sein Lebenswerk und -wandel. Die Bibel beschreibt, dass Elisabeth und Zacharias vor Gott gerecht waren und untadelig in allen Satzungen vor Gott wandelten. Sie konnten sich Gott nahen, weil es zu ihrem Lebensstil gehörte, sich Gott unterzuordnen, ihm gehorsam zu sein und ihn zu lieben.

Die Stiftshütte ist ein Beispiel dafür wie wir uns Gott nähern können

Immer wieder reden wir darüber wie wir uns Gott nähern können – wie wir durch das kontemplative Gebet in eine innige Gemeinschaft mit ihm kommen können. Vieles erscheint dabei abstrakt und deshalb sind konkrete Beispiele, die wir nachvollziehen können, hilfreich. Die Stiftshütte, die Gott Mose zeigte, illustriert das göttliche Beispiel sich Gott zu nahen.

Die Stiftshütte Mose unterteilte sich in Vorhof, Heiligtum und Allerheiligstes. In jedem Bereich waren verschiedene Gegenstände, die alle einen bestimmten Zweck erfüllten. Im Vorhof standen der eherne Altar für das Opfer und das Waschbecken zur Reinigung. Im Heiligtum stand der siebenarmige Leuchter, der Tisch mit den Schaubroten und der Räucheraltar. Hinter dem Vorhang im Allerheiligsten stand die Bundeslade mit dem Gnadenthron, der von den zwei goldenen Cherubim überschattet wurde. Die Bundeslade repräsentierte die manifeste Gegenwart Gottes unter seinem Volk. In der Bundeslade befanden sich die steinernen Gesetzestafeln, etwas Manna aus der Wüste und der erblühte Stab Aarons. Die Tafeln repräsentierten das Wort Gottes, das Manna die Versorgung Gottes und der Stab Aarons die Autorität Gottes.

Niemand außer dem Hohepriester durfte sich dem Allerheiligsten nahen und selbst er durfte nur einmal im Jahr, am großen Versöhnungstag, hinein gehen.

Dazu aus meinem Buch „Die verlorene Kunst der Fürbitte“:

> Nach den Anweisungen, die Aaron, der Hohepriester, von Mose im 3. Mose 16 empfing, musste der Hohepriester, bevor er durch den inneren Vorhang in das Allerheiligste treten konnte, an zwei Stellen im äußeren Vorhof und an drei Stellen im Heiligtum seinen Dienst verrichten. Zuerst brachte er ein Blutopfer am Altar aus Bronze dar. Dann wusch er sich mit reinem Wasser an dem großen Becken. Nachdem der Hohepriester durch den äußeren Vorhang in das Heiligtum getreten war, ging er zum goldenen Leuchter (an dem sieben goldene Lampen befestigt waren). Der Tisch mit den Schaubroten stand vor dem goldenen Räucheraltar, der sich unmittelbar vor dem inneren Vorhang befand. Hinter diesem Vorhang war das Allerheiligste mit der Bundeslade, und der Gnadenthron war auf beiden Seiten von schützenden Cherubim überdacht. Das war der Ort der Gemeinschaft – der Ort, an dem Gott seine heilige Gegenwart offenbarte und wo seine Herrlichkeit sichtbar wurde.[2]

Die Stiftshütte war nur ein Vorbild: Wir sind jetzt der Tempel Gottes

Die Stiftshütte mit ihren verschiedenen Gegenständen, den rituellen Opfern und der Sühne am Tag der Versöhnung ist ein Bild für das Erlösungswerk Jesu, dass er durch seinen Tod am Kreuz für uns vollbrachte. Wir wissen aus dem Hebräerbrief, dass Jesus unser Hohepriester ist, der die vollkommene Erfüllung dessen ist, worauf die Stiftshütte hinwies.

> Hebräer 4,14-16
> Da wir nun einen großen Hohenpriester haben, der durch die Himmel gegangen ist, Jesus, den Sohn Gottes, so lasst uns das Bekenntnis festhalten! Denn wir haben nicht einen Hohenpriester, der nicht Mitleid haben könnte mit unseren Schwachheiten,

---

[2] Jim W. Goll, „Die verlorene Kunst der Fürbitte“, Verlag Gottfried Bernard 2001, Seite 29.

sondern der in allem in gleicher Weise wie wir versucht worden ist, doch ohne Sünde. Lasst uns nun mit Freimütigkeit hinzutreten zum Thron der Gnade, damit wir Barmherzigkeit empfangen und Gnade finden zur rechtzeitigen Hilfe!

Durch seinen Tod bewirkte Jesus einen freien Zugang zum Vater. Der Vorhang ist zerrissen und wir haben jetzt direkten Zugang zum Allerheiligsten. Wir sehen wie der Hohepriester in fünf Stationen durch die Stiftshütte geht.

1. Der eherne Opferaltar: Gewaschen in dem Blut des Lammes (Jesus).
2. Das Waschbecken: Gereinigt im Wasserbad des Wortes Gottes.
3. Die sieben Lampen auf dem Leuchter: Entzündet von den sieben Geistern Gottes (siehe Offenbarung 1,4; 3,1; 4,5 u. 5,6).
4. Der Tisch mit den Schaubroten: Gemeinschaft mit dem Leib Christi, dem Brot seiner Gegenwart.
5. Der Räucheraltar: Der Gebetsdienst.

Der Dienst des Gebetes ist dem Herzen Gottes am nächsten und deshalb stand der Räucheraltar direkt vor dem Vorhang zum Allerheiligsten. Es ist ein Symbol dafür wie wir vom Gebet in die Gegenwart Gottes kommen.
Der Apostel Paulus zeigt es deutlich, dass wir als Gläubige jetzt der Tempel Gottes sind.

1. Korinther 3,16-17
Wisst ihr nicht, dass ihr Gottes Tempel seid und der Geist Gottes in euch wohnt? Wenn jemand den Tempel Gottes verdirbt, den wird Gott verderben; denn der Tempel Gottes ist heilig, und der seid ihr.

1. Korinther 6,19-20
Oder wisst ihr nicht, dass euer Leib ein Tempel des Heiligen Geistes in euch ist, den ihr von Gott habt, und dass ihr nicht euch selbst gehört? Denn ihr seid um einen Preis erkauft worden. Verherrlicht nun Gott mit eurem Leib!

Wir sind der Tempel des lebendigen Gottes, die Lade seiner Wohnstätte. Wir als Gläubige sind die Träger seiner Herrlichkeit und Priester im Dienst unseres Königs. Petrus schrieb, wir sind ein auserwähltes Geschlecht, eine königliche Priesterschaft, ein heiliges Volk und Gottes Eigentum (siehe 1. Petrus 2,9).

Als Priester sind wir die Wächter für den Herrn

Als Priester bringen wir Gott den Dienst des Gebetes und dies geschieht in verschiedener Weise. Eine davon, das Hauptthema dieses Buches, ist das kontemplative Gebet. Dieses Gebet ist eher passiv oder nachsinnend, es ist so, als ob wir die Jalousien herunter lassen, die Gardinen zuziehen, die Türen schließen und uns in den inneren Raum zurückziehen, wo wir mit Gott alleine sind. Jesus lehrt uns, dass wir in die Kammer gehen, die Tür schließen und zu unserem Vater im Verborgenen beten sollen. Kontemplatives Gebet ist der innere Weg in die Gegenwart Gottes.

Eine andere Form des Gebets ist die, dass wir Gott an sein Wort erinnern. Dies ist eine reagierende Form des Gebets. Wir reagieren auf Gottes Verheißungen in seinem Wort und bitten ihn gemäß seines Wortes zu handeln. Die dritte Art des Gebetes besteht aus einer Kombination der beiden vorhergehenden Gebetsarten: es ist die prophetische Fürbitte. Wir könnten es als eine aggressive Form des Gebets bezeichnen.

Wie sieht es aus, wenn wir Gott an sein Wort erinnern? Eine Möglichkeit besteht darin, dass wir uns als Wächter des Herrn sehen, so wie es in Jesaja beschrieben steht.

> Jesaja 62,6-7
> Auf deine Mauern, Jerusalem, habe ich Wächter bestellt. Den ganzen Tag und die ganze Nacht werden sie keinen Augenblick schweigen. Ihr, die ihr den Herrn erinnert, gönnt euch keine Ruhe und lasst ihm keine Ruhe, bis er Jerusalem wieder aufrichtet und bis er es zum Lobpreis macht auf Erden!

Dieser Text enthält eine interessante Aussage: „Die ihr den Herrn erinnert." Woran erinnern? Ist Gott vergesslich geworden, leidet er unter einem geistlichen Gedächtnisverlust? Natürlich nicht! Am Ende des Verses heißt es, dass wir nicht ruhen noch dem Herrn Ruhe geben sollen bis er Jerusalem wieder aufgerichtet und es zum Lobpreis auf Erden gemacht hat. Das ist ein Hinweis auf eine besondere Verheißungen, die Gott für Jerusalem und Israel gegeben hat. Ich glaube diese Verse beziehen sich buchstäblich auf Israel und geistlich gesehen auf die Gemeinde.

Gott zu erinnern bedeutet, dass wir Gott als Wächter im Gebet seine eigenen Worte vorhalten und ihn in Demut und Glauben bitten, seine Verheißungen zu erfüllen und zu ehren. Gott zu erinnern bedeutet nicht, ihm den Kampf anzusagen oder ihn herauszufordern, sondern im Glauben zu handeln. Es zeigt, dass wir Gott glauben und ihm vertrauen, dass er alles vollbringen kann, was er verheißen hat.

Ein gutes Beispiel dieser Art des Gebets finden wir in den Psalmen.

> Psalm 74,1-2
> Gott, warum hast du verworfen für immer, warum raucht dein Zorn gegen die Herde deiner Weide? Gedenke deiner Gemeinde, die du erworben hast vor alters, erlöst zum Stamm deines Eigentums, an den Berg Zion, auf welchem du gewohnt hast!

Hast du dich jemals von Gott abgelehnt gefühlt, so als ob du in einer geistlichen Wüste bist, ohne Aussicht auf eine Oase zu stoßen? So fühlte sich der Psalmist und inmitten seiner Depression erinnerte er Gott an zwei Dinge: „Erinnere dich an deine Versammlungen" und „den Berg Zion". Auf diese Weise bat er Gott um seines Volkes willen zu handeln, an dem Überrest, der treu geblieben war.

Sieben Möglichkeiten wie wir Gott erinnern können

Woran sollen wir Gott erinnern? In seinem bekanntem Buch „Mighty Prevailing Prayer" (Mächtiges siegreiches Gebet) nennt Wesley L. Duewel sieben Dinge.[3]

---

[3] Wesley L. Duewel, „Mithty Prevailing Prayer", Grand Rapids, MI, Zondervan Publishing House, 1990, Seite 301-308

1. Erbitte die Ehre und Herrlichkeit des Namens Gottes. In der ganzen Schrift ist dies das Hauptanliegen, das priesterlich fürbittende Menschen vor Gott bringen. Sie erinnern Gott an seinen Namen, an seine Herrlichkeit und appellieren an ihn, dass er um der Ehre seines Namens willen handeln möge.
2. Bitte Gott aufgrund deiner Beziehung zu ihm. Du bist Gottes Kind und kannst ihn deshalb daran erinnern.
3. Sprich Gottes Eigenschaften aus! Wir können Gott an seine Freundlichkeit, seine Gnade, seine Treue, seine Güte usw. erinnern.
4. Erinnere Gott an die Sorgen und Nöte der Menschen.
5. Erinnere Gott an vergangene Gebetserhörungen. Manchmal hilft es, sich beim Beten an vergangene Ereignisse und an Gottes Treue zu erinnern. Auf dieser Grundlage sein Handeln in der gegenwärtigen Situation zu erbitten ist sehr glaubensfördernd.
6. Bete das Wort und die Verheißungen Gottes.
7. Erinnere an das Blut Jesu. Der große Prediger Charles Spurgeon nannte es den Schlüssel, der jede Tür öffnet. Wir erinnern Gott an die Eigenschaften des Blutes Jesu, das vergibt, heilt, reinigt, erlöst, heiligt und Zugang zum Thron Gottes bringt.

Ehe wir Gott an sein Wort erinnern, müssen wir sein Wort kennen. Es ist schwierig Gott an sein Wort zu erinnern, wenn wir nicht wissen was er gesagt hat. Wir können nur wissen, was Gott gesagt hat, wenn wir sein Wort lesen, studieren und darüber meditieren. Wir können nur dann effektive Wächter auf der Mauer werden, wenn wir in *persönlicher Weise* mit Gottes kostbarem Buch der Verheißungen *vertraut* werden.

Andrew Murray stellt in seinem Buch: „With Christ in the School of Prayer" (Mit Christus in der Schule des Gebets) eine enge und wichtige Beziehung zwischen dem Gebet und dem Wort Gottes her.

> Johannes 15,7
> Wenn ihr in mir bleibt und meine Worte in euch bleiben, so werdet ihr bitten, was ihr wollt, und es wird euch geschehen.

Eine der einfachsten und grundlegendsten Lektionen des christlichen Lebens ist der grundlegende Zusammenhang zwischen dem Wort und dem Gebet. Bereits Neubekehrte lernen: „Ich bete – ich rede mit meinem Vater; ich lese – mein Vater redet mit mir." Vor dem Gebet stärkt Gottes Wort meinen Glauben und rechtfertigt meine Anliegen. Während des Gebetes offenbart mir das Wort Gottes, die Anliegen die auf dem Herzen des Vaters sind. Nach dem Gebet bringt mir das Wort Gottes die Antwort, denn durch den Geist kann ich darin die Stimme des Vaters hören.

Es ist der Zusammenhang zwischen dem Gebet und seinem Wort auf den Jesus hinweist, wenn er sagt: „Wenn ihr in mir bleibt und meine Worte in euch, könnt ihr bitten was ihr wollt und es wird euch gegeben werden." Die hohe Bedeutung dieser Wahrheit wird deutlich, wenn wir auf die Worte achten, die hier ausgetauscht werden. Jesus sagt mehr als einmal: „Bleibt in mir und ich in euch". Sein Bleiben in uns ist die Ergänzung und die Krönung unseres Bleibens in ihm. Dann sagt er anstatt „ihr in mir und ich in euch", „ihr in mir und meine Worte in euch". Das Bleiben seiner Worte ist gleichbedeutend mit dem Bleiben seiner Person.

Gott ist das unendliche Wesen, indem alles Leben, alle Kraft, der Geist und die Wahrheit vorhanden ist – in der tiefsten Bedeutung des Wortes. Wenn Gott sich in seinen Worten offenbart, gibt er seine Liebe, sein Leben, seinen Willen und seine Kraft an jene, die diese Worte aufnehmen. Dies geschieht in einer Dimension, die unsere Vorstellung bei weitem übersteigt. In jeder Verheißung gibt er uns die Fähigkeit ihn selbst zu erfassen und zu besitzen. In jedem Gebot lässt er uns an seinem Willen, an seiner Heiligkeit und seiner Vollkommenheit teilhaben. Gottes Wort gibt uns Gott selbst.

Das Wort ist nichts anderes als der Sohn Jesus Christus. Deshalb sind alle Worte Jesu die Worte Gottes voller himmlischer Kraft und Leben. „Die Worte, die ich euch sage sind Geist und Leben, wenn meine Worte in euch bleiben". Die Voraussetzungen sind einfach und deutlich. In seinen Worten ist sein Wille offenbart. Wenn die Worte in mir bleiben, regiert mich sein Wille. Mein

Wille wird zum leeren Gefäß, den er mit seinem Willen füllt und zu einem willigen Instrument durch welches er regiert.[4]

Kontemplatives Gebet + Beten des Wortes = Prophetische Fürbitte

Der Geist Gottes stattet unterschiedliche Personen für das Gebet mit besonderer Gnade und Salbung aus. Es gibt zum Beispiel den allgemeinen Beter, der viel anhand von Gebetsanliegen betet. Dann gibt es andere mit einer besonderen Salbung für Israel zu beten. Wir sollen alle für den Frieden Jerusalems beten, aber diese Beter, die mit Engagement für Israel eintreten, haben eine besondere und konzentrierte Last für Israel und das jüdische Volk.

Andere haben eine Salbung für Leiterschaft und Regierende zu beten. Diese Beter können dir weltweit sämtliche Regenten mit Namen und Ländern nennen. Andere haben eine Salbung, um für die christlichen Missionare in aller Welt zu beten. Erweckungsbeter konzentrieren sich darauf, dass die Herrlichkeit Gottes zurückkehrt. Krisenfürbitter haben ein Gespür dafür, wenn etwas in der Luft liegt oder irgendwo eine Katastrophe droht und bringen es dem Herrn in zielgerichteter Fürbitte dar.

Wenn wir das stille Gebet damit verbinden, Gott an sein Wort zu erinnern, entsteht daraus das offenbarende Gebet oder die prophetische Fürbitte. Bei der prophetische Fürbitte vergessen wir unsere Gedanken und Meinungen, stimmen mit Jesus überein und bitten ihn. So berühren wir Jesus und er berührt uns.

> Matthäus 18,19-20
> Wiederum sage ich euch: Wenn zwei von euch auf der Erde übereinkommen, irgendeine Sache zu erbitten, so wird sie ihnen werden von meinem Vater, der in den Himmeln ist. Denn wo zwei oder drei versammelt sind in meinem Namen, da bin ich in ihrer Mitte.

---

[4] Andrew Murray, „With Christ in the School of Prayer", Springdale, Witaker House, 1981, Seite 161-162.

In der prophetischen Fürbitte erfassen wir das offenbarte Herz Gottes zu einer bestimmten Sache und beten es in völliger Abhängigkeit zu ihm zurück. Dadurch kommt es in Existenz. Wir sind nur Tongefäße durch die er hindurchfließt, während wir kniend die Verheißungen beten.

Es ist nicht einfach zu erklären, aber es ist so, als ob man durch einen Tunnel oder ein Tor hindurch geht. Während wir uns Gott durch das kontemplative Gebet nahen, kommen wir schrittweise näher, so wie der Hohepriester auf seinem Weg durch das Heiligtum zum Allerheiligsten.

Schließlich betreten wir den hellen, leuchtenden, reinen Ort wo Gott wohnt und setzen uns in staunendem Schweigen und reiner Anbetung vor ihm nieder. Wie Johannes, der Geliebte, legen wir unser Ohr an seine Brust und lauschen seinem Herzschlag. Bald stellen wir fest, dass unser Herz mit dem Herzen Gottes im gleichen Takt schlägt. Der Herzschlag Gottes schlägt nun in unserem Herzen. Manchmal geht es einfach nur um Gemeinschaft und Gott schaut dabei vielleicht nach einem Freund, der sich zu ihm setzt und mit ihm plaudert. Dann wiederum droht vielleicht eine Krise und bei dem Herzschlag, den wir spüren geht es um eine Last für Erweckung oder für die Errettung der Verlorenen.

Was es auch immer ist, unser Herz ist jetzt im Einklang mit dem Herzschlag Gottes, und aus dem Ort der stillen Begegnung fließt die Offenbarung vom Herzen Gottes in unseren Geist. Es kann eine Prophetie, eine Vision oder eine Trance sein oder auch, dass wir Gott an sein Wort erinnern und es ihm vorhalten. Es kann sein, dass wir in der Sprache des Geistes beten, weil es die einzige Möglichkeit ist, die Agonie, die Liebe, die Ekstase, ein Verlangen bzw. eine Not auszudrücken und menschliche Worte nicht mehr ausreichen. Es kann aber auch einer Erfahrung gleichen wie sie in Römer 8 beschrieben ist. Hier erkennen wir unsere völlige Abhängigkeit von Gott, weil wir nicht wissen wie wir beten sollen, es sei denn der Geist Gottes offenbart es uns. Wir schauen nach innen und werden darin erinnert, dass der Heilige Geist Wohnung in uns genommen hat und uns hilft. Er betet für uns und durch uns in der Weise, die unsere Vorstellung weit übersteigt.

In der prophetischen Fürbitte geht es nicht nur darum, dass Menschen eine Entscheidung für Jesus treffen, sondern es umfasst die größeren Zusammenhänge der großen Absichten Gottes. Wir beten, dass Christus in denen Gestalt gewinnt, die dafür bereit sind und sich eine neue Gesellschaft von Erlösten bis an die Enden der Erde ausbreitet. Gleichgültig ob es sich um gepredigte Wahrheit, eine Gebetslast oder eine spontane Äußerung handelt, es ist nur prophetisch, wenn es unsere Generation zur Erkenntnis des Herzens Gottes für diese Zeit bringt.

Prophetische Fürbitte bahnt einen Weg für die Erfüllung prophetischer Verheißungen

Gott möchte unser Leben, unser Herz und unseren Verstand in volle Übereinstimmung mit seinem Wort bringen. Prophetische Fürbitte hilft uns dabei, sie befähigt uns, von Gott ein spontanes Gebetsanliegen zu empfangen und mit einer göttlichen Salbung dafür zu beten. Bei der prophetischen Fürbitte warten wir vor Gott, um auf ihn zu hören – sein Wort, eine Warnung, eine Vision oder Verheißungen – oder Gottes Last zu empfangen. Dann bringen wir dem Herrn seine Anliegen im Gebet zurück und werden danach in angemessener Weise für die betroffenen Menschen tätig.
Prophetische Fürbitte bahnt einen Weg für die Erfüllung der prophetischen Verheißungen Gottes. Der Geist Gottes fleht, dass die Verheißungen des Bundes, die Gott seinem Volk durch die ganze Geschichte hindurch gegeben hat, in Erfüllung gehen. In der prophetischen Fürbitte flehen wir vor dem Thron Gottes für jede Verheißung Gottes, die noch nicht in Erfüllung gegangen ist.
Es kann häufig vorkommen, dass der Heilige Geist uns drängt, für etwas zu beten, wovon wir wenig Kenntnis haben, und so beten wir die Dinge, die auf dem Herzen Gottes sind. Er gibt uns Anstöße, damit wir beten und er handeln kann. Wenn wir so beten wie der Geist uns drängt, geschieht der Wille Gottes auf Erden so wie es im Himmel ist. Es ist so, als ob wir etwas im Gebet zur Geburt bringen würden. In der tiefen, innigen Gemeinschaft mit Gott kommt es durch die Liebe Gottes zu einer geistlichen Empfängnis. Diese Last –

oder dieses ungeborene Kind – wächst heran, bis die die Wehen einsetzen und die Stunde der Geburt naht (Mehr zu diesem Thema steht in meinem Buch: „Prophetische Fürbitte – Gottes Verheißungen auf Knien erbeten“, Aufbruch-Verlag, 1999).

Der Hinweg ist jetzt Rückweg

Nachdem der Hohepriester in die Gegenwart Gottes getreten war, blieb er nicht für immer im Allerheiligsten – obwohl ich sicher bin, dass er gerne dort geblieben wäre. Er musste sich umdrehen, durch den Vorhang zurück und am Räucheraltar und den Tisch mit den Schaubroten vorbeigehen. Dann ließ er den goldenen Leuchter, das Waschbecken und den Opferaltar hinter sich und kehrte zurück in die Welt zu den anderen Menschen, die auf ihn warteten.

Dasselbe gilt für uns, auch wir müssen es lernen, den Weg durch das Heiligtum zu dem wunderbaren Ort seiner Herrlichkeit zu gehen. Doch danach müssen wir Seine Herrlichkeit zu einer wartenden Welt zurückbringen. Eines ist sicher: Wir werden nicht mehr dieselben sein, wenn wir in Gottes Gegenwart waren. Wir werden verändert sein, völlig verwandelt durch seine strahlende Herrlichkeit und wir werden das Wesen seiner Herrlichkeit mit uns tragen, wo immer wir auch hingehen.

Es ist wahr: Das Innere ist für das Äußere. Marta und Maria können sich gegenseitig anregen. Wir lernen den gesegneten Weg des kontemplativen Gebets zu gehen, indem wir uns ansehen wie es zur Zeit des Alten Testaments im Heiligtum zuging. Wie zum Beispiel die Priester damals mit ihren Weihrauch durchtränkten Kleidern in eine Welt gingen, die sich danach sehnte Gottes Liebe zu sehen, zu berühren und zu erleben.

Fragen

1. Zähle die verschiedenen Stationen auf, die die alttestamentlichen Priester während ihres Dienstes in der Stiftshütte zurücklegen mussten.
2. Wofür stehen diese verschiedenen Stationen für uns im Neuen Bund?

3. Heute sind wir der Tempel Gottes. Setze die Lehre über die Stiftshütte in Bezug dazu, dass wir heute der Ort der Gegenwart Gottes sind.

Empfohlene Literatur:

„The Tabernacle of Moses", Kevin Conner, Bible Temple Publications,1980.
„Secrets of the Most Holy Place", Don Nori, Destiny Image,1992.
„Beyond the Veil", Alice Smith, Regal Books.

Kapitel 12

Feurige Kohlen

Niemand, der sich auf den Weg zu dem Ort der innigen Gemeinschaft mit dem Herrn macht, wird danach derselbe sein. Der verborgene Raum unseres Herzens, wo wir ihm alleine begegnen, ist nicht nur ein Ort lieblicher Gemeinschaft, sondern auch der herrlichen Veränderung. Genauso wie die Seidenraupe, die Teresa von Avila beschreibt, betreten wir dieses Gebiet als demütige, an die Erde gebundene Lebewesen, um dann als wunderschöne Schmetterlinge, die mit Flügeln des Geistes ausgestattet sind, hervorzukommen.

Eine der Grundlektionen in der Wissenschaft ist der Unterschied zwischen physikalischen und chemischen Veränderungen der Materie. Bei einer physikalischen Veränderung verwandelt sich der Zustand der Materie, z.B. Eis wird zu Wasser und Wasser zu Dampf, aber die chemische Zusammensetzung verändert sich nicht. Wasser bleibt H^2O, unabhängig davon in welchem Zustand es sich befindet. Bei einer chemischen Veränderung dagegen ändert sich nicht nur der Zustand, sondern auch die *chemische Struktur.* Ein Stück Holz, das in ein Feuer geworfen wird, verbrennt, wird eins mit dem Feuer und verwandelt sich zu Licht und Hitze. In diesem Prozess wird das Holz verzehrt und in Holzkohle verwandelt. Es wird zu etwas, das es vorher nicht war, es wird nie wieder ein Stück Holz sein. In einer chemischen Veränderung wird die *grundsätzliche Natur* des Objektes verändert, so dass es nie wieder zu dem alten Zustand zurückkehren kann.

In Kapitel 9 habe ich Richard Foster zitiert: „Die Kontemplativen vergleichen manchmal ihre Vereinigung mit Gott mit einem Holzstück im Feuer. Das glühende Holz ist so mit dem Feuer verbunden, dass es Holz und Feuer gleichzeitig ist." Hier spricht er von unserer individuellen Persönlichkeit. Wenn wir dem Herrn begegnen, geht unsere Individualität nicht verloren, aber unsere *menschliche Beschaffenheit* wird völlig verwandelt. Wir können niemals wieder so werden wie wir vorher waren. Unsere Herzen sind vom Feuer Gottes entzündet und wir sind nicht mehr die gleichen.

Hier bin ich, sende mich!

Der Prophet Jesaja wurde durch das Feuer Gottes verwandelt. Hier ist seine Beschreibung der göttlichen Begegnung, die ihn für immer verändert hat:

> Jesaja 6,1-8
> Im Todesjahr des Königs Usija, da sah ich den Herrn sitzen auf hohem und erhabenem Thron, und die Säume seines Gewandes füllten den Tempel. Seraphim standen über ihm. Jeder von ihnen hatte sechs Flügel: mit zweien bedeckte er sein Gesicht, mit zweien bedeckte er seine Füße, und mit zweien flog er. Und einer rief dem andern zu und sprach: Heilig, heilig, heilig ist der HERR der Heerscharen! Die ganze Erde ist erfüllt mit seiner Herrlichkeit! Da erbebten die Türpfosten in den Schwellen von der Stimme des Rufenden, und das Haus wurde mit Rauch erfüllt. Da sprach ich: Wehe mir, denn ich bin verloren. Denn ein Mann mit unreinen Lippen bin ich, und mitten in einem Volk mit unreinen Lippen wohne ich. Denn meine Augen haben den König, den Herrn der Heerscharen, gesehen. Da flog einer der Seraphim zu mir; und in seiner Hand war eine glühende Kohle, die er mit einer Zange vom Altar genommen hatte. Und er berührte damit meinen Mund und sprach: Siehe, dies hat deine Lippen berührt; so ist deine Schuld gewichen und deine Sünde gesühnt. Und ich hörte die Stimme des Herrn, der sprach: Wen soll ich senden, und wer wird für uns gehen? Da sprach ich: Hier bin ich, sende mich!

In einer Vision sah Jesaja Gott in all seiner Herrlichkeit und das löste bei ihm Angst und Verzweiflung aus, weil er in diesem Moment seine Sünde und Bosheit erkannte. Er erwartete jeden Augenblick, durch die Berührung der Heiligkeit des allmächtigen Gottes getötet zu werden. Stattdessen erlebte Jesaja die Liebe, Gnade und Barmherzigkeit Gottes in einer neuen und tieferen Weise als je zuvor.

Jesaja wurde durch die Berührung mit der „feurigen Kohle" vom Altar Gottes verändert. Achte darauf, wann das Feuer des Herrn Jesaja berührte. Es war exakt an dem Punkt als er bekannte: „Denn ein Mann mit unreinen Lippen bin ich". Augenblicklich wurde Jesajas Ungerechtigkeit weggenommen und seine Sünde vergeben. Seine unreinen Lippen wurden in gesalbte Lippen verwandelt, die das Wort des Herrn verkündigten.

Die Lippen gehören zu den empfindlichsten Körperteilen des Menschen. Stell dir für einen Moment den Schmerz vor, den eine rotglühenden Kohle erzeugt, die deine Lippen versengt. Häufig sind die Berührungen Gottes in unserem Leben schmerzlich, aber durch den Schmerz geschieht Heilung. Durch die Berührung mit der glühenden Kohle Gottes wurden die Sünden Jesajas ausgemerzt und sein zerbrochener Geist geheilt.

Deshalb ist es so wichtig, dass wir unseren Zustand bekennen, besonders, wenn wir uns auf den inneren Weg mit dem Herrn machen. Wir brauchen Gottes Berührung mit der glühenden Kohle seiner Liebe in jedem Bereich unseres zerstörten Lebens und werden dadurch in feuerfeste Gefäße verwandelt, die sein Feuer tragen können.

An diesem Tag verließ Jesaja den Tempel als ein veränderter Mensch. An diesem Tag wurde Jesaja wie ein ins Feuer geworfener Holzscheit vom Feuer Gottes verzehrt, um das Volk Gottes zur Umkehr zu rufen.

Brannte nicht unser Herz in uns?

Eines meiner Lieblingskapitel in der Bibel ist Lukas 24. In vielerlei Hinsicht hat mich dieses Kapitel in den letzten 25 Jahren begleitet. Mein größtes Interesse galt hierbei dem Bericht von Jesus und den beiden Jüngern, die sich auf dem Weg nach Emmaus befanden. Es war bereits spät am Tag seiner Auferstehung.

> Lukas 24,13-16
>
> Und siehe, zwei von ihnen gingen an diesem Tag nach einem Dorf mit Namen Emmaus, sechzig Stadien von Jerusalem entfernt. Und sie unterhielten sich miteinander über dies alles, was sich

> zugetragen hatte. Und es geschah, während sie sich unterhielten und miteinander überlegten, dass sich Jesus selbst nahte und mit ihnen ging; aber ihre Augen wurden gehalten, so dass sie ihn nicht erkannten.

Während die beiden Jünger auf dem Weg nach Emmaus waren, diskutierten sie über die unglaublichen Ereignisse des vergangenen Wochenendes: Über die Kreuzigung, den Tod und die Grablegung Jesu und über einige Berichte seiner Auferstehung. Kurz darauf begleitete sie der auferstandene Jesus auf ihrem Weg, aber aus unerklärlichen Gründen erkannten sie ihn nicht. Als Jesus sie fragte worüber sie geredet haben, erzählten sie ihm alles was geschehen war und was sie gehört hatten. Offensichtlich war Zweifel in ihren Herzen, denn Jesus ermahnte sie wegen ihrer Glaubensschwierigkeiten.

> Lukas 24, 27-32
> Und von Mose und von allen Propheten anfangend, erklärte er ihnen in allen Schriften das, was ihn betraf. Und sie näherten sich dem Dorf, wohin sie gingen; und er stellte sich, als wollte er weitergehen. Und sie nötigten ihn und sagten: Bleibe bei uns! Denn es ist gegen Abend, und der Tag hat sich schon geneigt. Und er ging hinein, um bei ihnen zu bleiben. Und es geschah, als er mit ihnen zu Tisch lag, nahm er das Brot und segnete es; und als er es gebrochen hatte, reichte er es ihnen. Ihre Augen aber wurden aufgetan, und sie erkannten ihn; und er wurde vor ihnen unsichtbar. Und sie sprachen zueinander: Brannte nicht unser Herz in uns, wie er auf dem Weg zu uns redete und wie er uns die Schriften öffnete?

Jesus erklärte den beiden Jüngern was die Schrift über ihn sagte, ohne sich dabei selbst erkennen zu geben. Es war bereits spät geworden als sie Emmaus erreichten. Jesus tat so, als ob er weiter gehen wollte. Aus Gastfreundschaft, wie sie damals üblich war, luden die Jünger Jesus ein über Nacht zu bleiben. Entspricht dies nicht genau der Art Gottes? Manchmal scheint es so als warte er,

um zu sehen, ob wir mitgehen, ein anderes Mal geht er weiter, um zu sehen, ob wir an ihm dran bleiben. So wie mein guter Freund Tommy Tenney es betont: „Sei jemand, der Gott nachjagt“!
Während des Abendessens segnete Jesus das Brot und brach es. Genau bei dieser vertrauten Handlung des Mahls und der Gemeinschaft wurden ihre Augen geöffnet, und sie erkannten ihn und im gleichen Augenblick verschwand er vor ihren Augen. Was sagten die beiden Jünger zu einander? „Brannte nicht unser Herz in uns, als er uns auf dem Weg die Schrift erklärte?“ Ihre Herzen brannten, während Jesus ihnen die Weissagungen über sich selbst aus dem Wort Gottes offenbarte.
Wohin ging Jesus, nachdem er verschwunden war? Ich denke, ich weiß es. Ihre Herzen brannten, weil jemand in ihnen Wohnung nahm. Ihre Herzen brannten, weil der Geist der Offenbarung ihre Augen geöffnet hatte, damit sie die Schrift verstehen konnten. Weil ihre Augen geöffnet wurden, erkannten sie ihn beim Brechen des Brotes und begegneten ihm beim Abendmahl. Als er vor ihren Augen verschwand, blieben sie mit dem Feuer Gottes zurück, mit glühenden feurigen Kohlen in ihren Herzen.

Höchste Zeit für das kleine Einmaleins des Glaubens

Das Brechen des Brotes ist eines der vertrautesten Dinge der Gemeinschaft, die wir untereinander oder mit dem Herrn haben können. Als der auferstandene Jesus mit den beiden Emmausjüngern das Brot brach, war das sowohl eine symbolische als auch buchstäbliche Handlung. Während des ganzen Weges hatte Jesus mit ihnen das Brot der Schrift gebrochen, ihre hungrigen Herzen gesättigt und ihnen Verständnis gegeben. Am Ende war durch das Brechen des Brotes ihr Verständnis vollkommen, und sie erkannten Jesus als das Brot des Lebens.
Jesus öffnete einen Raum in ihren Herzen und füllte ihn mit seinem Wort. Ihr Herz, ihr Geist, ihr Innerstes kam in Einklang mit seinem Geist. Jakobus sagt, dass wir mit Sanftmut das einpflanzte Wort aufnehmen sollen, dass unsere Seelen retten kann. Unser ganzes Sein braucht Erlösung, unser Körper, Verstand, Gefühle und Geist.

Deswegen muss das Wort eingepflanzt werden. Der gleiche Gedanke begegnet uns, wenn Jesus sagt: „Ich bin der Weinstock, ihr seid die Reben. Wer in mir bleibt und ich im ihm, der bringt viel Frucht, denn getrennt von mir könnt ihr nichts tun.... Wenn ihr in mir bleibt und meine Worte in euch bleiben, so werdet ihr bitten was ihr wollt, und es wird euch geschehen." Wir müssen uns mit dem Wort Gottes verbinden. Wie der Psalmist sagt, wir sollen das Wort Gottes in unserem Herzen verbergen.
Das ist das kleine Einmaleins, sozusagen das Fundament: dass wir das Wort Gottes in unserem Herzen aufbewahren. Erlaube Jesus, dass er dich mit seinem Wort ernährt. Dann lass den Wind Gottes über sein Wort wehen und dieser Wind wird die Flammen des Feuers Gottes in unserem Herzen entfachen. Unsere Augen werden geöffnet und wir werden den herrlichen Messias erkennen. Wir werden in die persönliche Gemeinschaft mit ihm kommen, und wir werden gemeinsam das Brot brechen. Wir werden uns daran erfreuen mit ihm Seite an Seite zu gehen, aber es wird auch Zeiten geben, wenn er verschwindet. Wenn wir uns dann beschweren, dass wir ihn nicht mehr sehen können, wird er uns sanft daran erinnern, dass wir im Glauben wandeln und nicht im Schauen.

Es gibt mehr im Leben mit dem Herrn, als auf jeder Welle mit zu schwimmen

Der Herr möchte, dass ein Feuer *in uns* brennt, unabhängig von äußeren Umständen. Und hier haben einige von uns Schwierigkeiten. Ich bin jemand, der am liebsten auf jeder Welle des Geistes mitschwimmen möchte, die kommt. Ich möchte mich am liebsten auf mein Surfbrett stellen und dabei sein. Ich denke, dir geht es auch so. Wir alle wollen losrennen und auf die nächste Welle aufspringen. Wir besuchen diese Konferenz, jenes Seminar oder wir lesen das neueste Erweckungsbuch. Wellenreiten macht Spaß, es ist aufregend, erfrischend und begeisternd. Das einzige Problem besteht darin, dass unser Leben aus mehr als nur Wellenreiten besteht. Was passiert in den Zeiten, wenn keine Wellen vorhanden sind? Was tun wir, wenn Flaute herrscht? Dann gehen wir zurück

zum kleinen Einmaleins des Glaubens. Wellen kommen und gehen, aber Gottes Wort bleibt ewig bestehen. Es ist ein sicheres, vom Wetter unabhängiges, Fundament. Es passiert schnell, dass wir zu „Abhängigen" der äußeren Salbung werden, die ihre geistliche Gesundheit und Stärke nur in der nächsten Konferenz oder Veranstaltung finden. Wenn das geschieht, vergessen wir leicht in den Grundschritten der inneren Salbung, die in unser Herz eingepflanzt ist, zu wandeln.
Wir müssen lernen, mit der beständigen Salbung der Gegenwart Gottes in uns zu leben. Das ist der Weg des Glaubens. Unser Leben ist nicht von den kommenden Wellen abhängig, sondern wir leben vom Wasser des Brunnens, der beständig aus dem Felsen Jesus Christus, der in uns wohnt, hervorsprudelt. Achte auf die Worte von Paulus an die Epheser.

> Epheser 3,14-19
> Deshalb beuge ich meine Knie vor dem Vater, von dem jede Vaterschaft in den Himmeln und auf Erden benannt wird: er gebe euch nach dem Reichtum seiner Herrlichkeit, mit Kraft *gestärkt zu werden durch seinen Geist an dem inneren Menschen; dass der Christus durch den Glauben in euren Herzen wohne* und ihr in Liebe gewurzelt und gegründet seid, damit ihr imstande seid, mit allen Heiligen völlig zu erfassen, was die Breite und Länge und Höhe und Tiefe ist, und zu erkennen die die Erkenntnis übersteigende Liebe des Christus, *damit ihr erfüllt werdet zur ganzen Fülle Gottes* (kursiv durch den Autor hervorgehoben).

Das Verlangen unseres Vaters ist es, dass wir durch die Gegenwart Jesu in unserem Herzen an unserem inneren Menschen gestärkt werden. In Jesus selbst *wohnt die ganze Fülle der Gottheit leibhaftig* (Kolosser 2,9), und wenn er in unseren Herzen wohnt, werden wir angefüllt mit der Fülle Gottes. Wenn wir lernen, uns in Demut und Gehorsam nach seiner Herrschaft auszustrecken, dann wird sich seine Fülle um uns herum ausbreiten. Unsere Herzen werden so sehr brennen, dass wir das Feuer nicht mehr in uns behalten können. Es wird so sein wie bei Jeremia.

Jeremia 20,9
Ich will nicht mehr an ihn denken und nicht mehr in seinem Namen reden, so ist es in meinem Herzen wie brennendes Feuer, eingeschlossen in meinen Gebeinen. Und ich habe mich vergeblich abgemüht, es weiter auszuhalten, ich kann nicht mehr!

Wir sind zu Trägern des Feuers berufen

Der Herr hat uns berufen, Träger seines Feuers, seiner Gegenwart zu sein. Paulus sagte, das großes Geheimnis aller Zeiten ist: Christus *in uns*, die Hoffnung der Herrlichkeit (siehe Kolosser 1,26). Es gibt keine größere Manifestation des Geistes, als dass Christus sein Leben *in* und *durch* uns lebt.

Wir müssen durch den Vorhof zum Heiligtum gehen, von dem Feuer dort nehmen und es in die Welt hinaustragen. Wir gehen durch die Tür der Buße und Umkehr, wo Jesus uns durch sein Blut am Bronzealtar reinigt. Dann waschen wir uns im Becken des Wortes Gottes und erlauben ihm unseren Sinn zu verändern, damit wir den guten, angenehmen und vollkommenen Willen Gottes erkennen können. Es geht weiter zum goldenen Leuchter, um mit der herrlichen Salbung und den Gaben des Geistes entfacht zu werden. Dahinter steht der Tisch mit den Schaubroten auf dem Jesu Leib als Brot liegt. Hier haben wir innige Gemeinschaft mit ihm. Wir gehen weiter zum Räucheraltar und dort nehmen wir die feurigen Kohlen, die mit Weihrauch – den Gebeten der Heiligen – durchtränkt sind. Danach gehen wir durch den Vorhang in das Allerheiligste, in den innersten Raum unseres Herzens, wo der Herr selbst zu finden ist. Das Vermischen des Feuers in der Räucherpfanne und des Weihrauchs der Gebete bringt den Duft seiner Gegenwart hervor. Der Herr ist gegenwärtig und er hat Gemeinschaft mit uns.

In der alten Bundeslade befanden sich die Gesetzestafeln (Gottes Wort), der Krug mit dem Manna (Gottes Versorgung – Jesus, das Brot des Lebens) und der erblühte Stab Aarons (Gottes Autorität). Was befindet sich in deiner Bundeslade? Ist das Wort Gottes darin aufbewahrt, damit der Geist Gottes darüber wehen und Offenbarung bringen kann? Bewahre sein Wort! Rufe nach dem göttlichen Wind der Offenbarung, damit er das Feuer entfacht. Das Feuer wärmt, macht hell und reinigt. Wenn das Feuer in unserem Herzen brennt, wird uns dadurch der Geist der Erleuchtung und Offenbarung gegeben. Das Feuer heiligt und befähigt uns.

Bruder Lorenz sagte, wir müssen täglich in der Gegenwart Gottes leben. *Niemals* sollten wir in der Öffentlichkeit oder „auf der Bühne" etwas tun oder darstellen, was wir nicht zuvor im privaten Bereich gelebt oder erlebt haben. Jeder, der das tut, muss von einem „Geist des Schauspiels" befreit werden. Der Geist der Unterhaltungsbranche hat die westliche Christenheit durchdrungen. Wir sind gute *Schauspieler*, aber wir sind keine guten Hüter des inneren Feuers. Es ist an der Zeit für uns, nach vorne zu gehen und uns auf den inneren Weg zu begeben, denn langfristig werden wir im „Hingehen" nur dann erfolgreich sein, wenn wir das innere Feuer bewahren.

Der Herr sucht nach unserem inneren Feuer

Während einer „Catch the Fire" Konferenz in Birmingham (England), hatte ich eine mächtige Begegnung mit dem Herrn. Ich sollte an einem Vormittag sprechen und blieb deshalb am Vorabend der Versammlung fern, um mit dem Herrn allein Zeit zu verbringen. Drei Stunden lag ich, in Sprachen betend, auf meinem Bett und hatte Gemeinschaft mit dem Herrn. Während dieser Zeit hörte ich den Herrn sagen: „Ich komme, um zu sehen, ob das Feuer auf deinem Altar brennt." Nach allem, was ich darüber geschrieben und gelehrt hatte, war ich ein wenig erschrocken. Ich liebte dieses Thema und versuchte es anderen zu vermitteln. Und jetzt sagte Gott selbst zu mir: „Ich stelle dich auf den Prüfstand und möchte nachsehen, ob da mehr als nur Worte, Offenbarung und Gaben vorhanden sind."

Dann war es, als ob ich geistlich durchleuchtet würde. Ich fühlte wie die Gegenwart Gottes mich von Kopf bis Fuß durchfuhr und plötzlich bei meinem Herzen stehen blieb. Dann erlaubte mir der Herr in seiner Gnade einen kurzen Blick in mein Herz zu tun und ich sah, dass auf dem Altar meines Herzens glühende, feurige Kohlen lagen. Er sagte zu mir: „Ich beauftrage dich, diese Kohlen, die ich dir gegeben habe, weiterzugeben. Lehre mein Volk, das innere Feuer zu hüten."

In Papas Haus befindet sich eine Feuerstelle (das sind wir) und er schaut nach, ob es dort auch brennt. Wer Zuhause einen Kamin hat, weiß wie gemütlich es ist, mit einem Freund oder dem Ehepartner still davor zu sitzen und ins Feuer zu sehen. Es herrscht eine vertraute Atmosphäre, in der man alles erzählen kann und die Gemeinschaft mit dem anderen genießt. Der Herr ist unser Gefährte und hält nach dem inneren Feuer Ausschau. Er möchte, dass sich in unserem Herzen ein Ort befindet, an dem wir mit ihm warm werden und er unsere Seelen sättigen kann. Er will unsere Herzen leidenschaftlich brennen sehen.

Wir müssen zurück nach Emmaus

Ich erinnere mich an einen Gebetseinsatz in Israel, an dem ich zusammen mit meiner Frau und unserem lieben Freund Avner Bosky, Leiter von „Final Frontier" teilnahm. Avner zeigte uns Orte, an denen Touristen normalerweise nicht vorbeikommen. Avner wusste nicht, dass Lukas 24 meine Lieblingsstelle in der Bibel ist, und doch war einer der Orte, die er uns zeigte, die Straße nach Emmaus. Das war ein besonderer Segen für mich, buchstäblich den selben Weg zu gehen, den Jesus mit den beiden Jüngern vor zweitausend Jahren gegangen war.

Gleichzeitig erlebte ich in meinem Geist eine Last und Überführung, denn die Straße nach Emmaus ist heute ein unbeachteter, mit Unkraut überwucherter und wenig bewanderter Bergweg. Es ist ein Bild dafür, dass der Leib Christi zum inneren Feuer zurückkehren und dieser lang vergessene Weg wieder entdeckt werden muss.

Auf diesem Weg kommt Jesus zu uns, öffnet sein Herz und erklärt uns das Wort Gottes. Hier meditieren wir über das geschriebene Wort Gottes und denken über das lebendige Wort nach, das in unseren Herzen wohnt. Während ich auf dem Weg nach Emmaus wanderte, überlegte ich wie wohl die Herzen der Jünger brannten, als sie mit Jesus gingen und es berührte mein Herz, so dass ich vor dem Herrn weinte.

Unser liebender Vater und barmherziger Herr möchte, dass unsere Herzen genauso brennen wie damals bei den Jüngern. Unsere Herzen sollen in Einklang mit seinem Herzschlag kommen, damit wir fühlen wie er fühlt, trauern wie er trauert, uns freuen wie er sich freut. Sein Herz verlangt danach, die brennenden Kohlen aus unserem Herzen zu nehmen und sie auf andere zu legen, damit ihre Wunden ausgemerzt werden und Heilung, Erlösung und Errettung kommt.
Genauso wie die feurigen Kohlen vom göttlichen Altar Jesajas Lippen berührten, ihn inwendig und äußerlich reinigten und eine Flamme entzündete, die nie in ihm mehr verlosch, möchte der Herr auch uns berühren. Er will die feurigen Kohlen nehmen und sie auf unser Herz legen, damit es in glühender Leidenschaft entbrennt, uns völlig verzehrt und doch in vollkommener Einheit mit ihm bewahrt.

Das Feuer seiner Liebe
Das Inwendige ist für das äußere Leben, und die glühenden Kohlen vom Altar unseres Herzens sind die Energie, die uns aus unserem vertrauten Emmaus in die dunkle, geknechtete, zerstörte, hoffnungslose und verlorene Welt hinausführen. Wir sind Gottes Trankopfer: ausgegossen und verschüttet für ihn, so wie die teure Salbe mit der Maria die Füße Jesu salbte. *„Lass das Feuer hell lodern!"*
Lasst uns auf den Wegen gehen, wo andere vor uns gegangen sind! Lebe in der Gegenwart Gottes und trage dich mit Christus in der Schule des Gebets ein wie Andrew Murray! Fülle die inneren Räume des Vaterhauses wie Teresa von Avila! Wandle mit Josua in den Fußstapfen des meditativen Gebetes! Werde verzehrt mit dem Feuer der Liebe und beginne das Bräutigamfasten wie Anna die Prophetin! Gib dich ihm völlig hin, halte nichts zurück! Sei außergewöhnlich für Jesus! Er ist alles wert! Das ist mein Brief mit heiliger Leidenschaft für euch geschrieben!

Fragen
1. Der Engel nahm die feurigen Kohlen vom Altar und berührte Jesajas Lippen. Was war das Ergebnis?

2. Bitte nenne Ort und Stelle, wo sich im alten Testament die Kohlen befanden?
3. Wenn Gott deinen Tempel inspizieren würde, was würde er auf dem Alter deines Herzens finden?

Literatur

„Die verlorene Kunst der Fürbitte", Jim Goll, Gottfried Bernard Verlag 2000.

„Why revival tarries", Leonard Ravenhill, Bethany House Publishers, 1982.

„Fire on the Altar", Jim Goll, Ministries to the Nations,1998.

Folgende Bücher sind im Aufbruch-Verlag erschienen:

Margies, Fritsch, Reuss
Deutsches Geschichtsbuch für Beter — 173 Seiten, 22,80 DM

Sergio Scataglini
Das Feuer Seiner Heiligkeit — 172 Seiten, 22,80 DM

Jim Goll
Prophetische Fürbitte
Gottes Verheißungen auf Knien erbeten — 313 Seiten, 29,80 DM

Cindy Jacobs
Frauen – Gottes Auserwählte — 330 Seiten, 34,80 DM

Wolfhard Margies

Gnade	120 Seiten, 14,80 DM
Befreiung	235 Seiten, 22,80 DM
Lust am Herrn	208 Seiten, 16,80 DM
Heiligen Geist	342 Seiten, 24,80 DM

Norvel Hayes

Und du wirst Visionen haben	103 Seiten, 14,80 DM
Erfolgreich Leben	103 Seiten, 14,80 DM
Dein Weg zur Heilung	101 Seiten, 14,80 DM
Zeit mit Gott	95 Seiten, 14,80 DM

Bestellung und kostenlose Kataloganforderung

Aufbruch-Verlag
der Gemeinde auf dem Weg
Babelsberger Str. 37

D-10715 Berlin

Tel/Fax: 030-85 79 19-65, -67